纪念中国开发区创建

JIEMA GUOJIAJI
KAIFAQU
FAZHAN XIAOLÜ

解码国家级开发区发展效率

李耀尧
沈体雁
熊卫国
温锋华
◎著

经济日报出版社
北京

图书在版编目（CIP）数据

解码国家级开发区发展效率 / 李耀尧等著. -- 北京：经济日报出版社，2025. 4. -- ISBN 978-7-5196-1547-5

Ⅰ. F279.244.4

中国国家版本馆CIP数据核字第2024Z3X646号

解码国家级开发区发展效率
JIEMA GUOJIAJI KAIFAQU FAZHAN XIAOLÜ

李耀尧　沈体雁　熊卫国　温锋华　著

出版发行：	经济日报出版社
地　　址：	北京市西城区白纸坊东街2号院6号楼
邮　　编：	100054
经　　销：	全国各地新华书店
印　　刷：	三河市国英印务有限公司
开　　本：	710mm×1000mm　1/16
印　　张：	16.5
字　　数：	267千字
版　　次：	2025年4月第1版
印　　次：	2025年4月第1次
定　　价：	88.00元

本社网址：www.edpbook.com.cn　微信公众号：经济日报出版社
请选用正版图书，采购、销售盗版图书属违法行为
版权专有，盗版必究。本社法律顾问：北京天驰君泰律师事务所，张杰律师
举报信箱：zhangjie@tiantailaw.com　举报电话：(010) 63567684
本书如有印装质量问题，由我社事业发展中心负责调换，联系电话：(010) 63538621

序　言

2024年是首批中国国家级开发区——国家级经济技术开发区成立40周年。建立和发展国家级开发区，是我国对外开放的重大战略部署，也是推进中国特色社会主义现代化建设，不断形成先进生产力和新质生产力的伟大探索与创举。

1984年3月26日，中共中央书记处和国务院联合召开了沿海部分城市座谈会，会议建议进一步开放由北至南14个沿海港口城市，作为中国实行对外开放的一个新的重要步骤。5月4日，中共中央、国务院批转《沿海部分城市座谈会纪要》。这是中国继设立深圳等4个经济特区后，对外开放的又一重大步骤，首批14个国家级开发区应运而生。国家级开发区因改革而生、伴开放而长、靠创新而强。40年来，伴随着改革开放的号角，国家级开发区俯首耕耘、砥砺奋进、开拓创新，已发展成为我国产业最为聚集、开放型经济最为活跃、区域发展带动力最为强劲的开放平台。从全球大历史视角观察，国家级开发区就是践行国家战略与全球化互动的先行者、试验田，演绎着从比较优势到竞争优势再到创新优势的发展逻辑，取得了高质量发展效率。国家级开发区以千分之三的国土面积，贡献了超过全国十分之一的地区生产总值，五分之一的利用外资和外贸总额，在我国现代化产业体系建设和改革创新中扮演着重要角色，为中国特色社会主义现代化建设作出了重大贡献。

实践出真知。国家级开发区作为国家和地区经济增长的重要引擎，其发展效率与模式创新不仅关乎地方经济的繁荣，更是推动区域乃至国家竞争力提升的关键因素。解码国家级开发区发展效率，总结探索出一条高效、可持续的发展路径，成为学术界、政策制定者及实践者共同关注的重大课题。我们欣喜地看到，作为国家级开发区的实践者、研究者，构建了开发区发展的

"三力"模型，这"三力"就是开发区发展的战略谋划力、资源整合力、贯彻执行力及其综合运用。对于国家级开发区来说，必须有效提升这三种"力"并持续改进，才能实现国家级开发区发展的最佳意图。本书创新性地提出了"三力"结构模型，作为分析国家级开发区发展效率的核心框架，不仅深刻揭示了开发区发展的内在逻辑与动力机制，更为我们理解和评估开发区的发展成效提供了全新的视角和工具。

  本书以国家级开发区发展历程为牵引，分析了国家级开发区40年来在顶层谋划、要素整合及基层执行等方面的发展情况，构建出区域发展"三力"结构模型的分析框架。基于经济学、管理学两门学科基础上形成的国家级开发区"三力"结构模型，强调了战略谋划力、资源整合力和贯彻执行力在国家级开发区发展中的关键作用。这三个要素之间的互动和协同合作，对于实现高质量发展至关重要。从国家级开发区治理的功能出发，明确其核心目的是提升国家级开发区的综合发展效率，不仅体现在国家级开发区组织管理上的体制效率，而且体现在国家级开发区产业经济上的发展效率，更体现在国家级开发区资源运用上的整合效率。国家级开发区综合发展效率评价指标体系，核心考察应在于国家级开发区战略谋划力、资源整合力、贯彻执行力，涵盖国家级开发区综合发展效率、产业经济效率、区域带动效率、创新资源整合效率、空间资源整合效率、资金资源整合效率、管理服务环境、产业发展环境和招商引资效率等。在此分析框架下，我们从书中看到既有发展与治理的推进轨迹，也有其不断检视修正的过程。本书提出开发区战略谋划力是国家级开发区发展效率的基础。如果没有明确的方向和愿景，就很难实现高质量发展。战略谋划力通过宏观的布局建设、法律法规的建立、制度的改革创新以及财税的政策选择以落实发展规划，强化区域发展潜力的识别与规划，强调以市场导向为基础，制定符合比较优势的产业发展策略，确定核心竞争力和差异化发展路线。开发区资源整合力是国家级开发区发展效率的支撑，涉及有效地吸引、管理和整合各种资源，包括政策资源、空间资源、区域资源、金融资源和人力资源等，注重优化内外部资源配置，以提高产出效率和创新能力。开发区贯彻执行力是国家级开发区发展效率的保障，是确保战略计划得以顺利实施的关键一环，不仅包括管理体制、政务服务、营商环境等多方面的影响，还包括了有效的项目管理、监督和决策制定，以确保项目全方位按计划推进，并能够及时应对问题和挑战。这三个"力"之间存在密切的关系和互动，缺一不可。战略谋划力指导了资源整合力，确保吸引和整合的资源与战略规划保持一致。资源整合力为贯彻执行力提供所需的资源和支持，确保项目按计划推进。贯彻执行力也反馈到战略谋划力和资源整合力，三者形成了一个反复循环的发展闭环。

本书特别以广州开发区作为分析案例，以翔实的数据解码了广州开发区40年来的快速发展，从广州经济技术开发区建区时的9.6平方公里起步，先后融合广州高新技术产业开发区、广州出口加工区、广州保税区、中新广州知识城等，规划面积扩大到如今的484平方公里。创造了从建区之初广州开发区作为单一经济功能区提出的"一切为了投资者，一切为了企业"，到多区合一后提出的"打造企业离成功最近的地方"等理念，造就了该国家级开发区从荒芜到繁荣的崛起之路。广州开发区从建区以来年均GDP增速超20%，以广州市6.5%的土地面积创造了全市约40%的工业产值、17%的税收收入和15%的GDP。广州开发区从创立之初，在营商环境、招商模式、土地管理、管理体制上，都走在改革的前沿，提出了多个"首创"和"第一"，成为国家改革创新的排头兵，通过打造国际企业集聚地，加快发展开放型经济，形成全方位、多层次、宽领域的开放合作格局，成为国家改革开放的前沿。通过对广州开发区的实证研究，从战略谋划力维度、资源整合力维度、贯彻执行力维度构建独具特色的"三力"结构模型，通过对广州开发区思想创新、制度创新、产业创新、科技创新、政策创新、空间创新、人才创新、管理创新和机制创新等方面的研究，为解码开发区的发展效率提供了全新的理论视角和实践路径。广州开发区作为中国改革开放的重要窗口和先行先试的示范区，其发展历程充满了创新与变革。

本书提及的国家级开发区包括国家级经济技术开发区、国家级高新技术产业开发区、国家级旅游度假区、国家级保税区等类型。本书以广州开发区的发展为例。作为我国首批国家级开发区，广州开发区具有其特殊性与先进性。广州开发区是国家级开发区的典型案例，现形成了由广州市经济技术开发区、广州高新技术产业开发区、广州出口加工区、广州保税区和广州市黄埔区合署办公的国家级开发区独一无二的"五区合一"新型管理模式。因本书探讨的开发区涵盖了所有类型的国家级开发区，但因多数国家级开发区未形成"多区合一"的情况，故部分数据比较时，主要以国家级经济技术开发区数据为例进行比对。

全书通过翔实的数据分析、深入的案例研究以及前瞻性的理论探讨，对广州开发区的"三力"进行了全面而系统的解析，以广州开发区"三力"展现国家级开发区"三力"，不仅展示了开发区在创新驱动、产业集聚、区域协同等方面的卓越成就，更深刻剖析了国家级开发区40年来发展成就背后的深层次原因与机制，为开发区未来发展提供了宝贵的借鉴与启示。本书的问世，不仅是对国家级开发区发展历程的一次深刻回顾与总结，更是对未来国家级开发区发展方向的一次前瞻性探索与展望。开发区"三力"模型为我们理解国家级开发区乃至其他中观区域的经济发展规律、优化发展策略、提升发展效率提供了重要的理论支撑与实践指导。我们相信，本书的出版将为推动中国乃至全球开发区的高质量发展贡献智慧与力量。让我们携手共进，在探索开发区发展奥秘的道路上不断前行，共创更加辉煌的未来！

著 者

2024年9月

目 录

第一章 绪论 1
第一节 问题的提出 1
第二节 关于国家级开发区发展逻辑的文献综述 4
第三节 研究目标 19
第四节 研究方法 20
第五节 技术路线 21

第二章 国家级开发区发展效率评价框架构建 23
第一节 国家级开发区的战略谋划历程 23
第二节 国家级开发区的要素整合历程 32
第三节 国家级开发区的基层执行历程 43
第四节 开发区发展效率理论综述 54
第五节 "三力"评价模型的构建 58
第六节 国家级开发区发展效率评价体系 60

第三章 国家级开发区发展效率及广州实证研究 68
第一节 国家级开发区发展历程 68
第二节 国家级开发区发展成就及模式 73
第三节 广州开发区发展概述 79
第四节 广州开发区发展效率评价 80
第五节 广州开发区发展效率总体分析 82
第六节 广州开发区发展的逻辑演变 85

第四章　战略谋划力：广州开发区思想与制度创新 99
第一节　广州开发区战略谋划力的评价结果 99
第二节　战略谋划力是广州开发区发展效率的基础 101
第三节　思想创新是战略谋划的源泉 108
第四节　制度创新是战略谋划的核心 141
第五节　典型实践案例 145

第五章　资源整合力：广州开发区平台与环境创新 150
第一节　广州开发区资源整合力的评价结果 150
第二节　资源整合力是广州开发区发展效率的支撑 153
第三节　产业创新是资源整合的基础 159
第四节　科技创新是资源整合的动力 162
第五节　政策创新是资源整合的方向 165
第六节　空间创新是资源整合的支撑 169
第七节　人才创新是资源整合的保障 171
第八节　典型实践案例 173

第六章　贯彻执行力：广州开发区管理与机制创新 189
第一节　广州开发区贯彻执行力的评价结果 189
第二节　贯彻执行力是广州开发区发展效率的保障 192
第三节　管理创新是贯彻执行的动力源 202
第四节　机制创新是贯彻执行的加速器 210
第五节　典型实践案例 221

第七章　"三力模型"的综合运用研究 233
第一节　"三力"的整合 233
第二节　"三力"的融合和联动 235
第三节　发展绩效的评价 237

第八章　结论与政策建议 …… 240
　第一节　结论 …… 240
　第二节　政策建议 …… 243
　第三节　研究展望 …… 246
附录　广州开发区40周年创新实践优秀案例 …… 248

第一章　绪论

第一节　问题的提出

2024年是我国国家级经济技术开发区成立40周年。建设国家级经济技术开发区是我国推进改革开放的重要举措。40年来，国家级经济技术开发区坚持扩大开放，深化改革创新，艰苦奋斗、锐意进取，为开放型经济新体制建设、区域协调发展和产业高质量发展作出了积极贡献。

面对国内外复杂形势，国家级开发区应在认真总结过去40周年发展成就和发展效率的基础上，不断激发创新活力和内生动力，积极参与构建新发展格局，以高水平对外开放促进深层次改革、高质量发展。

一、时代之问：新一轮科技革命下如何重塑产业发展的逻辑？

当前，世界百年未有之大变局加速演进。世界科技竞争，归根结底是创新的竞争；掌握全球科技竞争先机，本质上就是占据创新先机。加快发展高新技术产业和开发区，是顺应全球产业发展趋势、培育国际竞争新优势的必然选择。进入21世纪，我们逐步从移动互联走向人工智能，从信息化、自动化走向数字化、智慧化，新技术对传统社会的改造正以摧枯拉朽之势演进。新技术浪潮下，传统产业需要通过数字化、智慧化实现产业转型升级；新兴产业则更需要与时俱进。对于国家级开发区而言，除了自身继续发展外，还应通过自身的开放属性影响其他地区与行业，通过耦合效应整体上推动产业格局的重构与升级。

二、使命之问：国家级开发区如何踏上新征程完成新使命？

从历史发展脉络来看，国家级开发区是国家在城镇化和现代化进程中的重要引擎和空间平台，是承担国家重大发展和改革任务的综合功能平台，是国民经济发展的重要引擎之一，也是我国高质量发展引领区、改革开放新高地、城市建设新标杆。在创新体制机制、引领区域经济发展、全方位扩大对外开放等方面发挥了重要作用。一是有效提升了区域创新水平。例如，天津滨海新区通过吸引一批北京创新型、高成长性科技企业疏解转移，进一步提升了天津的产业层次和科研水平。二是有效引领了区域经济发展。例如，位于成渝地区的重庆经济技术开发区、成都经济技术开发区，合力推进成渝双核联动联建，两地创新组建产业旗舰联盟，以协同创新推动成渝地区双城经济圈建设。三是有效扩大了国家对外开放。例如，广州南沙经济技术开发区发挥国际大港开放优势，携手港澳建设高水平对外开放门户，打造融通港澳、接轨国际的一流人才发展环境，深化面向世界的粤港澳全面合作。

从发达国家经验来看，国家级开发区建设成为践行国家发展目标的重要抓手。二战后，英、美、法、日、韩等发达国家开展了多轮新城新区建设实践，其开发目标大致分为四类。一是社会目标。旨在提供不同类型的住房、社会服务以及适当的就业机会，例如英国米尔顿·凯恩斯新城。二是经济目标。旨在建立新的经济增长点，提高城市自给自足能力，鼓励和吸引外资，例如日本筑波科学城、新加坡纬壹科技城。三是区域协调目标。旨在消除区域发展差异，推动区域发展均衡，例如美国马里兰州哥伦比亚新城、法国马恩拉瓦莱新城。四是全球化分工目标。20世纪80年代以后，全球化深化进程中区域竞争越来越激烈，在新城市主义、精明增长理论、可持续发展理论的引导下，新城开发向推动国土均衡发展、生态科技新城等方向转型，例如德国弗莱堡生态新城、韩国松岛新城。

从未来发展趋势来看，国家级开发区扮演的角色越来越重要，发挥的作用也将越来越大。新时代新征程，国家级开发区要紧紧围绕推进中国式现代化，不断激发创新活力和内生动力，积极参与构建新发展格局，以高水平对外开放促进深层次改革、高质量发展。一是有利于构建全国统一大市场。我国各类国家级开发区空间分布总体合理，有助于解决区域发展不平衡不充分的问题，促进生产要素有序流动和高效集聚，推动形成优势互补、高质量发展的区域经济布局。二是有利于发展新质生产力。国家级开发区因改革而生、因改革而兴，历史上建设成功的关键也是制度创新，因此在新时期，国家级开发区依然扮演着改革高地的角色，通过创新驱动吸纳和集聚创新要素，加快形成新质生产力，为高质量发展夯实基础。三是有利于扩大内需。国家级开发区除了经济发展使命之外，发展内涵丰富，功能定位多元，有助于完善生产、分配、流通、消费和投资再生产全链条，推动社会主义市场经济体制向更高水平迈进，促进形成强大的国内市场，支撑畅通国内经济循环。

因此，从推动高质量发展的要求出发，国家级开发区应该进一步"踩油门"，通过制度改革、政策创新、机制创新、优化营商环境等一系列举措，大踏步前进，将国家级开发区打造成为改革创新排头兵和高质量发展引领区。国家级开发区已具备优越条件和强大势能，更加需要牢牢把握"两个大局"，在新发展格局中以空间创新、技术创新和制度创新勇担国家使命。

三、发展之问：广州开发区如何实现持续的高质量发展？

在经济全球化的国际新背景下，全球各国纷纷进入空前的创新密集和产业振兴时期，试图抢占科技制高点。开发区作为带动区域经济发展的重要空间载体和引擎，产业、技术、人才和资金不断聚集，集聚效应和创新效应明显，逐渐发展成为资源配置最优、产出效率最高的经济体。广州作为国内四大最具经济实力的一线城市之一，正在加快向具有全球影响力的国际科技创新中心进军。《广州市国土空间总体规划（2021—2035）》提出要"建设科技创新强市""推动广州原始创新能力跻身世界前列、科技创新赋能更加充分、创新创业生态更加卓越。共建大湾区综合性国家科学中心和技术创新中心"。建设科技创新强市，一是对标具有全球影响力的城市。用全球视野思考问题、参与国际竞争，既要在尊重科技创新和科学研究规律的基础上，吸收借鉴国际上的成功经验，也要走出一条符合国情和广州实际的路子，从而不断提升国际影响力和竞争力。二是聚焦科技创新，实施创新驱动发展战略。支持我们面向未来发展的动力，正是从要素驱动向创新驱动转换，要把科技创新放在全市工作的突出位置,向创新要活力、要动力、要效益。三是要体现出中心城市的优势和功能。

在广州市委、市政府的领导下,围绕广州建设国际科技创新枢纽的发展目标,广州市积极推进开发区的建设与发展。广州开发区已经成为推动全市经济发展的重要载体,同时也是承载着广州建设国际科技创新枢纽和深化改革开放的主要战场。据广州开发区统计局最新数据,2024年广州开发区实现地区生产总值(GDP)4338.90亿元,同比增长2.2%。2024年,黄埔区、广州开发区全年农林牧渔业总产值11.85亿元,同比增长2.5%;规模以上工业总产值8288.81亿元,占全市的比重为36.6%;社会消费品零售额为1680.94亿元,同比增长6.1%,占全市的比重为15.2%。其他营利性服务业营业收入(1—11月)为1596.91亿元,同比增长9.7%。2024年,黄埔区全年合同利用外资90.19亿元,实际使用外资121.02亿元。合同利用外资和实际使用外资等受国际环境影响,均有所下滑。2024年广州开发区个别经济指标出现下滑的趋势,但总体经济效益表现良好。然而在开发区高质量发展的背景下,市场以及政府对开发区的发展提出更高的要求,不仅要关注经济效益的好坏,更要注重经济运行效率的高低。面对这样的情况,广州开发区发展效率的状况如何?战略的谋划、资源的整合和贯彻执行效率是否达到最优?影响广州开发区经济运行效率的因素有哪些?这些成为广州开发区的政策制定者和管理者最关注的问题。因此,分析广州开发区的发展效率及其影响因素,对提升广州开发区建设水平,推动区域经济发展和增强经济实力具有重要的现实意义。

第二节　关于国家级开发区发展逻辑的文献综述

一、关于国家级开发区的相关研究

开发区是中国经济活动的核心空间载体和对外开放窗口,开发区政策则是重要的区位导向型产业政策①，改革开放以来，开发区为实现中国经济的快速增长提供了关键的平台支撑。自1984年中国设立第一批国家级开发区以来，开发区便凭借其在管理机制、创新要素、政策优惠等方面的独特优势持续快速发展②。截至2024年11月底，中国已建成693个各类国家级的开发区（包含国家级经济技术开发区、高新技术产业开发区、海关特殊监管区域以及其他类型开发区），其中229家为国家级经济技术开发区。随着中国经济由高速发展转向高质量发展，开发区与时俱进地有了新的使命和内涵。一方面，开发区在取得巨大效益的同时也面临着沉重的转型压力，新发展理念下，对如何进一步推进开发区实现集约高效发展，聚焦产业基础高级化与产业链现代化，充分释放开发区的政策潜能具有重大的现实意义。另一方面，国家级开发区的探索与实践也已经被公认为是一种宝贵的"中国经验"，受到国际社会特别是发展中国家的重视（Giannecchini and Taylor，2018）。作为一个兼具新兴经济体和发展中国家特征的大国大样本准自然实验，国家级开发区为政策干预地区发展提供了极具价值的观测样本，具有重要的理论研究价值。

目前，开发区研究已经成为国内外学者共同的研究热点③，但国内外学者在开发区的认知上存在较大差异。国外开发区大多是指与高校、科研院所等研究机构结合而成的、知识密集型的、面向科技成果转化的高科技园区④。国家级开发区则是由各级政府主导设立，相较国外开发区具备特定功能导向性更强、空间规模更大、区域影响更为深远的特点，这使得国内学者往往赋予开发区更为丰富的内涵⑤。因而，开发区一直是国内区域经济学、经济地理学和城乡规划学等学科所关注的焦点，尤其是2015年以来，相关研究的高刊文频率、高引用关注度等特征充分显示国内开发区研究的受重视程度与日俱增。

---

① 胡森林，周亮，滕堂伟，等. 中国省级以上开发区空间分布特征及影响因素［J］.经济地理，2019（1）．
② 焦贝贝，张治河，肖新军等. 中国开发区发展阶段与时空分布特征研究［J］.科研管理，2018，39（10）：50-60.
③ 邓慧慧，虞义华，赵家羚. 中国区位导向性政策有效吗？——来自开发区的证据［J］.财经研究，2019（1）．
④ 周伟林，周雨潇，柯淑强. 基于开发区形成、发展、转型内在逻辑的综述［J］.城市发展研究，2017，24（1）：9-17．
⑤ 陈耀. 推动国家级开发区转型升级创新发展的几点思考［J］.区域经济评论，2017（2）．

在 Wang 对国家级开发区政策效应影响的研究以及 Busso 等人在 AER 上发表的对区位导向型政策效应研究的影响下,以李力行和申广军[①]、刘瑞明和赵仁杰[②]等为代表的国内开发政策效应研究随之兴起,该领域知识基础在短短几年时间内被快速构建并逐步体系化,国内开发区研究已然进入到一个全新的发展阶段。因此,系统梳理国内开发区的相关阶段性成果、理清开发区研究方向和进展,对于推进构建具有中国特色的开发区理论和推动国家级开发区高质量发展都显得尤为迫切和重要。

国内开发区研究的主题呈现随开发区发展和政策变迁而演变的特征。2003 年以前,开发区经历了早期探索和快速发展阶段,研究主要聚焦于开发区理论、开发区建设、开发区自身要素及其对地方企业、区域和国家经济的影响等。2003—2008 年,开发区数量和规模的快速增长导致各类社会、经济、生态问题并发出现,开发区经历了大规模的清理整顿,研究焦点逐步转向开发区发展、产业选择以及土地集约利用等方面。2008—2014 年,随着中国经济发展水平和城市化水平的不断提高,开发区面临来自产业水平、城市空间、生态环境等诸多方面的压力,开发区土地利用、转型升级、管理治理以及产城融合等问题成为阶段性研究热点。党的十八大以来,国内开发区研究进入到新的发展阶段,研究主题转向空间格局优化和政策效应研究,这一阶段的研究热点主要包括区位导向型政策效应研究和开发区空间格局优化研究、协同发展研究等。

(一) 开发区发展要素与理论研究

20 世纪 90 年代是国家级开发区发展的重要阶段,在此期间形成了国家级开发区的基本空间格局,而且还一度出现了"开发区热"。探讨影响开发区建设成败的核心要素成为当时的重要研究课题,代表性研究主要包括:国外经验、区位要素与选址布局、管理政策、产业选择与发展战略、外商投资以及对"开发区热"问题的反思等。理论研究层面,早期的国家级开发区发展研

---

① 李力行,申广军.经济开发区、地区比较优势与产业结构调整[J].经济学(季刊),2015(3).
② 刘瑞明,赵仁杰.国家高新区推动了地区经济发展吗?——基于双重差分方法的验证[J].中国区域经济论坛,2015.08:005.

究引入了西方的相关经典理论作为政策理论支撑,其中受认可度较高的理论包括地租理论、产业集聚理论、创新理论、双边市场理论。总体上看,虽然这一研究阶段的成果存在理论深度欠缺、研究方法粗略以及对开发区认识不够具体等问题,但开发区发展要素与理论研究的开展有力地推动了国家级开发区政策的完善和发展。

图1-1为区位市场设计理论框架。

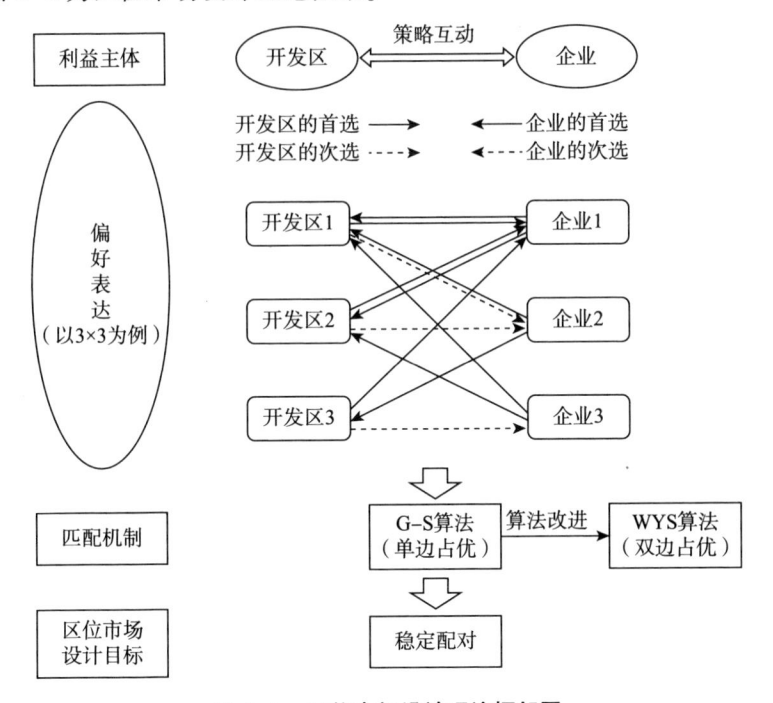

图1-1 区位市场设计理论框架图

资料来源:沈体雁,崔娜娜.区位市场设计理论及其应用[J].区域经济评论,2020(1).

(二) 开发区土地利用研究

探讨如何引导开发区土地集约利用与内涵式发展,具有重要的理论与现实意义。通过梳理既有文献发现,开发区土地集约利用研究主要分为3个方面。一是在理论层面探索开发区土地集约利用的概念内涵,认可度较高的结论包括龙花楼等的可持续性发展内涵,王兴平等的经济效益和产业导向内涵,以及罗经纬等的生态文明视角内涵等。二是在实证层面对不同区域开发区土地集约利用水平的空间差异及其驱动因素进行研究，并提出相应的政策建议。三是在政策评估层面对开发区集约利用水平和集约利用潜力的评价，在评价体系方面，国内学者主要从"投入—产出""经济—社会—生态""集约—高效—协调"等角度构建了侧重点不同的指标体系，在评价技术和方法上，层次分析法、主成分分析和因子分析、模糊综合评价、BP神经网络模型、GIS空间模型等方法得以引入并发展，使相关评价工作的科学性得到不断提升。

（三）开发区转型升级与发展管理研究

国家级开发区背后的经济逻辑与大部分国外开发区不同，国家级开发区是政府主导的市场经济运行模式，是管理机制在中国实践的试验田。一方面，伴随中国经济结构的持续优化，国内学者对开发区的转型升级问题展开积极探索，研究主要聚焦于开发区转型升级战略与模式、转型升级评价、影响因素[①]以及转型路径等。党的十八大以来，开发区绿色发展转型成为关注焦点，开发区作为经济发展最活跃和工业生产活动最集中的区域之一，不可避免地成为环境保护和节能减排工作开展的落实主体，学者们在开发区绿色发展评价指标体系、测算方法以及效应分析等方面取得丰硕成果。另一方面，为进一步发挥开发区引领经济结构优化调整的作用，既有文献对开发区治理的关注度不断提升，研究主要集中在开发区治理模式及其机制的探讨、管理体制改革和演变、跨区域开发区协同[②]等问题，有力地推动了开发区治理模式的改革和创新。

（四）开发区空间互动研究

开发区是集合多元城市功能的新型城市空间，与中国各尺度空间组织和经济系统之间存在复杂的互动与协同作用，现有开发区空间互动研究主要体现在以下几个维度。

第一，开发区空间格局研究。开发区是塑造中国经济地理格局的重要力量。随着国家级开发区发展进入由单个开发区向开发区体系整合的空间优化

---

① 刘志迎. 国家级开发区转型升级的七大动力源 [J]. 区域经济评论，2017 (2).
② 李金华. 国家级经济技术开发区的不平衡发展及其政策思考 [J]. 中国地质大学学报（社会科学版），2019 (3).

阶段，研究逐步从对单个开发区的区位选择转向关注不同空间尺度下开发区的空间格局特征与变迁。在全国，胡森林等探究了中国2527个省级以上开发区的空间分布规律及其影响因素。焦贝贝等将国家级开发区划分为4个发展阶段并进行时空分布特征和产业分布特征的分析。蔡善柱等结合开发区主导产业数据进一步探讨国家级经济技术开发区及其产业空间格局演化特征[①]；在特定区域，高超等、蔡高明等、吴佳敏等分别以东部沿海地区、西部五省区和海南省为研究对象，研究分析了区域内开发区的空间演变规律以及产业集聚类型特征。然而从总体上看，现有开发区空间格局研究的主题、内容和方法都相对单一，缺乏对开发区空间分布动力机制、空间溢出效应以及空间组织关系等的关注。

第二，城市空间结构与产城空间互动研究。开发区建设能够推动城市空间结构的演进，在开发区与城市空间互动研究的早期，国内学者将研究焦点集中在开发区建设对城市空间结构、功能形态的影响上。在城市空间结构演进研究中，张晓平等发现开发区与城市结构演进的三种结构：连片带状、双核心和多级触角结构。龚富华等发现开发区对城市空间增长有着极强的带动作用，导致城市形态趋向离散，并形成多中心空间格局。同时，开发区建设能有效促进城市边缘地区的城镇化进程，并推动形成新的创新文化空间、商业娱乐空间等。然而，随着产城分离、孤岛经济、空城空转、结构单一等"城市病"的出现，产城融合成为关注热点，研究主要集中在空间布局、发展推测以及评价体系构建等方面。从总体上看，目前已有大量文献从不同学科和研究视角对产城融合展开了研究，但现阶段的理论基础基本是西方研究的中国化，缺乏理论深度。

第三，开发区—产业集群—城市群协同发展研究。城市群是开发区与产业集群发展的重要空间载体，国家级开发区地域分布特征呈现明显的城市群组团态势，城市群空间系统中的劳动力、资本、土地等生产要素和创新、服

---

① 蔡善柱，陆林. 中国国家级经济技术开发区及其产业空间格局演化——基于地级及以上市面板数据实证研究 [J]. 地理科学，2019 (3).

务资源承载了开发区的发展，开发区是实现区域产业集群形成和发展的重要载体①。与此同时，区域内的产业集群通过大量的专业分工与集聚效应为开发区提供源源不断的发展动力，开发区的发展有赖于产业集群的形成。目前，国内学者在协同理论、互动机制、一体化发展对策②等领域取得了较为丰硕的成果。

（五）开发区政策效应研究

党的十八大以来，高质量发展目标对已有区域政策体系提出了新要求，开发区对区域发展的多重效益开始显现。对开发区政策有效性的评价和政策机制的探索迅速成为研究热点，研究主要聚焦于以下几个方面。

第一，开发区与区域经济增长、区域协调发展。首先，从区域经济增长角度来看，大量研究证明，开发区政策能有效推动区域经济发展，省级开发区的升级也能带来城市经济效率的提升。在具体机制研究中，张国锋等③从企业进入、退出和成长的微观视角，提出开发区政策和集聚经济具有十分明显且可持续的增长效应。其次，从区域协调发展角度来看，区域协调发展不仅是加快构建双循环新发展格局的支撑，也是实现全体人民共同富裕的保障④。作为一种典型的空间干预型产业政策，开发区对区域协调发展存在明显影响，一方面，国家级新区的设立能促进其主体城市并带动同省其他城市实现协同发展水平的提升，开发区的优惠政策降低了中国整体产业空间的集聚程度，目标行业的设立推动了产业分散布局⑤。另一方面，也有学者提出以开发区在地理上的分散分布换来的区域平衡有损经济的可持续性，导致地区间资源的错配，开发区的设立应遵循市场机制。

---

① 唐承丽，吴艳，周国华. 城市群、产业集群与开发区互动发展研究——以长株潭城市群为例 [J]. 地理研究，2018（2）.

② 苏文松，方创琳. 京津冀城市群高科技园区协同发展动力机制与合作共建模式——以中关村科技园为例 [J]. 地理科学进展，2017（6）.

③ 王永进，张国峰. 开发区生产率优势的来源：集聚效应还是选择效应？[J]. 经济研究，2016（7）.

④ 薄文广，王毅爽，何润东. 新发展格局下完善我国区际利益协调机制研究 [J]. 区域经济评论，2021（5）.

⑤ 孟美侠，曹希广，张学良. 开发区政策影响中国产业空间集聚吗——基于跨越行政边界的集聚视角 [J]. 中国工业经济，2019（11）.

第二，开发区与企业绩效。首先，从影响企业效率角度来看，大量的实证研究证明，开发区可以显著提高企业的产出绩效、生产效率和资源配置效率[1]。但是，针对开发区影响企业绩效的动力来源是"政策效应""集聚效应"还是"选择效应"的问题，结论却不尽相同。李贲等[2]实证检验了开发区的设立能够促进企业的规模扩张，"政策效应"和"集聚效应"是影响开发区企业成长的重要传导机制。然而，郑江淮等提出开发区企业绩效的来源并非是"集聚效应"，而是"政策租"收益以及技术改造升级的选择。王永进等认为，由制度和政策优惠所形成的"选择效应"才是长期生产率优势的主要源泉。胡浩然认为，政策对优势企业生产率的提升影响更大，且这种比较优势随时间呈现整体先上升后下降的趋势。同时，学者们在空间溢出效应研究中，不仅发现开发区政策对区外企业没有溢出效应[3]，而且还发现开发区的主导产业政策对于距离邻近的城市存在显著的挤出效应。其次，从影响企业创新角度来看，创新是经济增长的密钥和国家发展的引擎[4]，开发区是否能促进企业创新目前尚未达成共识。张杰等研究发现，开发区"以升促建"政策对企业创新具有显著的积极影响且溢出效应明显；马恩发现开发区能显著推动区域内企业创新，特别是在地方政府效率、所在地区市场化水平较高的情况下；然而，吴一平等认为开发区的优惠政策抑制了企业创新能力的提升，尤其是对于较大规模的企业以及在制度环境相对较差的地区。再次，从影响企业的出口绩效角度来看，开发区如何促进企业出口是目前开发区政策效应研究的热点之一。在政策效应层面，陈钊和熊瑞祥[5]、孙楚仁等发现出口加工区的出口鼓励政策以及企业在开发区的集聚能带来受扶持行业内企业出口额的提高。徐梦冉等认为开发区对主导产业产品出口具有显著的正向影响，但对非主导产业产品无影响；在具体的机制层面，刘经东发现开发区的政策激

---

[1] 盛丹，张国峰．开发区与企业成本加成率分布［J］．经济学（季刊），2018（1）．
[2] 李贲，吴利华．开发区设立与企业成长：异质性与机制研究［J］．中国工业经济，2018（4）．
[3] 谭静，张建华．开发区政策与企业生产率——基于中国上市企业数据的研究［J］．经济学动态，2019（1）．
[4] 周麟，古恒宇，何泓浩．2006—2018年中国区域创新结构演变［J］．经济地理，2021（5）．
[5] 陈钊，熊瑞祥．比较优势与产业政策效果——来自出口加工区准实验的证据［J］．管理世界，2015（8）．

励效应、集聚配套效应和技术溢出效应有效促进了企业出口增加值水平的提升。然而，胡浩然研究发现，土地政策带来的挤出效应会减弱开发区政策带来的集聚效应，从而降低企业出口水平。最后，从影响企业其他绩效表现角度来看，国内学者的研究还涉及对域内企业并购行为①、企业资源配置效率的影响等方面。

第三，开发区与地区产业结构升级。国内学者也探讨了开发区政策对区域产业结构调整和产业升级的影响。设立经济开发区可以有效推动城市制造业内部的产业结构变动，尤其是开发区目标行业各项经济指标的显著提升，当设立的目标行业符合当地的比较优势时，经济开发区的积极作用尤为明显。周茂等研究发现，开发区的设立可以通过促进内部产业结构优化，有效推动地区制造业的升级。该结构升级效应主要源自开发区政策引导下，生产要素在同一地区制造业内部不同产业间的优化再配置以及产业集聚、资本深化和出口学习三个具体渠道。

第四，开发区政策的社会与环境效应。除经济效益外，学者还对开发区政策的环境和社会效应展开了讨论。在生态和环境影响方面，研究发现，开发区间的恶性竞争和污染企业在空间上的集中排放会导致土地浪费、生态破坏、河流污染和雾霾加剧等环境问题。然而，胡求光等认为这种负面效应是暂时的，后期所产生的技术溢出和示范效应则能有效提升环境治理水平②。在社会效益方面，现有研究发现，虽然开发区政策会带来区域社会空间断裂、居民边缘化等负面影响。但是，开发区建设有助于城市人口增长③，且对城市居民总消费、生活性消费、住房消费和子女受教育支出都具有显著的促进作用。

二、关于开发区发展效率的相关研究

---

① 蔡庆丰，陈熠辉. 开发区层级与域内企业并购 [J].中国工业经济，2020 (6).
② 胡求光，周宇飞. 开发区产业集聚的环境效应：加剧污染还是促进治理？[J].中国人口·资源与环境，2020 (10).
③ 魏守华，杨阳，陈珑隆. 城市等级、人口增长差异与城镇体系演变 [J].中国工业经济，2020 (7).

(一) 关于运行效率的相关研究

运行效率的研究一直备受学者们的关注，从宏观的经济运行效率到中观的产业运行效率再到微观的企业运行效率均有较多的研究成果。张健华和王鹏采用随机前沿的方法和产出定位的距离函数，从银行盈利角度出发，对中、外银行业运行效率进行比较研究，研究发现，2006年以来绝大多数国家的银行盈利效率呈下降趋势，而我国恰好相反。此外银行盈利效率与其全球系统重要性之间存在非线性关系[①]。闫红博运用物理学中的信息熵方法进行权重确定，并用隶属度函数确定模糊评价矩阵对我国东部发达地区的经济运行效率进行了评价，并指出我国东部地区应该改变多投入—产出模式，努力提高资本、人力、资源等投入要素的产出效率，实现可持续发展[②]。吴海民等采用随机前沿分析法（SFA）对我国30个省份的工业经济运行效率进行测度，并将其作为被解释变量通过分位数回归模型实证检验工业经济运行效率较高的省份对成本推动型通货膨胀表现出的良好抗衡能力，存在"强者恒强、弱者恒弱"的马太效应[③]。陈洪转和舒亮亮（2013）运用DEA方法对我国31个省的高新技术产业园区的投入产出效率进行实证分析，并对非有效的省份进行了规模有效性和投影分析计算。结果表明，我国高新技术产业园区的效率整体不高，产业园区的投入发展重点逐渐由东部向中西部转移[④]。曾昭法和王颖采用Bootstrap-DEA方法和固定效应模型对我国金融生态系统运行效率及其影响因素进行区域差异分析，研究发现我国金融生态系统总体运行效率不高且各地区存在差异[⑤]。徐宏毅和石茜（2018）用数据包络分析法（DEA）对我国国家级科技企业孵化器运行效率进行研究，研究表明技术无效是运行效率低

[①] 张健华，王鹏. 银行效率及其影响因素研究——基于中、外银行业的跨国比较 [J]. 金融研究，2011（05）：13-28.

[②] 闫红博. 东部地区经济运行效率评价研究 [J]. 统计与决策，2013（24）：65-67.

[③] 吴海民，陈辉，吴淑娟. 经济运行效率越高抗衡成本型通货膨胀的能力越强吗？——基于中国省级工业面板数据的分位数回归研究 [J]. 财贸研究，2013，24（04）：21-30.

[④] 陈洪转，舒亮亮. 基于DEA模型的我国高新技术产业园区投入产出效率评价 [J]. 科学学与科学技术管理，2013，34（04）：104-109.

[⑤] 曾昭法，王颖. 金融生态系统运行效率的区域差异分析 [J]. 统计与决策，2017（11）：152-156.

下的主要原因。此外，我国国家级科技孵化器的运行效率也存在地区差异①。颜振军和侯寒（2019）运用 DEA 分析法对我国 30 个省份孵化器 2015—2017 年的综合效率、纯技术效率、规模效率进行测算，在此基础上用聚类分析方法将 30 个省份分类，并提出聚类改进、投入改进和产出改进方案②。

（二）关于运行效率指标评价体系的相关研究

关于经济运行效率的投入产出指标的选择和设定较为复杂，并没有形成一个统一的标准。

范柏乃从技术创新投入、技术创新活动过程和技术创新产出 3 个方面，评价了高新区的技术创新能力③。刘鹤综合考虑我国高新技术产业的实际情况选取劳动效率、土地效率、资本效率和研发效率作为一级指标（见表1-1）。在此基础上选用 12 个总量型指标，通过因子分析方法提取 9 个因子作为评价体系的二级指标④。孙晓梅等在国内外生态工业园指标体系的基础上，构建了包含经济运行效率、资源转化效率、污染减排效率、生态工业特征指标和园区管理效率 5 个准则层在内的指标体系，并以此对烟台经济技术开发区生态工业园进行评价⑤。王大鹏和朱迎春选取资本（全社会固定资产投资总额及基础设施条件）和劳动（历年就业人口数）作为投入指标，将国内生产总值作为产出指标，对全国、东中西部地区和大陆 30 个省区的全要素生产率进行测算和分析⑥。陆玉梅和陈晓雪构建了三阶段民营经济的运行效率评价指标体系，包括直接经济效率、宏观社会经济效率和生态效率⑦。张珑晶等提出循环

---

① 徐宏毅，石茜. 国家级科技企业孵化器运行效率及地区差异性研究 [J].财会月刊，2018（04）：43-48
② 颜振军，侯寒. 中国各省份科技企业孵化器运行效率评价 [J].中国软科学，2019（03）：136-142.
③ 范柏乃. 国家高新区技术创新能力的评价研究 [J].科学学研究，2003（06）：667-671.
④ 刘鹤. 我国高新技术产业开发区运行效率评价 [J].科技进步与对策，2009，26（10）：117-120.
⑤ 孙晓梅，崔兆杰，朱丽，刘雷. 生态工业园运行效率评价指标体系的研究 [J].中国人口·资源与环境，2010，20（01）：124-128.
⑥ 王大鹏，朱迎春. 中国三大区经济运行效率对比分析（1988—2009）——基于多层面时空耦合的全要素生产率的测算和分解 [J].财经研究，2010，36（09）：15-25.
⑦ 陆玉梅，陈晓雪. 民营经济运行效率评价研究——江苏实证 [J].企业经济，2013，32（06）：97-100.

经济3R原则，结合考虑循环经济系统中社会、经济、生态3大子系统，构建林业循环经济效率评价指标。邓淇中等从企业、政府、居民3个层面以及金融机构、保险市场、股票3个方面构建投入产出指标，对我国金融生态系统静态和动态运行效率进行测度。翁莉和殷媛从人力、物力、财力构建投入指标，产出指标不仅体现了孵化效率，而且包含经济效益、社会效益和创新成果等，对长三角地区科技孵化器运行效率进行了分析。

表1-1 高新区运行效率评价指标体系

一级指标	二级指标	指标解释
劳动效率	全员劳动生产率	工业增加值/年末从业人员总数
	人均总收入	技工贸总收入/年末从业人员总数
土地效率	地均年末资产	年末资产总额/园区开发面积
	地均总收入	技工贸总收入/园区开发面积
资本效率	总资产贡献率	（净利润+实际上缴税金+利息支出）/年末资产总额
	单位资本总收入	总收入/年末资产总额
研发效率	R&D投入产出效率 科技活动经费投入	技术收入/研究与实验发展经费支出
	产出效率 科技人员生产率	技术收入/科技活动经费支出 技术收入/科技人员总数

资料来源：刘鹤.我国高新技术产业开发区运行效率评价[J].科技进步与对策.2009，26（10）：117-120.

（三）关于运行效率评价方法相关研究

对于效率研究的方法有数据包络分析法、随机前沿 SFA 方法、面板数据法和 Malmquist 指数法等。曾五一和赵楠运用面板数据，分行业测算我国各区域的资本配置效率，并比较分析了区域和省际资本配置的影响因素。张媛和许罗丹运用随机前沿 SFA 方法从微观的角度对广州市 136 家重点用能企业的能源效率进行测算，发现能源效率水平总体较高但处于停滞状态，行业间的能源效率水平差异较大[①]。数据包络分析法是目前学者用于评价经济运行效率较普遍的方法，从 1978 年第一个 DEA 模型推出后，国外学者逐渐使用 DEA

---

① 张媛，许罗丹.基于 SFA 的微观企业能源效率及影响因素实证研究[J].社会科学家，2018（05）：57-63.

方法对具体产业进行研究。Banker 用 DEA 模型评估技术和规模效益。Liang 运用 DEA 对供应链效应进行研究。Cook 运用 DEA 测量两阶段网络结构的性能。尹航和李柏洲从投入产出效率评价的视角出发，构建了基于超额效率混合 DEA 模型的评价体系，并用黑龙江省相关年度数据实证研究了处理多输入多输出问题。刘睿劼和张智慧改进传统 DEA 模型，引入社会支付意愿（WTP），将其作为 DEA 模型中的工业环境投入，解决了经典 DEA 模型无法处理非期望产出的问题，并对中国工业经济环境效率进行评价。章祥荪和贵斌威运用 Malmquist 指数法对我国全要素生产率进行分析，研究结果表明，技术效率和生产技术的进步影响我国全要素生产率的进步。张座铭等运用 Malmquist 指数法研究中国技术市场运行效率，发现中国技术市场运行效率总体呈上升趋势，各省技术市场运行效率空间负相关，东部和东北经济发达地区的空间集聚度较高，而西部地区呈现效率低值集聚[①]。何慧芳等利用 DEA 和 SE-DEA 结合的方法对广东省 245 个企业孵化器的运行效率进行研究，研究结果显示影响广东省企业孵化器运行效率的首要原因是纯技术效率偏低，四个重点城市企业孵化器运行效率的排序依次是深圳、广州、东莞和佛山[②]。

DEA 模型只是静态的分析，随着研究的发展，有学者开始进行经济运行效率的动态分析。瑞典经济学家、统计学家 Malmquist 首次提出 Malmquist 指数并用于分析不同时期的消费变化情况。1994 年，Fare 等用 Malmquist 指数考察全要素生产率的增加，自此 Malmquist 指数在现代生产率问题上得到广泛的应用。蔡善柱和陆林运用数据包络分析法及 Malmquist 生产率指数法，测算了中国 41 个国家级经济技术开发区 2001—2010 年的综合效率与全要素生产率指数，并对其时空分异特征进行分析，研究结果表明中国经济技术开发区综合效率偏低，空间上西部平均综合效率最高，东部次之，中部最高[③]。王小兵运用 DEA-Malmquist 指数法，从空间和时间变化的不同角度对山东开发区的全

---

① 张座铭, 彭甲超, 易明. 中国技术市场运行效率：动态演进规律及空间差异特征 [J].科技进步与对策, 2018, 35（20）：55-63.
② 何慧芳, 黄灏然, 方凯. 基于 DEA 方法的企业孵化器运行效率评价研究——以广东省为例 [J].科技管理研究, 2018, 38（13）：84-89.
③ 蔡善柱, 陆林. 中国经济技术开发区效率测度及时空分异研究 [J].地理科学, 2014, 34（07）：794-802.

要素生产率变化、技术变化、效率变化、纯技术效率变化和规模效率变化进行全面的测算与分析，研究表明大部分开发区的运行效率有不同程度的改善而且存在着空间差异。李培哲等采用 DEA 模型和 Malmquist 指数分解法，测算了我国 30 个省级行政区和东、中、西部三大地区高新技术产业的创新效率及其增长情况。研究结果表明，我国高新技术产业技术创新效率总体呈现上升趋势，但波动较大。此外，限制区域创新效率提升的因素是纯技术效率不高①。

三、关于开发区发展逻辑的相关研究

开发区发展动力与机制的相关研究可以归纳为以下两个方面：一是对开发区发展方向的分析研究；二是对开发区发展动力的分析研究。

（一）开发区发展方向研究

对产业园区转型升级方向的研究多为定性分析，近几年定量分析的引入加强了开发区发展方向与路径的可靠性。唐承丽等将湖南省省级工业园区划分为 4 个层次并提出了差异化转型发展的建议；郑国等认为开发区演进的主要驱动力包括出口导向型经济和固定资产投资。谷文琴等基于合肥经济技术开发区构建了评价指标体系进行分析并确定了发展的方向和路径②。李自琼等对 13 个国家级经济技术开发区的创新和转化能力进行评估并明确了升级发展的方向③。冯斌星认为"智能，绿色，服务，高端"成为开发区经济发展的新方向和新目标。

（二）开发区发展动力研究

开发区发展的动力主要来自外部和内部两个方面。外部动力主要来自国际国内形势的变化，如詹其梣、朱仲羽、王雄昌、方建中等认为，随着全球化竞争加剧，依靠吸引外资和增加出口带动产业园区发展的动力将日趋减弱，

---

① 李培哲，菅利荣，刘勇．基于 DEA 与 Malmquist 指数的区域高技术产业创新效率评价研究 [J].工业技术经济，2019，38（01）：27-34.

② 谷文琴，陈芳．合肥经济技术开发区经济实力评价及转型发展研究 [J]．重庆三峡学院学报，2015（5）：72-77.

③ 李自琼，李向东，陈晓雪．基于灰色关联度的开发区创新转型能力综合评价研究 [J]．宏观经济研究，2015（12）：115-120.

而政府主导的开发区发展模式应当及时调整[①];内部动力主要从产业选择和组织角度进行分析,如沈宏婷、李存芳等、陈耀等、卢弘旻等、安礼伟等认为,我国开发区的产业结构单一,基本以劳动密集型、出口加工和装配产业类型为主,开发区发展缺乏技术创新,关联性差,产业链集聚效应尚未显现[②]。

四、文献评述

随着我国经济发展进入由高速增长向高质量增长转变的新阶段,转变经济发展方式、促进产业结构升级换挡、重塑经济增长动力显得尤为重要。开发区作为国家重要的发展战略和区域导向政策在过去40年的发展中取得了重要的成就,其也是创新驱动、先进制造业和高新技术产业的重要载体,学者们对开发区的研究关注度日渐提高,由于数据的可得性和研究的复杂性问题,对开发区的研究尚处于探索阶段,研究成果相对较少,将开发区与经济发展相结合的研究更是稀缺。

从以上文献回顾可以发现,关于国家级开发区的研究主要集中于3个方面。

第一,在研究视角上,主要是按照开发区的级别,即从全国或省域层面进行国家级重点开发区发展效率研究,尤其对第一批国家级开发区发展效率的研究较多。

第二,在研究方法上,多采用国内外普遍使用的DEA模型对静态发展效率进行评估,近年来学者们开始采用Malmquist指数,以静态和动态相结合的方法更加准确地评估开发区发展效率。

第三,在发展效率指标评价体系上,由于多投入多产出指标体系的复杂性,并没有形成统一的标准,在投入方面,大多数研究只考虑了开发区的基础要素投入,忽略了环保投入和科技创新投入的时代意义。在产出方面则只考虑经济效益,忽略了社会效益的重要性。

因此,本书以广州开发区为研究对象,选取综合反映战略谋划、要素整

---

① 朱仲羽. 经济国际化进程与经济性特区功能形态的演变:兼论中国开发区的转型取向 [J]. 世界经济, 2001 (12): 69-72.

② 卢弘旻, 杜宁. 上海青浦产业园区转型发展研究 [J]. 城市规划学刊, 2012 (7): 180-184.

合和基层执行评价指标，运用"三力"模型对广州开发区的发展效率进行全面分析，并在此基础上对其影响因素进行实证分析，总结国家级开发区发展的内在逻辑，有针对性地提出提高广州开发区发展效率的措施。

第三节　研究目标

一、从"三力结构"角度，探索国家级开发区发展逻辑

搭建多维度的发展效率评价框架，完善当前开发区评价维度。目前高新区的研究多集中于增长极理论、产业集群理论等基础理论，该类理论更多的是关注和指导开发区的经济发展建设，使开发区成为区域经济的增长源。但以经济发展来衡量开发区整体发展显然是不全面的，更不可能评估出开发区未来的发展效率和绩效水平。为此，需要从战略谋划、资源整合与贯彻执行的维度出发，兼顾经济发展、社会发展、人文发展、绿色发展等多方面的发展，探索基于"三力"模型理论框架体系下的开发区发展效率评价理论，本书对于完善开发区发展效率评价体系理论和方法具有重要意义。

二、分析国家级开发区发展逻辑，提炼国家级开发区发展模式

广州开发区在政策和资源方面优势明显，尤其是科技创新要素聚集程度明显高于全国平均水平，那么目前广州开发区的建设和管理中，最迫切需要解决的问题是如何充分地利用好这些资源优势。本书对广州开发区的发展效率分析，拟透过广州开发区发展效率影响因素分析，总结广州开发区发展经验，提炼国家级开发区发展模式。

三、推广广州开发区经验，推进国家级开发区更好发展

在科技创新中心建设的背景下，广州开发区已然从早期依靠特殊优惠政策快速发展的阶段，逐渐进入依靠技术进步和创新驱动效率的发展新阶段，即广州开发区进入高质量发展时期。要充分发挥广州经济开发区的功能和优越性，即拉动区域经济增长、吸收城镇居民就业、增加城镇居民收入等进而

打造世界科技创新中心,就是要在科学发展的指引下,使得资源投入的效能发挥到最大,以尽可能获得更多的产出,简言之,就是要提高广州开发区发展效率。本书拟在对广州开发区发展现状及存在的问题的研究基础之上,通过发展效率的影响因素分析,有针对性地提出改进广州开发区发展效率的措施,使得广州及广州开发区能够真正地站在国家发展全局的高度,规划科技创新中心建设,更好地服务国家战略。

第四节 研究方法

一、文献研究法

文献是开展研究的基础,本书通过对国家级开发区发展效率评价相关领域文献的收集、整理和分析,梳理了开发区发展效率、发展效率评价、开发区管理等有关文献综述,厘清了有关开发区发展效率评价的线索和资料,借鉴中外学者研究视角,采取多种分析方法达到文献研究的目的。

二、专家访谈法

对在广州开发区具有工作经历的专家、学者进行深入访谈,调查了解广州开发区的建设历史、发展历程,为本书提供强有力支撑。

三、田野调查法

项目组成员多次深入开发区管理部门、企业等进行实地探勘调研,从现状建设视角,深入了解开发区建设历程与发展,为本书提供数据支撑。

四、案例分析法

通过发起国家级开发区建区40周年优秀实践案例征集活动,形成国家级开发区实践案例库,为"三力"结构模型提供案例支撑。

第五节 技术路线

一、研究的逻辑框架

本书在有关开发区发展效率的研究基础上，运用综合分析等方法对国家级开发区的发展效率进行测算，并以此为基础对广州开发区发展效率的影响因素进行实证分析，最后提出相应的政策建议。全书共分为8章，主要研究内容如下。

第一章为绪论。分别从研究的背景与目标、文献综述以及研究方法思路与研究技术路线上进行阐述。第二章为国家级开发区发展效率评价框架构建。构建了开发区发展效率评价指标体系。通过梳理指标体系的构建原则和方法，提出开发区发展效率评价维度及评价指标，由此进一步，对开发区发展效率评价指标进行分解，形成详细完整的三级指标解释体系。建立开发区发展效率"三力"评价模型。选取开发区发展效率评价方法，增加权重的设计方法，以层次分析法建立开发区发展效率评价模型。第三章为国家级开发区发展效率的广州实证研究。根据构建的指标体系和模型，结合广州开发区现状分析，运用"三力"模型对广州开发区发展效率的影响因素进行实证研究，分析不同因素对广州开发区运行效率的影响。对广州开发区发展效率实施评价，通过横向和纵向相结合的方式得出评价结论，并对评价结果进行分析。第四章至第六章分别对战略谋划力、资源整合力和贯彻执行力进行了系统的解读。其中，第四章战略谋划力体现了广州开发区思想与制度创新，运用战略谋划力指标对广州开发区发展效率的影响因素进行实证研究，分析战略谋划力不同因素对广州开发区运行效率的影响。第五章资源整合力反映了广州开发区平台与环境创新，运用资源整合力指标对广州开发区发展效率的影响因素进行实证研究，分析资源整合力不同因素对广州开发区运行效率的影响。第六章贯彻执行力反映广州开发区管理与机制创新，运用贯彻执行力指标对广州开发区发展效率的影响因素进行实证研究，分析贯彻执行力不同因素对广州开发运行效率的影响。第七章是在广州开发区实证研究基础上，对"三力"模型的综合运用进行了研究，包括对"三力"的整合以及融合联动，最后对国家级开发区的发展绩效进行了简单的评价。第八章为报告的结论与展望。根据对以上研究进行归纳和总结，有针对性地给出提高广州开发区发展效率的建议，并对未来的研究进行了展望。

二、研究技术路线

图1-2介绍了本书研究的技术路线。

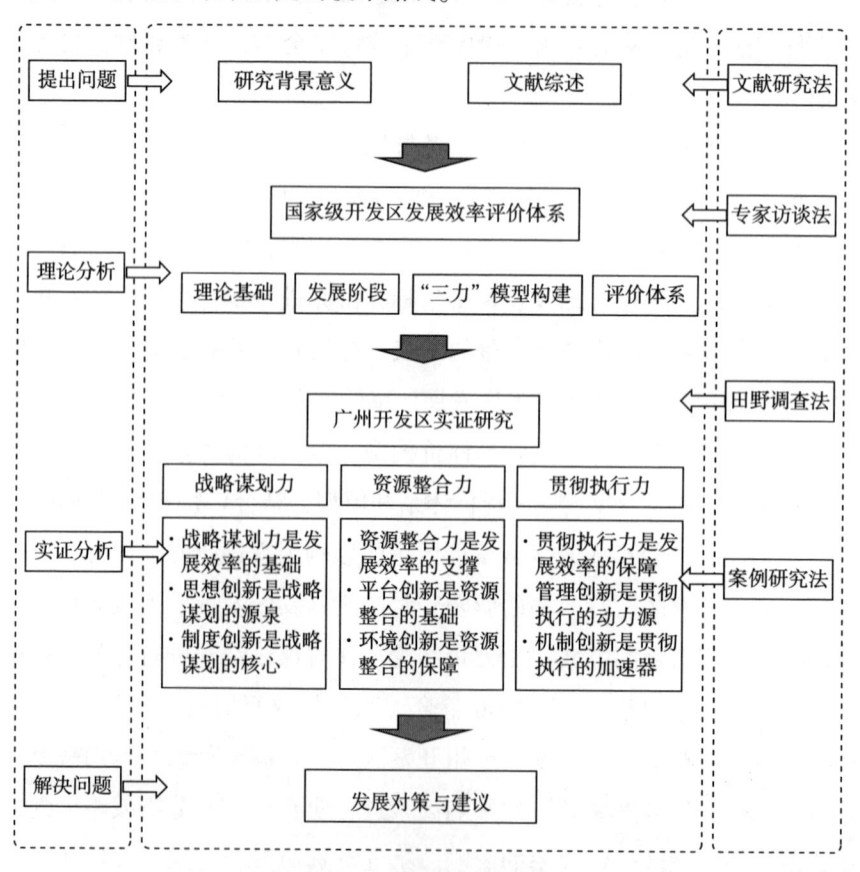

图1-2 技术路线示意图

提出问题 → 研究背景意义、文献综述 ← 文献研究法

理论分析 → 国家级开发区发展效率评价体系（理论基础、发展阶段、"三力"模型构建、评价体系）← 专家访谈法

实证分析 → 广州开发区实证研究 ← 田野调查法

- 战略谋划力
  - 战略谋划力是发展效率的基础
  - 思想创新是战略谋划的源泉
  - 制度创新是战略谋划的核心
- 资源整合力
  - 资源整合力是发展效率的支撑
  - 平台创新是资源整合的基础
  - 环境创新是资源整合的保障
- 贯彻执行力
  - 贯彻执行力是发展效率的保障
  - 管理创新是贯彻执行的动力源
  - 机制创新是贯彻执行的加速器

← 案例研究法

解决问题 → 发展对策与建议

第二章 国家级开发区发展效率评价框架构建

第一节 国家级开发区的战略谋划历程

一、国家级开发区的谋划过程

1979年7月15日，中共中央、国务院批转广东省委、福建省委关于对外经济活动实行特殊政策和灵活措施的两个报告，决定对广东、福建两省的对外经济活动给以更多的自主权，充分发挥两省的优越条件，扩大对外贸易。

1980年8月26日，第五届全国人大常委会第十五次会议决定，同意在广东省深圳、珠海、汕头和福建省厦门设置经济特区，批准《广东省经济特区条例》。

1984年春，中共中央书记处和国务院在北京召开沿海部分城市座谈会，确定进一步开放由北至南14个沿海城市。1984年5月4日，中共中央、国务院批转《沿海部分城市座谈会纪要》。这是中国继设立深圳等4个经济特区后，对外开放的又一重大步骤。

1984—1985年，国务院先后批准建立大连、秦皇岛、天津、烟台、青岛、连云港、南通、宁波、福州、广州、湛江11个经济技术开发区，我国的经济技术开发区建设正式迈出了步伐。这种新的开发区形式，在建立之初，大多是借鉴了经济特区的经验，而特区多建在小城市、小城镇或城市边缘地带，实行封闭管理，因此11个开发区无一在城市中心建设，统统采取了远离城区

（一般在十几公里甚至上百公里以外）的选址原则。因为一切基础设施和配套生活设施需要新建，所以初期规划面积较大，而土地占用面积大，资金缺口必然也大，因此出现了一些浪费土地、占而不用的现象。针对这种情况，国家及时作出了调整，将经济技术开发区的规划面积限制在 10 平方公里左右，起步区面积 1—3 平方公里，11 个开发区规划总面积 160 平方公里，首期开发 16 平方公里。

1986 年，国务院批准上海建立了虹桥、闵行两个经济技术开发区。这两个开发区吸取了前面的教训，虹桥开发区的规划面积只有 0.65 平方公里，闵行开发区也只有 3 平方公里，并且这两个开发区都依托老城区，可以利用已有的基础设施，因而发展较快。

1988 年后我国的开发区建设进入了一个新阶段，在这之后的几年里，开发区由当初的经济特区和经济技术开发区逐渐扩展到高新技术产业开发区、保税区、台商投资区、边境开放区等多种层次、多种类型，在形式与内容上日趋丰富，这有力地促进了我国与国际经济技术在更加广泛的领域进行合作。同年 6 月，国务院批准设立漕河泾新兴技术开发区，采取了新的经营方式，由港资与上海市共同开发经营，开启了创办经济技术开发区的全新形式①。

随着台商对大陆投资的日益增长，1989 年 5 月，国家为推进海峡两岸经贸关系的发展，加快我国改革开放的步伐，国务院批准在海沧、杏林地区以及福州马尾经济技术开发区未开发部分建立台商投资区，这是我国首次设立针对特定投资对象的开发区。

由于经济技术开发区并非实行全封闭的管理，它与国内其他地区经济的密切联系仍然保留了下来，在充分利用国内国际两个市场、两种资源方面拥有更大的发展余地，这促进了经济技术开发区的早期发展，但也使其投资环境受到国内其他地区经济政策和传统经济体制的影响，因此，各地方政府积极探索新的发展外向型经济的方式。如天津建立了保税仓库，深圳沙头角成立了保税工业区等。

---

① 1988 年 6 月，国务院批准上海市在原漕河泾仪表电子工业区和微电子工业区、生物工程基地的基础上，设立漕河泾新兴技术开发区。

1990年,国务院在批准上海浦东新区开发开放规划的同时,批准上海设立外高桥保税区,并完成了保税区的立法程序①。保税区既是我国借鉴国外自由贸易区和出口加工区经验的一种新尝试,也是开展国际贸易和保税业务的区域,区内允许外商投资经营国际贸易。保税区的建设为我国充分利用港口和陆地口岸的地缘优势来发展对外贸易提供基础,促进了我国的对外开放和对外贸易发展,加快了我国与国际市场的接轨。

国家级开发区的发展方针从"三为主、一致力"到"三为主,两致力、一促进"再到"三并重、二致力",2014年,国务院办公厅又发布了《关于促进国家级经济技术开发区转型升级创新发展的若干意见》,确定了"三个成为、四个转变"的新方针。

40年来,开发区紧跟国家改革发展战略,始终坚持国务院确定的发展方针,成为我国经济发展的强大引擎,对外开放的重要载体和体制改革的实验基地。例如以深圳为代表的经济特区的蓬勃发展,为我国市场经济体制改革注入了巨大的活力,为我国社会主义市场经济体制的初步建立作出了不可磨灭的贡献;以北京、大连、苏州、广州等为代表的国家级经济技术开发区,已成为我国吸引外商投资的主力军,为外商了解我国的投资环境,来中国投资发展起到了积极的推动作用;以中关村为代表的国家级高新技术产业开发区已经成为我国发展高新技术产业的基地,为加速我国高新技术产业的发展,跟上全球新一轮技术革命的步伐起到了很好的带动作用;以上海外高桥、深圳福田为代表的国家级保税区10多年来很好地发挥了贸易、仓储、出口加工和现代物流等功能,有力地促进了我国对外贸易的发展,在更大范围内、更深层次上加速了我国与国际市场的接轨。以上海浦东、天津滨海、重庆两江为代表的国家级新区,作为承担国家重大发展和改革开放战略任务的综合功能区,已成为我国全方位扩大对外开放的重要窗口、创新体制机制的重要平台、辐射带动区域发展的重要增长极、产城融合发展的重要示范区,其在所在区域的经济发展中发挥着越来越重要的作用。

---

① 1990年9月,海关总署发布了《中华人民共和国海关对进出上海外高桥保税区货物、运输工具和个人携带物品的管理办法》,完成了保税区的立法程序。

目前，我国的开发区具备了在更高层次、更高水平上实现转型升级创新发展的基础，同时其发展所面临的外部环境也发生了很大变化。从国内来看，随着经济体制改革的不断深化，社会主义市场经济体制已在全国范围内初步建立并逐步走向完善；长三角城市群、珠三角城市群的快速发展，西部大开发战略的实施以及"京津冀协同发展""长江经济带"等的稳步推进，使我国的对外开放由重点开发阶段迈向全方位区域协调发展阶段，开放水平不断提高，已形成沿海、沿边、沿江、内地相结合的多渠道、多层次、全方位的对外开放新格局。从世界范围来看，随着经济全球化深入发展，其特征已从早期的发达国家"单赢"向各国（特别是发展中国家）"多赢"转变，合作重心也从生产全球化、贸易全球化到金融全球化，从实体经济转向虚拟经济。但是，这种"脱实就虚"的现象，却给一些传统发达国家带来了一定的不确定性，增加了经济系统的风险，引发了国际金融危机，并导致世界经济持续低迷、复苏乏力。一些西方国家为促使本国经济快速复苏，贸易保护主义抬头，提出了"再工业化"战略，期望通过政策法令强制跨国集团工业生产体系整体回流这一"逆全球化"动作，解决其国内过度贫富分化和社会不公等现实问题。

二、国家级开发区的顶层谋划

（一）国家级开发区的宏观布局建设

我国创办各类开发区的目的是为改革开放和发展高新技术提供示范，以此带动区域和全国经济的发展。我国在创办开发区之初，由于缺乏经验，在宏观布局方面不尽合理，限制了开发区功能的发挥。因此，为达到创办开发区的目的，有学者提出，需对开发区的布局作出宏观上的规划和调整，保证在全国范围内形成各级各类开发区的合理布局。[①]

我国开发区的宏观布局需要面对两方面的客观现实：一方面，我国幅员辽阔，各地区在自然环境、经济发展水平、技术状况和文化条件等方面的差异很大，因此不可能同时对所有地区进行同等程度的开发；另一方面，与各

[①] 师荣耀.中国开发区新时代发展战略［M］.北京：中共中央党校出版社，2021.

地对资本、技术、人才等资源的需求相比，目前我国的资源供给还较为有限，存在资源供需矛盾。这种现实条件决定了我国开发区必须采取重点布局战略，将有限的资源投放在综合条件优越、有利于发挥开发区功能的少数地区，进行重点开发，而不应当一哄而上，无序开发。

（二）国家级开发区的法规体系建立

市场经济本质上是一种法治经济，健全的市场经济体制离不开完善的法律法规体系的支持。开发区作为中国市场化改革的"试验田"，"依法治区"是其实现可持续发展的必然选择，而"依法治区"的前提是必须有完善的法律法规体系作为依据。我国国家级开发区在初创时期就一方面大力招商引资进行基础设施建设，另一方面积极探索建立符合社会主义市场经济体制要求，保证开发区可持续发展的法律法规体系。但是，至今尚未形成一套有关开发区的完善的法律法规体系。

我国现有的开发区立法分为两个层次。第一层次即国家立法层次，是国务院和中央各部门制定的法规和规章。

如国务院发布《中华人民共和国国务院关于经济特区和沿海十四个港口城市减征、免征企业所得税和工商统一税的暂行规定》（1984年11月）、《国务院关于鼓励外商投资的规定》（1986年10月），财政部发布《贯彻国务院〈关于鼓励外商投资的规定〉中税收优惠条款的实施办法》（1987年1月），海关总署、财政部与对外经济贸易部联合发布的《关于中外合资经营企业进出口货物的监管和征免税规定》（1984年4月），海关总署发布《中华人民共和国海关对经济技术开发区进出境货物的管理规定》（1988年4月），国务院发布《国家高新技术产业开发区高新技术企业认定条件和办法》（1991年3月）、《国家高新技术产业开发区若干政策的暂行规定》（1991年3月）、《国家高新技术产业开发区税收政策的规定》（1991年3月）等，这些法规规章有的并不全面针对开发区，但其中均涉及开发区，从而成为各地总体制定投资优惠、企业登记、劳动管理、土地管理、技术引进等方面地方性法规与规章的依据，另外在国家层次上相对于各类开发区还存在一些非规范性政策性文件。

第二个层次即地方立法层次，是由省（直辖市、自治区）人民代表大会和政府制定的有关法规和规章以及各开发区所在市人民政府的一些规定与办法，如各省份制定的《经济技术开发区条例》等，这一层次法规和政府规章涉及面广，各省、各地方有很大差异。如天津市第十届人大常委会第二十一次会议于1985年7月审议通过并经过多次修改的《天津经济技术开发区管理条例》《天津经济技术开发区企业登记管理规定》《天津经济技术开发区劳动管理规定》和《天津经济技术开发区土地管理规定》；北京市第十一届人大常委会于2000年12月23日审议通过并于2001年1月1日起实施的《中关村国家自主创新示范区条例》。这些条例和规定对各开发区的地位和职能进行了规范。

开发区已成为科技创新重要载体。在我国经济社会的发展历程中，开发区既是构建"高精尖"经济结构的重要部分，也是推动和加速科技创新的重要支撑，在建设全国科技创新中心中发挥前沿阵地作用。《中华人民共和国国民经济和社会发展第十四个五年规划和2035年远景目标纲要》提出，建设重大科技创新平台，强化国家自主创新示范区、高新技术产业开发区、经济技术开发区等创新功能。

（三）国家级开发区的制度改革创新

开发区是开展制度创新的先行区。制度创新是创新的前提。开发区作为我国改革开放的排头兵，践行了我国先行先试的社会主义特色实践。比如产权制度的改革，取得了显著成效。

新制度经济学认为，所谓产权，是指界定人们在社会经济生活（由一系列的交易活动构成）中谁受益谁受损的权利，产权制度在所有的社会制度中处于十分关键的地位。诺贝尔经济学奖获得者、著名的新制度经济学家诺斯在其著作《西方世界的兴起》中指出，高效的产权制度和经济组织的出现，是西方世界兴起的根源。

科斯定理告诉我们，在交易成本为零的前提下，产权的初始界定是无关紧要的，但是，在存在交易成本的情况下，是否界定以及如何界定产权则是至关重要的。在现实经济生活中，交易成本无处不在，根本不存在交易成本为零的情况，我国的开发区也不例外，而且，在市场经济体制尚不完善的阶段，其交易成本更加不可忽视，因此，推进产权制度改革，建立高效的产权制度对于我国开发区的可持续发展来说是至关重要的。

经济体制改革以产权改革或企业改革为主线，产权改革既是经济体制改革的核心，也是改革的难点所在。

经过40多年的经济体制改革，我们已经取得了举世瞩目的成就，我国已初步建立起了社会主义市场经济体制。目前，产权问题仍是我国市场化改革的瓶颈所在，它关系着我国社会主义市场经济体制的进一步完善。要想取得改革攻坚战的决定性胜利，我国在下一步的改革中，必须推进产权制度改革，合理界定产权，明确产权主体，建立行之有效的新型产权制度。

只有建立起适应我国经济社会发展的新型产权制度，才能为我国经济生活其他领域的改革扫清障碍，在新形势下打开我国经济社会可持续发展的新局面。

国家级开发区作为我国经济体制改革的"试验场"，自然不能脱离改革的大环境。推进产权制度改革，建立起适应我国经济社会发展的产权制度，开发区的可持续发展才能有宏观上的制度保障，才会为区内企业成为真正的市场主体奠定坚实的基础。

（四）国家级开发区的财税政策选择

国家级开发区的发展得益于大量的优惠政策，其中主要是优惠的财政政策和税收政策。这些优惠政策在开发区发展初期发挥了至关重要的作用，其中财政政策在各开发区的载体开发（主要是基础设施建设）方面，从1991年《中华人民共和国外商投资企业和外国企业所得税法》颁布至2008年1月1日《中华人民共和国企业所得税法》施行，税收优惠政策在招商引资方面做出了不可磨灭的贡献。目前，各开发区过去享有的优惠财政政策已经结束。

1. 财政政策

国家对开发区的起步建设提供了巨大的财政政策支持，在创办开发区之初，中央财政将各开发区新增财政收入全部返还给开发区（或开发区所在地方政府），用于开发区的建设和发展。

对于首批设立的 14 个国家级经济技术开发区，《中共中央、国务院关于批转沿海部分城市座谈会纪要的通知》中规定："经济技术开发区（指批准划定的范围）新增的财政收入，从批准兴办时起 5 年内免除上缴、上借任务。"后来，考虑到各开发区在起步阶段基建任务重，生产性项目不多，财政收入少，中央将原定政策的有效期统一延长至 1995 年。1996 年，经有关部门研究，报国务院批准，《国务院办公厅关于十四个国家级经济技术开发区财政政策问题的复函》对上述政策作出了补充修改：在 1996—1998 年的三年内，按全国统一分税制财政体制，以 1993 年的返还为基数，上述十四个经济技术开发区 1995 年比 1993 年新增财政收入中中央财政应得增量部分，采取由中央财政逐年递减返还的办法，即 1996 年返还 3/4，1997 年返还 1/2，1998 年返还 1/4，1999 年停止返还，逐步向全国统一的分税制财政体制过渡。这样，首批设立的国家级经济技术开发区在财政收入上享受了两个"五年期的全额返还"和一个"三年期的递减返还"政策。部分公司模式的开发区，虽然未直接得到中央财政返还收入，但是其所在地方政府在得到中央财政返还收入后，又通过补贴方式将收入返还给开发区。

对于第二批设立的 18 个国家级经济技术开发区，财政部印发《关于武汉等 10 个经济技术开发区新增财政收入全部留用的通知》，通知提出对重庆、武汉、芜湖、杭州、沈阳、北京等 10 个开发区自批准成立之日起，实行 5 年内新增财政收入全部留用的政策（1998 年或 1999 年到期）。经有关部门研究并报国务院批准，后又调整为以政策到期的最后一年中央财政应得部分为基数，在 3 年内由中央财政逐年递减返还给开发区，即第一年返还四分之三，第二年返还二分之一，第三年返还四分之一，其后，实行全国统一的财政上缴政策。这样，第二批设立的国家级经济技术开发区在财政收入上享受了一个"五年期的全额返还"和一个"三年期的递减返还"政策。

《国务院办公厅关于黑河等 14 个边境经济合作区财政政策问题的复函》规定，对 14 个国家级边境经济合作区，以 1995 年比 1993 年增加的"两税"应上缴中央财政部分为基数，1996—1998 年实行定额返还政策。这一政策到期后，没有被延长，而是改为在研究中央财政对边境地区转移支付时统一考虑的办法。

除了上述财政收入留用政策之外，在开发区建设初期，国家财政还向各开发区提供了少量的为期15年的贴息贷款。据不完全统计，首批设立的国家级经济技术开发区总共向中国人民银行贷款约21亿元，其中3/4左右的贷款由国家财政提供3%的贴息。

2. 税收政策

国家级经济技术开发区内的生产型外商投资企业，按15%的税率上缴企业所得税（一般地区内资企业所得税率为33%，生产型外商投资企业所得税率为24%），其中，对于经营期在10年以上的，从开始获利的年度起，第一年和第二年免征企业所得税，第3年至第5年减半征收企业所得税。这是目前我国最低的企业所得税率。按照国家规定的"免二减三"税收优惠期满后，对于被确认为出口企业的生产型外商投资企业，当年出口产品总值达到总产值70%以上的，减按10%的税率征收企业所得税，对于被确认为先进技术企业的生产型外商投资企业，可以延长3年减半征收企业所得税。开发区内中外合资经营企业的外商将从企业分得的利润汇出境外，免征汇出税。对于在中国境内未设立机构而有来源于开发区的股息、利息、租金、特许权使用费或其他所得的外商，除依法免征所得税以外，都按10%的税率征收所得税，其中，提供资金、设备的条件优惠，或者转让的技术先进，需要给予更多减征、免征优惠的，由开发区所属的市政府决定。

国家级高新技术产业开发区（简称"高新区"）内经有关部门认定的高新技术企业（简称"高新区企业"），从被认定之日起，按15%的税率缴纳企业所得税。对于出口产品的产值达到当年总产值70%以上的高新区企业，经税务部门核定，按10%的税率征收企业所得税。新办的高新区企业，经企业申请，税务机关批准，自投产年度起，两年内免征企业所得税；其中，新办的中外合资经营的高新区企业，合营期在10年以上的，经企业申请，税务机关批准，可从开始获利年度起，头两年内免征企业所得税。免税期满后，纳税确有困难的，经批准在一定期限内给予适当减免税照顾。对内资办的高新区企业，其进行技术转让以及在技术转让过程中发生的与技术转让有关的技术咨询、技术服务、技术培训的所得，年净收入在30万元以下的，可暂免征收所得税；超过30万元的部分，按适用税率征收所得税，对其属于"火炬"计划开发范围的高新技术产品，凡符合新产品减免税条件并按规定减免产品税、增值税的税款，可专项用于技术开发，不计征所得税；对内资办的高新区企业减征或免征的税款统一作为国家扶贫基金，单独核算，由有关部门监督专项用于高新技术及产品的开发；内资办的开发区企业，从其留用的技术转让、技术咨询、技术服务和技术培训净收入中提取的奖金，不超过15%的部分，不征收奖金税。高新技术产品出口企业，按国家规定从出口奖励金中发放给职工的奖金，不超过1.5个月标准工资的部分，不征收奖金税；内资办的高新区企业，自筹资金新建技术开发和生产经营用房，按国家产业政策确定免征建筑税（或投资方向调节税）；在不影响上缴中央财政部分，经当地政府批准，高新区企业所缴各项税款，以1990年为基数，新增部分返还高新区，用于高新区的建设。在经济特区或国家级经济技术开发区地域范围内的高新区企业，是外商投资企业的，仍执行经济特区或经济技术开发区的各项税收政策，不受上述规定的限制[①]。

第二节　国家级开发区的要素整合历程

一、政策资源整合

在国家级开发区的整个创新体系中，观念创新是基础，技术创新是主体，但是只有创新基础并不一定能产生创新主体，要实现从观念创新向技术创新的转化，就必须有制度创新作为支撑。

制度创新是推动国家级开发区技术创新的根本动力。技术创新的本质是由技术革命引发的经济体制和经济运行机制的变革，因此技术创新要求制度创新为其提供动力并开辟道路。在我国从计划经济体制向市场经济体制转变的过程中，如果没有制度创新作为前提和支撑，再好的技术也难以与经济结合实现产业化，所谓的技术创新也就不可能实现。

[①]《国家税务总局关于国家级高新技术产业开发区税收政策的规定》（1991年3月6日经国务院批准发布）。

国家级开发区的生存和发展离不开制度创新。我国的开发区本身就是制度创新的产物。我国于1979—1985年完成了开发区的初创工作。当时，我国正处于改革开放的起步阶段，整个国民经济仍处于计划经济体制之下，农村经济体制改革已取得阶段性成果而城市经济体制改革刚刚开始，我国经济理论界对社会主义经济的认识尚处于"国家调节市场，市场引导企业"的阶段。在这种形势下，要实行改革开放，吸收世界先进技术、资本和管理经验，就必须在体制上有所突破。当时，在整体环境不具备的条件下，只能考虑在局部环境上努力创造适应市场经济要求的制度环境，这样，在特定区域实行特殊政策和特殊体制就成为当时的必然选择。我国创办开发区的首要目标就是把开发区当作改革开放的"特殊试验区"，让其依靠特殊的政策和体制优势，从传统体制中"杀出一条血路来"，尽快在全国形成改革开放的强有力的示范效应，以带动和促进全国改革开放的进程。我国开发区的"先头部队"经济技术开发区就是在这样一种形势下，借鉴国外经验，应国际经济发展潮流产生的。

在创办之初，我国开发区的功能定位就是中国经济体制改革的"试验田"、对外开放的"窗口"和区域经济发展新的增长点。因此，我国经济技术开发区成立以后，在制度创新方面进行了许多有益的探索，努力创造"仿真"的国际投资环境，转变政府职能，增强服务意识，完善市场经济体制下的各项制度，在政府层面、企业管理层面为全国的改革开放提供了许多宝贵的经验，并得到了其他地区的应用和推广。同时，由于制度创新，国家级开发区形成了不同于其他地区的比较优势，开发区给了企业相对宽松的发展空间和一定的财政支持；当某些领域尚不准外资介入时，开发区在尝试探索；当外部法律政策体系存在浓厚的计划经济体制色彩时，开发区实行较为特殊的政策。由此，资本、技术、人才和先进的管理经验不断流向开发区，大大推动了国家级开发区的开发建设。从某种意义上说，我国国家级开发区就是制度创新的产物，制度创新大大推动了开发区的开发建设。

国家级开发区要实现高质量发展就必须先进行制度创新，改革旧体制，创立新体制，在全国的改革开放进程中继续发挥示范、辐射和带动作用。制度创新是国家级开发区的生命力之所在，这不仅被国家级开发区的发展历史所证明，而且是新的形势下国家级开发区实现可持续发展的必然要求。

二、空间资源整合

开发区和城市都是一个随时间发展而不断演化的客观存在，其演化过程都表现出明显的阶段性特征，开发区与城市的空间关系也是如此。

（一）开发区的"孤岛"和"飞地"阶段（1984—1992年）

1984年是我国开发区发展的元年，随着我国第一批经济技术开发区开始建立，开发区与城市的空间关系也就产生了。但这一阶段由于受制于当时以计划经济体制为主的国内环境和相对不利的国际环境，开发区整体发展比较艰难。一是在区位选择上，当时中央要求开发区选址必须远离"母城区"，选择空间上易于隔离、便于封闭的地方，以防止外资企业影响和干扰我们的经济体制[①]。二是在产业发展上，我国开发区的发展状况同国外出口加工区相吻合，外资企业看重的是中国廉价的劳动力和优惠的政策，外商在开发区的投资以中小企业为主、以常规技术项目为主。因此，这一时期我国开发区企业与城市其他企业的经济联系非常薄弱。三是在规划建设上，这一阶段我国开发区基本上都是按照工业区进行规划建设的，生活服务和生产服务发展非常滞后，开发区普遍被妖魔化为"鬼城"，即白天热火朝天，一片繁荣景象；而一到夜晚，开发区成为一个"空城"，冷冷清清。这一时期我国城市改革刚刚开始，城市还处于空间集聚和极化发展阶段。因此开发区与城市的空间关系非常薄弱，国内学者一致将其形象地比喻为城市的"孤岛"和"飞地"。皮黔生进一步从地理、功能、经济、制度、心理等诸方面，系统地提出了开发区的"孤岛"理论。

（二）开发区对城市空间影响效应增强阶段（1992—2002年）

这一阶段是国家级开发区发展最快的时期，而且国家级开发区与中国的改革开放和发展相互呼应，互相促进，因而是开发区战略地位最重要的时期，开发区对城市空间的影响效应逐步增强，这主要有三方面的原因。一是开发

---

① 皮黔生，王恺. 走出孤岛——中国经济技术开发区概论 [M].上海：生活·读书·新知三联书店，2004.42.

区数量和规模大幅增加。① 1992 年，邓小平南方谈话掀起了对外开放和引进外资的热潮，我国开发区也由此进入了快速发展期。在经历 1992 年和 21 世纪初的两次"开发区热"后，全国各类开发区数量达到 6866 个，规划面积达到 3.86 万平方公里，超过了当时全国城镇建设用地面积。几乎所有城市都规划建设了开发区，很多城市拥有多个开发区。

二是开发区产业发展也进入一个新阶段。1992 年之后，跨国公司在中国竞相投资，开发区出现了上亿美元甚至数十亿美元的单项投资，投资者由非集团化的中小企业变为大型跨国公司，电子信息、汽车、生物技术、医药、新能源和新材料等高新技术产业是这一时期我国各个开发区具有代表性的产业。开发区的增长极效应开始显现，对区域经济的带动效应显著增强。

三是这一时期是我国城市空间剧烈变动的时期。伴随着我国经济体制改革的快速推进和社会经济的快速发展，我国的城市在这一时期普遍经历了一个空间重构过程：在产业空间方面，主要表现为制造业的空间扩散与郊区化②；在人口与社会空间方面，主要表现为居住郊区化和社会空间异质性增强；在城市形态上，主要表现为由同心圆环状向外扩展转变为沿轴发展，由封闭的单中心结构向开放式多中心组团结构转变。由于我国开发区制造业的起点普遍较高，代表了城市制造业的发展方向。因此，在这一阶段，开发区很大程度上主导着城市制造业空间的演化，并进而对城市其他产业空间、居住与社会空间和城市形态产生了深远的影响，这主要表现在：开发区的发展首先促进了城市制造业空间重构，促进了城市制造业空间结构形成新的扩散和新的集中，开发区成为城市制造业优势产业聚集地；开发区的发展促进了城市人口郊区化和社会空间分异，这一阶段开发区内普遍形成了以富裕人群为主体的高档社区；由于我国开发区规模普遍较大，而且工业用地的扩展是这一阶段我国城市发展的主导因素，是城市用地扩展的先导，因而开发区的

---

① 郑国.中国开发区发展与城市空间重构：意义与历程［J］.现代城市研究，2011，26（05）：20-24.
② 郭琦.开发区发展与城市空间演变关系［D］.苏州科技学院，2009.

发展在很大程度上主导了城市空间形态的重构①。

(三) 开发区与城市空间融合发展阶段 (2002—2012年)

这一阶段是我国开发区的转型发展时期。一是2003年7月30日国务院办公厅颁发的《国务院办公厅关于清理整顿各类开发区加强建设用地管理的通知》，要求各级政府对各类开发区进行严厉的清理整顿。大量的开发区被撤销，规划建设用地被削减。二是促进开发区开放和发展的优惠政策逐渐弱化，这主要包括：国家赋予开发区的各种开放政策因加入WTO以后全方位的开放和国民待遇原则的引入而弱化；2003年以后中央对一些开发区的财政优惠政策相继到期；2007年以后工业用地也必须招标、拍卖、挂牌出让，这在很大程度上抑制了开发区通过便宜的土地招商引资；已于2008年开始的"两税合一"使得开发区对外资企业的税收优惠政策已失去效力。三是开发区精简、高效的管理体制面临着巨大的压力。开发区独特的管理模式是在特定历史条件下的产物，是与我国转型中前期计划管制较多、意识形态较为保守、传统思维习惯较强、法治状况较差等宏观环境紧密相关的②。随着全国市场体系逐步建立和完善、地方政府职能转变和亲商观念的普及、法治建设的推进，开发区管理模式的优势也逐步弱化，而且由于我国绝大多数开发区都完成了以土地资源开发为主的阶段，开发区的"开发"环境已不复存在。从整体上看，开发区的生命周期也将逐步走向终结，中国正在逐步进入"后开发区"时代③。

这一时期，随着产业、人口和各种生产要素的集聚，结构与功能不断完善，开发区人口密度、设施水平、功能类型等日益趋于一般意义上的城市化地区，开发区与城市其他区域之间有形和无形的"界限"日益模糊。开发区与城市之间的互动及深层次的功能整合全面展开，开始承接和分担整个城市除制造业以外的其他功能，在母城的城市结构调整和转型、人口疏解、功能疏散、产业升级等方面发挥更大作用，甚至在城市新一轮发展中起主导和引

---

① 郑国，邱士可. 论转型期开发区发展与城市空间重构 [J]. 地域研究与开发, 2005, 24 (6): 8-12.
② 王慧. 开发区与城市相互关系的内在肌理及空间效应 [J]. 城市规划, 2003 (3): 20-25.
③ 郑国. 基于政策视角的中国开发区生命周期研究 [J]. 经济问题探索, 2008 (9): 9-12.

领作用[①]，以开发区为核心的新城和边缘城市则是两种主要的形式。

（四）开发区与城市更新发展阶段（2012年至今）

在城市建设模式进入存量发展阶段的大背景下，开发区作为过去40年来我国城市土地增长的重要区域，也面临着开发模式上的转型，即由增量型发展向存量型发展转变。

2012年以来，城市开始从增量开发转向存量开发的阶段，恰逢国家级开发区经过20—30年的开发也进入了再开发的阶段，国家级开发区再开发逐渐成为城市工业用地更新的主要部分和存量开发的重要组成。多年以来的市区工业用地退城入园与开发区大规模、粗放式的增量开发是同一过程，市区工业用地与开发区工业用地存量此消彼长，存量开发将以开发区再开发为主也是必然趋势。一般来说，旧城区的城市更新主要是以改善人居环境、增加消费场景、传承历史记忆等手段来完善城市功能，实现城市复兴的。而开发区的城市更新则是在我国产业向后工业化时代升级，产业组织形式发生变革的趋势下，通过低效用地盘活、建筑功能转型、土地集约利用等方式，来助力开发区的产业结构重组。

因此，开发区的城市更新工作，要从战略目标、功能定位、土地价值和营商环境等角度切入，进行人城产融合发展环境的重新谋划，来响应开发区在产业结构重组过程中鲜明而独特的需求。在这一阶段，国家级开发区开始探索工业区更新模式，如在北京城市更新从"增量发展"到"存量提质"的时代背景下，"亦庄模式"走出产业用地更新良性循环之路。

如苏州工业园区、广州开发区等国家级开发区，在开发区层面的城市更新中，形成了具有产业区、生活区、商业区、商务区以及生态区的城市新区。在生产方面，增添专业的产业设施，比如各类孵化平台、产业技术平台、公共检测平台等；在生活设施方面，补齐购物、教育、医疗等短板；在生态方面，形成街头绿地、城市公园、生态公园等多样的生态空间体系。通过生产、生活、生态三方面的功能完善，来满足开发区内低、中、高不同收入群体的

---

① 王慧.开发区与城市相互关系的内在肌理及空间效应[J].城市规划，2003（3）：20-25.

物质、精神需求，提升开发区的职住比。

开发区是工业化、城市化的重要载体，是改革开放的重要组成，为经济发展、引进外资和技术、发展市场经济作出了巨大贡献。开发区再开发成为提升城市存量土地资源利用效益的重要途径。通过城市更新，城市和开发区存量用地再开发、再利用，从而实现城市的高质量发展。

三、区域资源整合

国家级开发区不仅是产业集聚和创新驱动发展的主要平台，而且是区域间进行产业疏解与承接和政策先行先试的重要空间载体，在促进区域产业协同发展进程中发挥着重要作用。

这里拿张江科学城举例。张江的区域资源整合是在国家战略及上海市积极响应下实现的，张江的诞生和发展，与浦东新区的开发、开放，以及与上海市的科技创新发展有着密切的关系。张江的区域格局亦发生了持续的变化。在宏观市域层面，1992年"张江高科技园区"成立，随后经历扩区、更名等演化进程，最终形成"一区二十二园"的"泛张江"格局，地块数达到144片，总面积约531平方公里。而在微观核心区层面，"张江高科技园区"也历经多次拓展，1992年成立时的批准用地面积仅为17平方公里，逐步发展至张江核心区的74.41平方公里。而近年来，上海提出依托张江核心区打造"张江科学城"，规划范围从2017年的约95平方公里，扩大至2021年的约220平方公里。

四、金融资源整合

国家级经济技术开发区金融政策历程经历了从单一到多元、从简单到复杂、从粗放到精细的演变过程，不断适应和推动开发区内企业和项目的发展需求。未来，随着中国经济和社会的进一步发展，国家级经济技术开发区金融政策将继续完善和创新，为开发区内企业和项目的高质量发展提供更加强有力的支持。

（一）萌芽期（1978—1984年）

1980年，浙江省颁发《浙江省有偿科研经费管理办法》，试行有偿科研经费,开始了中国科技贷款的第一次探索。当时是以科技贷款为主的单一科技金融政策,通过为科研项目和企业提供资金支持,推动科技和金融的初步结合。

(二) 起步期 (1984—1992 年)

中国在大连、天津、上海、广州等 14 个沿海开放城市建立第一批国家级经济技术开发区,并给予类似经济特区的政策支持。如对外商投资的生产和科技项目减收 15% 企业所得税、进口建设器材免征关税和工商统一税、区内财政收入 5 年内不上缴(后延长至 1993 年)、国家给予开发性贷款(累计 23 亿元)。国家级开发区开始通过税收优惠、贷款支持等手段,吸引外资和先进技术,推动国家级经济技术开发区的建设和发展。

(三) 多元探索期 (1992—2002 年)

在起步期的基础上,金融政策逐渐丰富和多元化,包括提供更多的税收优惠、贷款支持以及其他的金融服务,以满足开发区内不同企业和项目的需求。随着国家级经济技术开发区数量的增加(如 1992 年、1993 年、1994 年和 1999 年国务院陆续批准的新经济技术开发区),金融政策也相应调整和完善,以适应不同地区和阶段的发展需要。

(四) 快速发展期 (2002 年以来)

随着中国经济的持续发展和改革开放的深入,国家级经济技术开发区在推动地区经济增长、优化产业结构、提升创新能力[①]等方面发挥着越来越重要的作用。

金融政策更加注重创新和高质量发展,包括加大对科创企业、绿色低碳企业、先进制造业企业等的支持力度,推动制造业企业高质量发展;同时,通过优化金融服务、提高跨境支付便利化等措施,支持开发区内企业的国际化发展。国家级经济技术开发区在推动金融改革、优化金融环境、提高金融服务质量等方面取得了显著成效,为开发区内企业和项目的发展提供了有力支持。

---

① 国家级开发区酝酿财税金融支持政策 [N].中国高新技术产业导报,2004-12-22.

五、人力资源整合

人力资源是国家级开发区最重要的资源，开发区的可持续发展离不开高素质人才的支持。这已经被世界各国开发区的实践所认同①。人力资源的整合提高了国家级开发区的发展效率。国家级开发区依托所在城市设立并以本级城市政府派出机构统一管理，一般对开发区管委会给予高级别配置，所在城市领导兼职开发区领导。而其他如省级经济开发区，在行政级别配置上要低于国家级开发区。②

如山西省政府2013年就出于激励与奖励的角度考虑，规定当开发区的地区生产总值达到100亿元，一般预算收入达到5亿元，其开发区领导可高配为副厅级。其他地方政府也在积极推行开发区领导高配模式，如江西省龙南市的市委主要领导担任龙南经开区党工委书记、副书记与管委会主任。秦皇岛市委常委担任秦皇岛经济技术开发区的党工委书记。根据国家行政学院政治学部主任刘峰（2014）的调研结果，全国有90%的地级市开发区领导已经高配为副厅级③。

以2023年229家国家级开发区为例，总体来看，实行领导高配模式的国家级开发区共有61家（见表2-1），占国家级开发区总数的26.6%，超过1/4的开发区实行了领导高配模式。从开发区所属区域来看，东、中、西及东北各区域实行领导高配的开发区分别为27家、15家、12家和7家。东北区域实行领导高配模式的开发区占东北部地区总开发区的31.8%，在各区域中排名第一，其后依次是东部、中部和西部④。从领导高配的"级别"来看，领导高配为所在地市委市政"一把手"的开发区数量为13家，其余开发区领导高配均为所在地市委市政的主要领导人。这说明开发区在实行领导高配模式时，更倾向于市委、市政府的主要负责人，而非"一把手"。开发区将领导高

---

① 陈井安.基于"三力"的区域人力资源能力研究［D］.西南交通大学，2015.
② 薛冰.我国国家级开发区管理体制创新研究［D］.湖南师范大学，2015.
③ 王贤彬，徐现祥.官员能力与经济发展——来自省级官员个体效应的证据［J］.北方经济，2014（6）.
④ 许珊珊.运营机制、领导高配与开发区经济发展——基于国家级经开区的实证研究［D］.江西：江西师范大学，2022.

配作为一项官员激励机制已经较为普遍，但其背后的理论机制仍值得我们深思。

表2-1 实行领导高配的国家级经济技术开发区名单

序号	开发区名称	高配类型	所属区域
1	秦皇岛经济技术开发区	秦皇岛市委常委	东部
2	沧州临港经济技术开发区	沧州市副市长	
3	石家庄经济技术开发区	石家庄市委常委	
4	河北张家口经济开发区	张家口市委书记	
5	连云港经济技术开发区	连云港市委常委	
6	昆山经济技术开发区	昆山市委书记	
7	苏州工业园区	苏州市委常委	
8	镇江经济技术开发区	镇江市委常委	
9	常熟经济技术开发区	常熟市副市长	
10	太仓港经济技术开发区	太仓市委副书记	
11	张家港经济技术开发区	张家港市委常委、副市长	
12	靖江经济技术开发区	靖江市委常委	
13	宿迁经济技术开发区	宿迁市委常委	
14	如皋经济技术开发区	如皋市委书记	
15	宜兴经济技术开发区	宜兴市委常委	
16	宁波经济技术开发区	宁波市委常委	
17	宁波大榭开发区	宁波市委常委	
18	嘉兴经济技术开发区	嘉兴市委常委	
19	慈溪经济技术开发区	慈溪市委书记	
20	青岛经济技术开发区	青岛市委常委	
21	烟台经济技术开发区	山东省委委员	
22	潍坊滨海经济技术开发区	潍坊市委常委	
23	邹平经济技术开发区	邹平市委书记	
24	招远经济技术开发区	招远市委常委	
25	湛江经济技术开发区	湛江市委常委	
26	广州经济技术开发区	广州市委常委	
27	广州南沙经济技术开发区	广州市委常委	

续 表

序号	开发区名称	高配类型	所属区域
28	大连经济技术开发区	大连市委常委	东北
29	长春经济技术开发区	长春市政协副主席	
30	长春汽车经济技术开发区	长春市副市长	
31	哈尔滨经济技术开发区	哈尔滨市委常委	
32	海林经济技术开发区	海林市委常委、副市长	
33	牡丹江经济技术开发区	牡丹江市委常委、副市长	
34	双鸭山经济技术开发区	双鸭山市副市长	
35	太原经济技术开发区	太原市委常委	中部
36	晋城经济技术开发区	晋城市委常委	
37	滁州经济技术开发区	滁州市委常委	
38	桐城经济技术开发区	桐城市委常委	
39	赣州经济技术开发区	赣州市委常委	
40	龙南经济技术开发区	龙南市委书记	
41	瑞金经济技术开发区	瑞金市委书记	
42	红旗渠经济技术开发区	林州市副市长	
43	武汉经济技术开发区	武汉市委常委	
44	荆州经济技术开发区	荆州市委常委	
45	湖北枣阳经济开发区	枣阳市市长	
46	鄂州市葛店经济技术开发区	鄂州市委常委	
47	宁乡经济技术开发区	宁乡市委书记	
48	浏阳经济技术开发区	长沙市委常委	
49	邵阳经济开发区	邵阳市副市长	
50	中马钦州产业园区	钦州市委副书记、市长	西部
51	重庆经济技术开发区	重庆区委书记	
52	雅安经济开发区	雅安市委副书记	
53	绵阳经济技术开发区	绵阳市政协副主席	
54	西安经济技术开发区	西安市委常委、常务副市长	
55	汉中经济技术开发区	汉中市委常委、常务副市长	
56	金昌经济技术开发区	金昌市党组成员	
57	西宁经济技术开发区	西宁市市长	
58	格尔木昆仑经济技术开发区	格尔木市市长	

续 表

序号	开发区名称	高配类型	所属区域
59	银川经济技术开发区	银川市副市长	西部
60	石河子经济技术开发区	石河子市委常委	
61	奎屯经济技术开发区	奎屯市委副书记	

资料来源：各国家级开发区官方网站。

对于领导干部来说，高配可以激励干部努力工作，克服功绩无效论，并在一定程度上摆脱干部的"天花板"困境[①]。对于开发区来说，领导高配既有利于协调各部门间的权力和资源，使其由市级部门向所在开发区倾斜，又有利于协调开发区和非开发区之间的关系。若开发区党政主要领导同时担任县、市较高级党政主要负责人，便可以站在整体发展大局上看待问题，更好地调配资源和协调好各相关单位以提升开发区管理服务水平，从而助推开发区经济发展[②]。过去，上级领导习惯于将经济增长作为下级官员考核和提拔的标准，因此开发区负责人有着很强的动力来发展经济以获得升迁。实现领导高配的开发区会享受到高配带来的福利，进一步促进了开发区的经济发展。因此，开发区党政负责人对领导高配的预期行为效应实现了领导高配对开发区经济发展的激励目的，促使了开发区经济得到更好的发展。

第三节　国家级开发区的基层执行历程

国家级开发区基层执行历程和我国国家级开发区的发展历程基本相适应。

一、国家级开发区管理体制执行历程

我国的国家级开发区模式是一种典型的政策、规划驱动下的发展模式，

[①] 张军，高远. 官员任期、异地交流与经济增长——来自省级经验的证据［J］.经济研究，2007（11）：91-101.

[②] 王欣亮，张驰，刘飞. 官员交流与地区经济增长质量：作用机理与影响效应分析［J］.人文杂志，2018（09）：43-52.

经开区因政策而设立,依规划进行开发建设。① 通常来说,国家对经开区的管理分为两种:一是对经开区进行宏观指导、协调、监督的中央管理机构,主要包括商务部等部门;二是对经开区内活动进行组织领导的地方组织机构,以地方政府的派出机构为典型,如开发区管委会。故经开区在设立之初便有政府的影子,在较长的时间里,政府均扮演着重要角色。

(一)创业起步时期(1984—1992年)

在国家级开发区设立伊始,一方面,虽然管理体制尚未统一规范,但管理高度健全,不同于一般的经开区,它不仅由国务院审批设立、当地政府主管,而且在其职责范围内,可充分利用国家给予的权力,肩负起促进国家经济社会发展和对外开放的重任;另一方面,国家级开发区以"小政府,大社会"为管理理念,强调删繁就简,人员精锐、办事高效,区内除了开发区管理委员会外,没有其他负责综合事务的部门。②

总体而言,这一时期的国家级开发区管理体制倾向于行政主导的管委会型管理体制。在这种管理体制下,管委会作为当地政府的派出机构,全方位领导、整体性规划、跨部门协调,负责区内的日常管理工作,承担着经济管理职能和行政管理职能,致力于最大限度地集中力量推动经开区内经济的迅速发展。但随着国家级开发区对社会事务需求的增加,不可避免会出现管理职能与服务职能难协调甚至服务职能不到位的情况。

(二)高速发展时期(1992—2002年)

1992年邓小平的南方谈话,推动我国对外开放走向了新的高潮。他强调把那些政府"不该管、管不好、管不了"的事情交给地方和企业去办③,也为国家级开发区的发展拓宽了空间。国家不仅批准在中西部省会城市设立国家级开发区,如创建了西北第一个国家级开发区——乌鲁木齐经济技术开发区。而且,许多地方还把一些主要的管理职能下放给经开区的管理机构——

---

① 张茜,王兴平. 改革开放40年来中国开发区政策演变特征研究[J]. 城市规划学刊,2019(02).
② 王凯伟,喻修远,刘孝贤. 国家级经开区管理体制的演变历程、发展瓶颈与完善路径[J]. 湘潭大学学报(哲学社会科学版),2020,44(04):61-66.
③ 邓小平文选(第二卷)[M]. 北京:人民出版社,1993.

开发区管理委员会，一些次要事务则由综合性公司机构负责，即经开区内不仅有开发区管理委员会，还有开发总公司。总之，经开区致力于通过规划整合，有效降低行政运作成本和实现服务增值，形成一套机动灵活的管理体制和运作机制。

在这期间，由于改革开放再掀高潮，国家级开发区管理体制的发展变化突出的特点便是围绕"市场"二字，按照市场经济体制的要求，进一步授权放权，让开发总公司实际上承担一定的政府职能，负责提供经开区内基础设施建设等各项公共服务，力图使政府的管理职能得以发挥，也让企业更好地行使经济职能。

总之，这一时期，倾向于行政主导的管委会型管理体制的国家级开发区仍居绝对多数，但部分倾向于企业主导的企业型管理体制的国家级开发区发展势头向好，如首创于蛇口的"蛇口模式"独树一帜。在这种管理体制下，国家级开发区通过设立企业来统筹规划、开发和管理，通常拥有更高的效率、更灵活的"智囊团"。然而由于开发总公司并不具备政府职能，也不可能享有充分的行政权力，因此往往权威性不足。如此一来，虽力图充分调动政府、企业两方面的积极性，但由于二者职能的分离，企业也缺乏必要的行政权力及权威性，在某种意义上并不能够有效地实现集中力量办大事的目标。

（三）科学发展时期（2002—2012年）

2004年，国务院对经开区提出"三为主、两致力、一促进"的发展方针。[①] 新政策强调产业集群升级、变革管理体制、实现自我革新等。经过近十年的高速发展，我国国家级开发区在数量、规模上都得到极大扩张，长沙、西安、郑州、太原等省级经开区升级至国家级开发区，一些发展较为成熟的国家级开发区管理体制亦在谋求进步，如上海闵行、虹桥经济技术开发区，天津北辰经济技术开发区等竞相走在变革前列。

与此同时，大多数倾向于行政主导的管委会型管理体制的国家级开发区稳步前行，有效集中人力、物力、财力等资源，激发国家级开发区的发展潜力。在东部部分发展水平较高、采用倾向于企业主导的企业型管理体制或管

---

① 刘伟忠，欧阳君君. 开发区管理与服务转型研究[M]. 南京：南京大学出版社，2014.

委会与企业统筹的混合型管理体制的国家级开发区也取得良好发展，使政府从大量烦琐冗杂的事务中脱离出来，重在"掌舵"，而非"划桨"，从而最大限度地提高了经济效益和管理效率。

然而，千禧年之后，国家级开发区面临的政策、经济、体制环境发生重大变化，其管理体制在前两个时期积攒的诸如权责不一、"小马拉大车"、管理体制趋于僵化、运行机制不畅通等问题也逐渐显露。从某种意义上来说，国家级开发区发展的好坏，不是取决于政策支持力度有多大、调动的人员有多少、投入的技术产能有多高，而是取决于是否有一套可激发其发展潜能，促使其不断获得创新发展的制度安排。故国家级开发区要寻求一套适合自己的管理体制，就应该跳出所在"安逸区"，如此方能"涅槃重生"。

（四）高质量发展时期（2012年至今）

使命的变化，国家级开发区管理体制异彩纷呈，原有的优势有所弱化。一些国家级开发区并不一定因原有的特殊优惠政策的取消而消亡，但却有可能因与一般行政区的同质化而失去存在的意义[1]。因此，在此期间，创新发展、转型升级是高热话题。

一方面，国家高度重视国家级开发区管理体制的变革，先后出台了一系列政策。如2014年《国务院办公厅关于促进国家级经济技术开发区转型升级创新发展的若干意见》提出进一步发挥国家级经济技术开发区（以下简称国家级经开区）作为改革试验田和开放排头兵的作用，促进国家级经开区转型升级、创新发展[2]。同年，商务部提出了国家级开发区如果在未来发展中出现长期滞后、社会稳定或重大环保问题，应建立退出机制。2016年《国务院办公厅关于完善国家级经济技术开发区考核制度促进创新驱动发展的指导意见》提出要通过完善考核、分类指导、综合施策，促进创新驱动发展，为稳增长调结构惠民生继续发挥生力军作用[3]。党的十九大召开后，《国务院关于推进

---

[1] 王亚. 我国开发区管理体制与运行模式创新的实践与思考 [J]. 中国行政管理，2015（04）.
[2] 中国政府网. 国务院办公厅关于促进国家级经济技术开发区转型升级创新发展的若干意见 [EB/OL]. http://www.gov.cn/xinwen/2014-11/21/content_2781998.htm.2014-11-21.
[3] 中国政府网. 国务院办公厅印发《关于完善国家级经济技术开发区考核制度促进创新驱动发展的指导意见》[EB/OL]. www.gov.cn/xinwen/2016-04/01/content_5060463.htm.2016-04-01.

国家级经济技术开发区创新提升打造改革开放新高地的意见》指出坚持稳中求进工作总基调,坚持新发展理念,以供给侧结构性改革为主线,以高质量发展为核心目标,以激发对外经济活力为突破口,着力推进国家级经开区开放创新、科技创新、制度创新[①]。另一方面,作为体制改革的先行之地,一直以来都走在行政管理体制改革前沿的国家级开发区,自身也尤为重视管理体制创新发展。如连云港经开区开展"多评合一"的全链条审批改革,日照经开区大胆探索人事管理体制方面的职员制改革,广州开发区率先开展知识产权综合改革等,这些都为其他国家级开发区管理体制的改革创新提供了新思路、新路径、新方案。

总之,伴随着国家级开发区的设立、发展、壮大,其自身的管理体制亦在经历着一个生命周期。当前,现代化与后现代化叠加,要切实解决好国家级开发区存在的各种问题,就不能单纯为改革创新而去照搬经验、模式,而应该结合其自身特色,提高管理效能,通过体制改革及时转型,理顺管理机制,探索出一条适合国家级开发区的可持续发展道路。

二、国家级开发区的基层执行能力

(一)国家级开发区管理体制的执行能力

结合不同开发区的功能及地区背景环境,地方政府对开发区的管理体制进行了丰富的制度创新实践,目前开发区管理体制已走向多元化。在实践中,大致形成了管委会、区政统筹、企业管理三种基本管理模式。管委会模式是我国开发区最初体制创新的产物,也是目前我国开发区最普遍采用的体制模式。经过10—15年的发展,开发区完成了第一阶段的发展后,管委会模式出现分化,部分开发区仍坚持管委会模式并取得骄人的成绩;部分开发区在管委会模式的基础上进行了创新,发展出区政统筹的新模式;另外,企业管理模式也在第一批14个开发区中出现。

---

① 中国政府网. 国务院关于推进国家级经济技术开发区创新提升打造改革开放新高地的意见[EB/OL]. http://www.gov.cn/zhengce/content/2019-05/28/content_5395406.htm.

1. 管委会模式

管委会模式基本要素如表2-2所示。

表2-2 管委会模式基本要素表

存在形态	单一管委会模式，开发区管理委员会，作为所在地、市政府派出机构，代表市政府全面负责开发区的经济开发规划和管理，为入区企业服务，拥有有限的行政审批权。
发展阶段	管委会模式是我国开发区最普遍采用的体制模式，我国东部、中部和西部开发区大多采用这种模式。这种模式更适用于开发区建设初期和起步阶段（开发区建立后10—15年），或人口较少的、相对独立的中小型开发区。
运行机制	内设机构精简，一般管委会内设机构包括党政机构办公室、招商投资局、建设规划局、经济发展局、组织人事局、财政局，结构精简，决策科学，运作高效，通过机构合并，一个机构对口多个外部机构。

管委会模式一般具有以下的特点。一是在总体组织框架上，管理委员会是所在地政府的派出机关，而非一级人民政府，主要行使当地政府授权的经济管理职能；管委会模式与一般行政区的管理体制的区别是所在市委派出开发区工作委员会，不设人民代表大会和政治协商会议。一般还同时组建一个由管委会直接管辖的开发建设总公司作为经济活动法人。二是在组织人事方面，开发区管委会一般具有高级别干部配置和高管制授权安排等特征，其领导人地位甚至高于该城市所辖区县，开发区在某些领域享有省一级的权力，很多超过了所在的城市。在干部任免上，管理委员会领导实行任命制，下级干部实行聘任制。三是在管理委员会内部设置高度精简的机构，相关职能部门合署办公，与政府机构相比，其机构和人员编制比行政区管理体制要精简得多。四是国家级开发区设立一级财政，可以编制、实施财政预算、组织税收，并相应地制定区域管理的规范性文件，实现依法治区。

这种高度授权，特事特办，专心发展经济的管理体制，是目前我国国家级开发区采用最多的管理体制模式，它的优点包括三个方面。一是管理委员会拥有较大的行政管理权和独立的经济管理权，保证了体制创新的活力和动力；同时开发区管委会的高层次、高授权，对获取政府高层信息、协调一线矛盾、屏蔽外部环境干扰、降低交易成本具有直接帮助。二是作为相对独立的管理机构，管理委员会可以脱离来自各个方面的牵制和干扰，在所在地政府的领导下，因地制宜制订建设规划和发展目标，从而保证开发区又好又快发展。三是机构设置精简、高效，体现了小政府、大社会的精髓。管理委员会下设职能部门受其统一领导，目标取向一致，有效避免和降低了存在于运行机制内部的扯皮、摩擦和内耗。同时，由于进行合理的职能归并，不搞上下对口，管委会内设机构的行政资源得到高度整合，大大提高工作效能。其精简高效的机构设置，对优化区域发展环境具有重大意义[①]。

这种模式的薄弱环节包括三个方面。一是行政授权不到位，宏观控制缺乏力度。开发区管理权限的下放一般都是根据开发建设的需要，缺乏整体性和综合协调管理力度，管理机构缺乏权威性。二是管委会作为准政府，在法律上突出管理经济事务的职能，管理社会事务的职能不完备，随着开发区不断发展必然产生越来越多的社会事务管理需求，这种管理模式并不能完全适应新的形势发展的需要。三是开发区与所在行政区在领导、规划、管理、开发、建设等方面的权利和经济利益上的再划分容易发生冲突。

目前国内已设立的国家级开发区，绝大多数采用管委会模式，一方面是因为管委会管理模式同我国大多数开发区的发展阶段相匹配，我国大多数开发区目前发展还处于初期和中期发展阶段，开发范围较小，开发区行政级别不高，管委会模式能充分发挥所在政府优势，集中力量发展基础设施和经济建设，充分发挥了管委会模式的优势；另一方面也说明管委会模式仍有其明显的先进性。经过30年的发展，我国许多东部十分发达的开发区仍选择管委会模式，而且取得了十分突出的成绩，这说明如果充分发挥管委会模式精简高效的优势，并能有效地解决其弊端，管委会模式是十分具有活力的。

2. 区政统筹模式

区政统筹模式基本要素如表2-3所示。

---

① 李耀尧，白玉芹. 中国开发区模式与区域经济高质量发展——以若干国家级开发区发展演变分析为例 [J].经济论坛，2022，(09)：25-34.

表 2-3 区政统筹模式基本要素表

存在形态	两种:一种为平行整合统筹(对应级别的开发区和行政区间的整合);一种为垂直委托管理(街道乡镇委托管理)。
发展阶段	一般在开发区发展进入 15—30 年的阶段,为解决开发区自身发展空间不足,并为未来产业发展提供空间,并且在此阶段开发区完成产业集聚到人口集聚的转化,对服务业产生需求,城市化建设逐步出现。目前部分东部和先发开发区采纳区政统筹型管理模式。
运行机制	主要领导交叉兼任,两套班子,一体运行,各有侧重。开发区在同行政区和乡镇政府的整合与委托管理中保持强势,在经济发展、招商引资上以开发区为主,社会事务以行政区为主。 决策机制分开,财政分开。一般设立行政审批中心,保持开发区的高效运作。

随着国家级开发区完成第一阶段的开发职能,逐步进入发展的第二阶段,开发区为解决自身发展空间不足,为现有产业提升预留空间,开发区发展从产业集聚过渡到人才集聚,开发区面临城市化发展的内生需求[①]。开发区原有管委会模式出现分化,部分仍沿用管委会模式,部分开发区在管委会管理模式的基础上进行创新,混合型管理模式逐渐发展起来。区政统筹型管理模式是以准政府的管委会模式为主导,衍生发展出来的一种新型的管理模式。主要是指开发区管理委员会通过受委托管理,与乡镇、行政区合并管理。其宗旨是通过体制设计,在加快开发区自身发展的同时,发挥园区"工业反哺农业、城市支持农村"的辐射带动作用,促使开发区由单一工业区向多功能综合性产业区转变,实现统筹区域发展、统筹城乡发展以及统筹经济社会发展,同时又能很好地解决开发区自身发展空间不足的问题。从表现形式来看,区政统筹型管理模式可以细分为以下两种。

一是垂直委托管理(街道乡镇委托管理)。随着开发区的管辖范围不断扩展,园区经济实力不断增强,建区初期的单纯管委会制模式不能充分适应开发区与辖区乡镇统筹管理、协调发展的需要,因此,"管委会+托管乡镇"的管理模式应运而生,这一类型是对管委会模式的扩展,是上下级间的合并。其主要的特征是:受当地政府的委托,对周边乡镇进行经济社会的统一管理,将园区周边的乡镇统一纳入到开发区的规划中,发挥开发区的辐射带动作用,

---

① 魏海静. 我国国家级开发区全要素生产率研究 [D]. 燕山大学,2010.

通过开发区形成的强势工业基础以及创新的管理体制来带动周边区域经济快速发展。

二是平行整合统筹（对应级别的政府机构间的整合）。开发区和行政区管理职能合一，两块牌子、一班人马，内设机构基本保持行政区管理机构的编制和职能。"区政统筹"的优点可以用"合并、扩大、升级"来归纳。开发区和行政区合并，最主要的是解决了开发区开放空间不足的问题，使得两区在人才、土地、基础设施、招商引资、公共服务等方面的优势得到互补，解决了原有开发区土地资源、公共社会服务资源对其发展的制约问题。两区优势的有机结合，集多项政策、功能于一体，行政事务、经济事务、社会事务于一身，具有一般开发区和行政区都不可比拟的特殊优势。区政统筹的模式一定程度符合未来开发区的发展趋势，特别适合目前我国位于经济较发达地区、发展进入成熟期的开发区，这些开发区已经完成产业集聚功能，正在向人才集聚和多元融合阶段发展，园区经济开始向城区经济过渡，城市的多种功能开始在开发区形成有机融合，开发区开始向"产城融合"的方向发展。区政统筹的模式有利于发挥开发区在规划先行、产业集聚、招商引资等方面的长处，以及行政区在公共社会服务方面的优势，使得两者优势互补。

当然，这种模式也存在弊端，庞大的机构设置会对原有开发区精简、高效的管理理念提出挑战，大量繁杂的行政和社会事务影响了开发区招商引资、转型升级的精力，弱化了开发区原先的体制优势，造成开发区与一般行政区之间在功能定位上的扭曲。因此这种模式的成功与否主要取决于合并后的管理模式是否能发挥开发区、行政区各自的优势，同时又能更好地解决效率问题。

3. 企业管理模式

企业管理模式基本要素如表2-4所示。

表 2-4　企业管理模式基本要素表

存在形态	目前具有央企整体开发、中外合资开发和建委下属所属公司开发的模式。
发展阶段	在开发区发展的初期和中期阶段都比较适用，而且企业型管理模式可能是我国开发区未来"走出去"的选择之一。 在首批国家级开发区中企业管理模式就已存在，但目前在国内开发区中并不普遍。适合于当地经济发达、区域功能相对单一、地域面积较小的开发区。
运行机制	开发区成立一个开发总公司之类的法人管理主体，承担开发区规划、招商、建设、开发工作，政府没有授权，其他管理需要所在地政府部门协调①。

企业管理模式是一种完全由经济组织方式管理开发区的体制模式。开发区内不设立专门的行政管理机构，而是设立一个诸如开发总公司之类的法人管理主体，承担开发区内经济活动的组织和管理，统一负责开发区的基础设施建设、资金筹措和运用、土地开发和使用权转让、房产经营、创造投资环境，吸引国内外资金和先进技术等。开发区开发公司管理，需要由当地政府赋予其管理授权和职能，包括项目审批等经济管制权力和必要的特许经营开发职能等。开发区内的其他行政性事务，仍然由所在地政府的相关职能部门来管理。开发区可根据需要决定是否设立管委会，但管委会的职能一般很弱，开发区主要以开发公司作为主体进行经营管理。企业管理模式适合于区域功能相对单一、地域面积较小的开发区。

这类管理体制的优点在于：一是企业化的管理经营模式，可以完全以企业制度进行运作，避免了政企不分、经营风险转嫁的可能性，公司自主经营、自负盈亏、有利于把握资金的利用率和投资成本的回收，公司还可以通过多样化的资本市场运作来壮大公司实力，依靠娴熟的开发经验，扩大经营范围和领域，走品牌化的道路；二是机构精简，有利于引入高效、精简的管理体制，加强对入区企业的各项服务；三是管理成本低，运作效率高。

这种模式的弊端在于：开发公司收入来源单一，持续发展资金不足。开发公司承担了一定的政府职能，进行了大量的公共事业开发，但由于开发主体不是一级行政组织或行政派出机构，无法从税收收入中获得必要的投资补

---

① 李红岩，刘海燕，王紫尧. 我国地方政府执行力评价指标体系的构建［J］.山西财经大学学报，2012，34（10）：19-29.

偿，公共基础设施成本主要靠工业和商业用地开发收入来补偿，导致开发区出现基础设施开发水平较低、地价过高、债务过重等问题。

(二) 国家级开发区政务服务的执行能力

政务服务是对企服务的第一窗口，直接关系到企业的感受度和对区域营商环境的评价。

政务服务能力上，开发区打破了以往的机构设置模式，不再按行业、"条条"和"上下对口"进行设置，而是坚持责权一致、职能统一原则，合并职能相近的部门，实行"一个部门多块牌子""一套管理人马"，通过减少机构数量，理顺职能关系，逐渐形成了精简高效、务实创新的行政管理体制。开发区普遍实行大部门制，在招商引资、财政税收、市政建设、环境保护、区域管理等领域与母城政府建立起互惠互利且不失特色的紧密协作关系。在管理模式方面，国家级开发区开创并广泛采用"机构精简高效、上级充分授权、财政管理独立"的管委会模式，这一模式被后来兴建的其他类型特殊经济区（如保税区、出口加工区、高新技术产业开发区等）所普遍借鉴。在提升政务服务水平及运行机制方面，国家级开发区开创了"一个窗口"对外、"一站式"办公、"一条龙"服务等多种投资服务模式，建立起市场经济体制下的新型政企关系，按国际规则营造投资环境，重商、亲商、安商。有了优质的服务内容，自然也离不开服务意识强、综合能力强的工作人员，国家级开发区在加强政务服务品牌建设、提升服务品质过程中打造了一支以"让群众没有难办的事"为己任，以"做最好的政务服务"为目标的窗口服务队伍，提升了国家级开发区的基层工作效率。

(三) 国家级开发区营商环境的执行能力

作为投资环境的领先者，国家级开发区大胆创建具有国际营商环境特征的特色环境，构筑了改革开放良好的发展环境。在三十多年的投资环境建设中，国家级开发区逐步积累起投资环境的国际品牌与声誉，为打造现代产业集聚基地提供了优越的平台保障。从投资硬环境来看，国家级开发区坚持高起点规划、高标准建设，基础设施建设从"三通一平""七通一平"发展至"九通一平"，部分开发区的产业入驻条件和信息化水平居于国内一流和国际先进水平。从投资软环境来看，国家级开发区通过"一站式"服务平台为投资方提供涵盖项目投资洽谈、前期筹建、投产运营等环节的全程跟踪式服务，"小政府、大社会，小机构、大服务"已经成为国家级开发区广受认可的投资环境优质品牌。建设国际一流投资环境既是国家级开发区探索构建社会主义市场经济体制的重要内容，也是打造资本集聚地的关键环节。国家级开发区通过牢固树立优质服务理念，建立起符合市场经济体制要求的开发模式与精简高效的管委会管理模式，在很多领域建立健全了亲商务实的市场化运行机制，如规划引导、依法行政、土地开发、基础设施建设、经济管理、投融资和人才管理等领域，形成市场经济条件下"小政府，大社会"的新型管理体制与运行机制，一步一步打动国内外投资者，成为吸引国内外资本投资的热土和集聚地。

第四节 开发区发展效率理论综述

一、开发区发展效率理论基础

区域经济效率理论可以为开发区发展效率提供分析依据，其主要内容包括帕累托效率理论、全要素效率理论和边际生产力理论[①]。

帕累托效率理论。帕累托效率或帕累托最优性是一种经济状态，帕累托效率意味着以最经济高效的方式分配资源，但并不意味着平等或公平。如果没有经济变化能够使一个人的境况好转而又不会使另一个人的境况恶化，那么这种经济就处于帕累托最优状态。帕累托效率以意大利经济学家和政治学家维尔弗雷多·帕累托（Vilfredo Pareto）（1848—1923）的名字命名，是福利经济学的主要支柱。新古典经济学与完美竞争的理论构建一起，被用作判断实际市场效率的基准，尽管在经济理论之外，既没有完全有效市场也没有完全竞争市场。帕累托效率是指经济体将其资源和商品分配到最大效率水平时，

---

① 牛亮，中国粤港澳大湾区区域经济发展效率评价研究［D］.中国社会科学院大学，2021.

如果不使某人情况恶化，就无法做出任何改变。尽管经济可以朝帕累托效率方向发展，但纯粹的帕累托效率仅在理论上存在。基于帕累托效率的经济效率替代标准通常用于制定经济政策，因为很难做出不会使任何人恶化的变化。

全要素效率理论。全要素生产率（TFP）是指通过将整个经济范围内的总生产除以投入的加权平均值（即劳动力和资本）而得出的生产率的度量，代表了实际产出的增长。生产率是对产出（总产品）和投入之间关系的度量，即生产要素（主要是劳动力和资本），等于输出除以输入。有两种衡量生产率的方法，分别是劳动生产率（总产出除以劳动单位）和总要素生产率（总产出除以投入的加权平均值），最广泛使用的生产函数是 Cobb-Douglas 函数，全要素生产率表示总产量的增加，超过了投入增加所产生的增加，影响因素包括技术变革、教育、研发和协同作用等。在增长理论中，产出（GDP）的变化是通过生产要素的变化来解释的，即劳动力或资本的变化。经济学家将剩余的部分，即人们无法用生产要素的变化来解释的产出变化部分，称为全要素生产率或技术变化。全要素生产率难以衡量，各国之间存在差异，并且会随着时间而波动。全要素生产率主要包含非物质价值，包括技术、知识和能力。因此，全要素生产率与资本密切相关。例如，由于技术变革，企业能够开发出更有效的机械和设备，使企业在生产过程中对其进行调整。但是，国民账户体系（SNA）将机械和设备归因于一国的资本存量。因此，如果我们观察到 GDP 的增长，则很难确定 GDP 的增长是由于资本存量的增加还是由于效率更高的资本。因此，分别考虑全要素生产率和资本可能是有问题的。存在多种测量全要素生产率的方法，衡量 TFP 的一种突出方法是增长会计。按照这种方法，全要素生产率约占经合组织国家国内生产总值增长的 2/3。但是，增长核算不允许在 TFP 增长与 GDP 增长之间建立因果关系。例如，技术变革既可能导致经济资本存量增加，也将导致全要素生产率增加。考虑到以这些因果关系的替代性方法来衡量全要素生产率，从长远来看，技术变革推动了整个 GDP 的增长。

边际生产力理论。边际分析是对一项活动的额外收益与该活动所产生的额外成本的比较。公司将边际分析用作决策工具，以帮助他们最大化潜在利润。边际成本是指关注下一个单位或个人的成本或收益，例如，生产另一个部件的成本或通过增加一个工人获得的利润。当制造商希望通过添加新产品线或增加当前产品线生产的商品数量来扩大其运营时，有必要对成本和收益进行边际分析。在分析复杂系统如何受其包含变量的边际操纵影响时，边际分析在微观经济学中也被广泛使用。从这个意义上讲，边际分析的重点是检查影响整个企业的小变化的结果。边际分析是对相关成本和特定业务活动或财务决策的潜在收益的检查。目的是确定与活动变化相关的成本是否会产生足以抵消这些成本的收益。与其将重点放在整个业务产出上，不如将其作为一个比较点来观察对单个单位生产成本的影响。当存在两个潜在投资，但只有足够的可用资金用于一项投资时，边际分析也可以在决策过程中提供帮助。通过分析相关的成本和估计的收益，可以确定一种选择是否会比另一种选择产生更高的利润。从微观经济学的角度来看，边际分析还可以与观察标准操作程序或总产出内的微小变化所产生的影响有关。例如，一家企业可能尝试将产出增加1%，并分析由于更改而产生的正面和负面影响，例如整体产品质量的更改或变化如何影响资源使用。如果更改的结果是肯定的，则企业可以选择再次将产量提高1%，然后重新检查结果。这些微小的变化和相关的变化可以帮助生产设备确定最佳生产率。

二、开发区发展效率体系构建

作为中国改革开放政策的一种制度创新形式，开发区被视为吸引国外资本、引进先进技术与管理经验、带动区域经济发展的主要空间载体。40年来，我国开发区建设发展经历了从初期的偏重企业集聚到注重产业集聚，从粗放式的招商引资到着眼于产业链的招商选择，从片面追求经济规模和经济效益到注重绿色可持续发展，从侧重基础设施建设的硬件投入到提升政策机制、服务管理、创新创业等的软环境[1]，其功能也已从土地开发、园区建设、招商引资进化为加快实现城市化的重要途径、促进产业发展的服务平台以及推动技术创新的孵化器[2]。但是随着改革开放的推进，开发区的发展过程中也出现

---

[1] 王鹏. 基于综合水平、要素贡献及效率评价的甘肃省开发区发展特征研究 [D]. 兰州大学, 2018.

[2] 赵晓雷, 邵帅, 杨莉莉. 管理体制与中国开发区经济发展效率增长——基于Malmquist指数和GMM的实证分析 [J]. 财经研究, 2011 (8).

了许多新情况和新问题，尤其是原来灵活高效的开发区管理体制优势出现了弱化和官僚化现象。在区域治理视角下，如何衡量和评价开发区发展效率，明确开发区所取得的阶段成绩、存在的不足以及未来挑战，从而调整区域治理策略应对经济社会新环境对开发区发展的新期待和新要求已成为当务之急。

开发区发展效率测度是指对开发区经济、社会、环境等多方面影响因素进行综合评估和分析，以反映开发区整体发展水平和质量。影响开发区发展效率的因素不仅涉及生产技术、管理制度、创新能力等，也和人力资源、环境保护、基础设施配套能力等因素相关，开发区的非常规性经济发展和增长，实际是由包括土地、技术、劳动力、资金、政策等要素高"浓度"集聚所引发的。从管理学和经济学学科以及区域治理效果等角度来概括，可以将影响开发区发展效率的作用力总结为战略谋划力、资源整合力和贯彻执行力等"三力"，从而构建起影响开发区发展效率的"三力"组合体系。其中，战略谋划力指的是开发区在发展过程中对长期战略目标和计划的明确与制订，同时也表现在思想创新和政策体制创新等顶层设计上，总体上决定了一个开发区能走多远；资源整合力涉及有效地吸引、管理和整合资源，表现为开发区管理机构在不同阶段对土地空间、财政资金、创新资源以及人力、技术、数据等生产要素的综合管理和最大化调配利用能力，总体上决定了一个开发区能走多稳；贯彻执行力是确保战略计划得以顺利实施的关键，表现为核心领导班子政策执行的效率以及在政策执行过程中表现出的整体的综合能力，总体上决定了一个开发区能走多快。同时，这三个要素之间存在密切的关系和互动，战略谋划力指导了资源整合力，确保吸引和整合的资源与战略规划保持一致。同时，资源整合力为贯彻执行力提供所需的资源和支持，确保项目按计划推进。贯彻执行力也反馈到战略谋划力，它可以为战略规划提供实际情况的反馈，以便根据需要进行调整。

第五节 "三力"评价模型的构建

一、模型构建方法

(一) 评价模型合成方法

正常情况下,作为衡量各种指标的综合方法,其结果可以用于评价。平时应用的主要是总和合成法,这种方法的主要原理就是用相同的眼光去对待不同的指标,然而在实际中,我们在计算中使用这个方法时,具体的指标处理时重要性是不同的,所以应该给予相应的权重,才可以真实地反映情况[①]。

(二) 评价指标权重确定

在涉及多个指标时,因为每一个指标所占有的重要性不同,不可以同等地去处理不同的数据,为了得到科学准确的结果,就需要加入准确的权重,这个步骤直接会对结果产生影响。权重的确定主要有两种方法即主观赋权法和客观赋权法,其中包括具体的方法,比如层次分析法等,这些具体方法整体构成了权重的确定法则,其中主观赋权法涉及调查过程以及专家意见的成分,所以不可避免地存在主观意识,在要求严格的情况下,这个方法并不可取,而另外一种方法则可以充分地考虑到这种情况,更加地客观科学。

(三) 原始数据收集及预处理

在原始数据收集的过程中,大多数数据可以根据统计表查找得知,而其中某些丢失或者没有的数据则可以根据回归分析等方法计算得出,但是如果数据连续三年以上缺失,则尽量不使用该数据。原始数据收集之后要进行预处理,这主要是防止指标的数量级等对数据产生影响,而每个指标数据因为有着单位不同等产生了不可公度性,所以在对数据进行评价时,为了去除因为单位不同等造成的误差,要对数据进行相应的无量纲化处理,这个操作可

---

① 郑海燕,崔春山. 区域经济协调发展评价指标体系及评价模型构建 [J]. 商业经济研究, 2019 (14): 144.

以使数据更加规范和符合标准。标准化的数据处理是为了在数据的分析过程中，既可以去除各种因素对于矩阵的影响，也可以去除数据之间存在的差异信息。

二、构建评价模型

在利用相关数据模型对地区经济发展情况进行评价时，可以根据当地的排名或者该地不同时点的动态变化等对当地经济发展情况进行评价，从而使社会各个相关系统之间更好配合，并且可以去除对于当地经济发展不利的因素，为地区的经济发展提出切实有效的建议。

在得到评价结果之后，还要对结果进行相应的检验，分析结果的可靠性，其中对于争议特别大的结果要进行详细的分析和处理。根据检验结果，我们可以对某个特定的事物进行评价，另外还可以分析得出可靠性的大小，而对于多指标的评级体系要进行一定的排序，还需要利用其他信息加以辅助，这样就可以更加真实有效地反映事物的情况，还可以对之后的工作给予有效的建议，并提供准确的参考依据。

图 2-1 展示了从区域发展与治理"三力"模型到区域发展效率评价模型的转变。

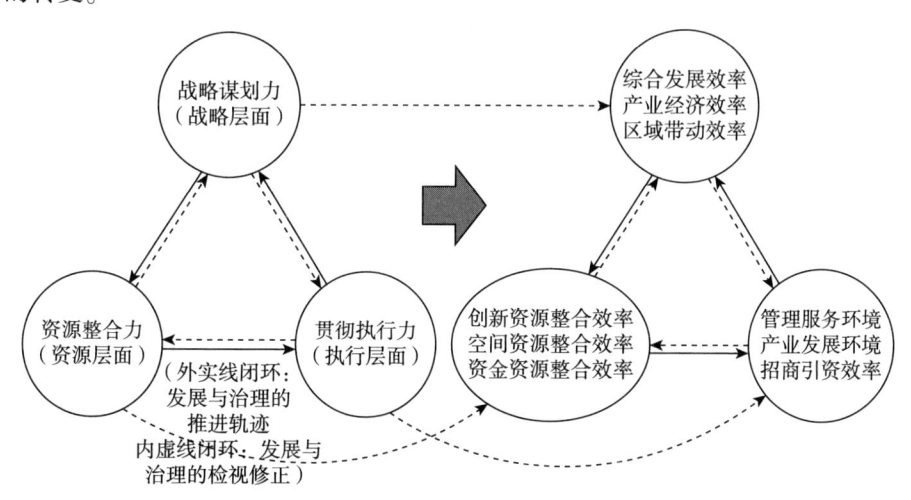

图 2-1 从区域发展与治理"三力"模型到区域发展效率评价模型

第六节　国家级开发区发展效率评价体系

一、评价指标设计考虑及原则

对于国家级开发区发展效率评价衡量指标体系的设计,以国家级开发区发展基本情况为出发点,同时参考有关研究和科技部、商务部对国家级高新技术产业开发区和经济技术开发区年度考核评价指标体系。为科学、全面、客观地反映国家级开发区建设发展效率,构建指标体系框架及选取有关指标应尽量遵循如下原则要求。

一是全面性原则要求。开发区建设发展是一项系统工程,是由多层次因素构成的复合系统,包括产业发展、基础设施建设、土地开发整理、企业服务管理、环境保护、生态建设、科技创新、创业孵化、招商引资、对外开放等方方面面,同时又受到内部和外部系统众多因素的影响和制约,因此对开发区发展效率的评价要能够反映其发展效率的整体状况和"结果"的优劣,以免遗漏重要的信息维度,造成片面性,使最终的发展效率评价结果的科学性受到影响。

二是典型性原则要求。指标体系的构建和指标的遴选设置,要以典型性和代表性为标准,尽量保证被选中的指标没有相同的含义或包含类似的信息,用尽可能少的数据来反映更多的信息,充分统一全面性和精练性的要求。

三是准确性原则要求。国家级开发区发展效率评价系统中的每一个指标都应具有确定的、科学的内涵意义,能够准确地反映开发区在某一个方面的发展绩效。评价指标的准确性和科学性,能够使得后续理解、数据处理和计算分析的结果更加有效和可靠,从而能客观地反映国家级开发区发展效率特征和规律性。

四是可行性原则要求。本书指标体系的构建,是通过借鉴其他研究和政府有关部门对开发区考核评价方法所得,从而便于未来开展不同国家级开发区之间的对比,又能够通过调整而进行动态对比,因此在指标选取时,必须考虑到指标的延续性，同时也需要考虑到指标是否能支撑对未来趋势的判断。因此，在指标选取时需要同时参考《统计年鉴》及其他统计领域的数据和文献，选用口径一致的指标。

五是可操作性原则要求。对于我国部分开发区而言，由于相关统计制度并未完全建立，或部分开发区没有专门统计部门，开发区建设发展并没有完全进入地方社会经济发展《统计年鉴》，因此对开发区的评价就更需要保证有关指标的可获取性和实用性，以确保指标数据能有效支撑定量计算和评估分析。

二、指标体系构建及指标说明

国家级开发区发展效率评价指标体系的构建，在遵循上述原则的基础上，有两个导向性的问题有助于形成指标体系的框架和内容。一是要从开发区治理的功能出发，要明确开发区治理的核心目的是提升开发区的综合效率，体现在组织管理上是管理体制效率，体现在产业经济上是经济发展效率，体现在资源运用上是资源整合效率。二是要从国家级开发区发展效率评价指标体系的作用性质出发，清楚地认识到指标体系评价的是发展的综合效率，是发展投入产出的效果和结果。基于以上两点考虑，国家级开发区发展效率评价指标体系共涉及战略谋划力、资源整合力、贯彻执行力3项一级指标，综合发展效率、产业经济效率、区域带动效率、创新资源整合效率、空间资源整合效率、资金资源整合效率、管理服务环境、产业发展环境和招商引资效率9项二级指标体系，如表2-5所示。

表2-5 基于"三力"结构模型的开发区发展效率评价指标体系表

一级指标	二级指标	三级指标	数据来源及计算说明
战略谋划力维度	综合发展效率	实际利用外资（万美元）	《统计年鉴》
		实际利用外资增速（%）	（本年度实际利用外资额-上一年实际利用外资额）/上一年实际利用外资额×100%
		进出口总额（万美元）	《统计年鉴》
		进出口总额增速（%）	（本年度进出口总额-上一年进出口总额）/上一年进出口总额×100%

续 表

一级指标	二级指标	三级指标	数据来源及计算说明
战略谋划力维度	产业经济效率	地区生产总值（万元）	《统计年鉴》
		地区生产总值增速（%）	（本年度地区生产总值-上一年地区生产总值）/上一年地区生产总值×100%
		工业总产值（万元）	《统计年鉴》
		工业总产值增速（%）	（本年度工业总产值-上一年工业总产值）/上一年工业总产值×100%
		财政收入（亿元）	统计公报
		税收收入（亿元）	统计公报
	区域带动效率	开发区工业总产值占所在地级市工业总产值比重（%）	开发区工业总产值/广州市工业总产值×100%
		开发区进出口总额占所在地级市总额比重（%）	开发区工业总产值/广州市工业总产值×100%
		开发区地区生产总值占所在地级市地区生产总值比重（%）	开发区工业总产值/广州市工业总产值×100%
资源整合力维度	创新资源整合效率	期末全区从业人数（人）	《统计年鉴》
		专利授权量（个）	根据相关文献及国家知识产权局官网查询得出广州市历年知识产权数据综合推算
		高新技术企业数量（个）	根据部分年份统计公报公布的数据推算
	空间资源整合效率	工业用地（工业总产值）产出强度（亿元/平方公里）	工业总产值/当年开发区总规划建设用地面积
		单位土地税收产出强度（万元/平方公里）	税收收入/当年开发区总规划建设用地面积
	资金资源整合效率	固定资产投资额（万元）	《统计年鉴》
		固定资产投资增速（%）	（本年度固定资产投资额-上一年固定资产投资额）/上一年固定资产投资额×100%
		单位百万投资就业人数（万人/百万元）	社会总就业人数/固定资产投资额

续 表

一级指标	二级指标	三级指标	数据来源及计算说明
贯彻执行力维度	管理服务环境	开发区管理机构是否与当地政府合并（是/否）	"是"加100分，"否"不扣分
		开发区管理机构是否实行一站式服务（是/否）	"是"加100分，"否"不扣分
		开发区管理机构是否通过ISO14000 和 ISO9001 认证（是/否）	"是"加100分，"否"不扣分
	产业发展环境	开发区管理机构是否通过ISO14000 和 ISO9001 认证（是/否）	"是"加100分，"否"不扣分
		服务业增加值（万元）	《统计年鉴》
		开发区单位面积基础设施投入（万元/平方公里）	基础设施投资额/当年开发区总规划建设用地面积
	招商引资效率	外商直接投资额（万美元）	《统计年鉴》
		利用外资项目（合同）数（个）	《统计年鉴》

三、指标计算方法及数据说明

（一）赋权方法选择

各项指标权重的确定是本书指数构建过程中的重要内容。目前，学术界主要将赋权方法分为两种，一种是主观赋权方法，另一种是客观赋权方法。其中，常见的主观赋权方法有层次分析法、德尔菲法等，常见的客观分析方法有因子分析法、变异系数法、熵值法等。本书主要采用专家打分法和层次分析法。表2-6列举了不同评价模型的特征对比。

专家打分法是一种定性描述定量化方法，它首先根据评价对象的具体要求选定若干个评价项目，再根据评价项目制订出评价标准，聘请若干代表性专家凭借自己的经验按此评价标准给出各项目的评价分值，然后对其进行结集。

层次分析法是由美国运筹学家 T. L. Saaty 教授在 1973 年提出的一种能有

效地处理问题、适用于多方案或多目标的决策方法。这种方法以一个复杂的多目标决策问题作为一个系统，将目标分解为多个目标或准则，进而分解为多指标的若干层次。通过定性指标模糊量化方法算出层次单排序和总排序，以作为多目标、多方案优化决策的系统方法，是主观赋权法中应用比较成熟的一种方法。它将直接相对赋权经过数学转换，得出能在数学上通过一致性检验的权重值，降低了主观因素的影响。可以看出，层次分析法比较适用于具有分层交错评价指标的目标系统且目标值又难以定量描述的决策问题，符合本次指标体系的评价需求。

表 2-7 展示了开发区发展效率评价指标体系的权重设置。

表 2-6 不同评价模型的特征对比

名称	主要手段	优点	缺点
专家打分法	在初步提出评价指标的基础上，征询有关专家的意见，对指标进行调整。	简单易行、应用方便，专家具有丰富的专业知识和经验。	具有一定的主观因素影响。
平均赋值法	对所有指标进行平均赋权。	简单直接、避免主观因素影响。	难以解决指标间相关关系问题。
主成分分析法	是一种数学多元统计分析方法，它是依据指标贡献率的大小来确定指标权重的。	能够解决指标中的主次关系问题。	需要大量的数据支撑。
层次分析法	利用较少的定量信息使决策的思维过程数字化，是一种定性、定量相结合的，系统化、层次化的分析方法。	操作步骤简单，决策过程清晰，容易掌握，具有较强的实用性和灵活性	指标过多时，数据统计量大，且权重难以确定
熵值法	是一种客观赋权法，其根据各项指标观测值所提供的信息的大小来确定指标权重。	简单直接、避免主观因素影响。	容易忽略指标本身的主次关系。

表2-7 开发区发展效率评价指标体系权重设置

一级指标	权重	二级指标	权重	三级指标	权重
战略谋划力维度	0.4	综合发展效率	0.3	实际利用外资（万美元）	0.3
				实际利用外资增速（%）	0.2
				进出口总额（万美元）	0.3
				进出口总额增速（%）	0.2
		产业经济效率	0.4	地区生产总值（万元）	0.2
				地区生产总值增速（%）	0.2
				工业总产值（万元）	0.2
				工业总产值增速（%）	0.2
				财政收入（亿元）	0.1
				税收收入（亿元）	0.1
		区域带动效率	0.3	开发区工业总产值占所在地级市工业总产值比重（%）	0.2
				开发区进出口总额占所在地级市总额比重（%）	0.3
资源整合力维度	0.3	创新资源整合效率	0.3	专利授权量（个）	0.5
				高新技术企业数量（个）	0.5
		空间资源整合效率	0.4	工业用地（工业总产值）产出强度（亿元/平方公里）	0.5
				单位土地税收产出强度（万元/平方公里）	0.5
		资金资源整合效率	0.3	固定资产投资额（万元）	0.4
				固定资产投资增速（%）	0.3
				单位百万投资就业人数（万人/百万元）	0.3
贯彻执行力维度	0.3	管理服务环境	0.3	开发区管理机构是否与当地政府合并（是/否）	0.3
				开发区管理机构是否实行一站式服务（是/否）	0.3
				开发区管理机构是否通过ISO14000和ISO9001认证（是/否）	0.4

续 表

一级指标	权重	二级指标	权重	三级指标	权重
贯彻执行力维度	0.3	产业发展环境	0.3	服务业增加值（万元）	0.5
				开发区单位面积基础设施投入（万元/平方公里）	0.5
		招商引资效率	0.4	外商直接投资额（万美元）	0.5
				利用外资项目（合同）数（个）	0.5

（二）标准化处理

为了保证各个指标层的可加性，先对各个指标值进行标准化去量纲处理。处理方法如下：

假设有 t 年 M 个维度的面板数据，其中 M 个维度包含 q 个指标。则可设 $x_{\theta j}$ 表示第 θ 年第 j 个指标的指标值，其中 $\theta=1, 2, \cdots, t$；$j=1, 2, \cdots, q$；$m=1, 2, \cdots, M$。

由于所获取的数据统计口径、计量单位、数量级等均存在较大差异，若直接进行计算极易造成估计结果的不准确，因此需要对数据进行标准化处理。而由于数据来源多元化，为保证标准化后数据均为正值，选择归一化作为标准化处理的方法：

$$x'_{\theta j}=\frac{x_{\theta j}-\min_j x_{\theta j}}{\max_j x_{\theta j}-\min_j x_{\theta j}} \tag{1}$$

另外，由于正向指标和负向指标数值代表的含义不同，即正向指标数值越高越好，负向指标数值越低越好。因此，对于正负向指标需要采用不同的算法进行数据标准化处理。负向指标标准化方法：

$$x'_{\theta j}=\frac{\max_j x_{\theta j}-x_{\theta j}}{\max_j x_{\theta j}-\min_j x_{\theta j}} \tag{2}$$

（三）数据来源

①广州市及广州开发区《统计年鉴》（1985—2023）；②国家知识产权局历年全国知识产权数据。

（四）指数计算过程

通过对数据的整理和处理，获得了三级指标的数据，并通过以下公式计算出不同年份开发区发展效率指标分数。公式如下：

某一年度开发区发展效率指数分数

$$I = \sum x'_{\theta ij} * 100 * K * Y \quad (3)$$

式中：I 为开发区发展效率指数，K 系数为用于统一数据（以调整指标中第一名为 100），Y 权重为指标所占权重。

第三章　国家级开发区发展效率及广州实证研究

第一节　国家级开发区发展历程

我国国家级开发区成立至今已有 40 年的历史,作为我国改革开放的重要部分,它的建设与发展都离不开国家整体的战略部署。所以,将我国经济社会发展的转折点或具有里程碑意义的历史事件作为发展阶段的划分,既符合我国开发区发展的实际情况,也反映了我国经济体制改革开放的整体定位与功能。

国家级开发区的发展可以划分为四个阶段。第一、二阶段的划分节点为 1992 年,原因在于 1992 年的南方谈话以及同一年召开的中国共产党第十四次全国代表大会都确定了我国推进对外开放、发展市场经济的目标。国家级开发区充分利用前期建设所积累的基础,进行市场化改革,标志着开发区率先实现了市场经济的转型。第二、三阶段的划分节点为 2002 年,原因在于中国 2001 年底加入世界贸易组织,在这一背景下,开发区在不断扩大对外开放脚步的同时,也要应对经济全球化、产城融合等问题,开发区在探索中前进,得到了新的发展。第三、四阶段的划分节点为 2012 年,原因为中国共产党第十六次全国代表大会召开,特别是中央提出科学发展观以来,国内外形势正发生深刻变化,中国经济社会发展进入了一个新阶段,迎来了重要发展机遇与挑战,国家级开发区也开始步入科学发展时期。

一、第一阶段（1984—1992年）：创业起步时期

1984—1988年，国务院批准在沿海12个城市建立了14个国家级开发区。在这一阶段，中央对开发区的政策支持，主要体现在不是直接给予资金的资助，而是给政策、给自主权。一方面，开发区白手起家，发展基础薄弱，建设资金短缺；另一方面，外资进入中国尚处于试探和观望阶段，所以各开发区总体发展成绩并不尽如人意。1991年，14个开发区总共实现了145.94亿元的工业产值[①]。这一阶段引进的项目主要是劳动密集型的中小企业，技术含量低，技术转让或技术转移很少发生。

但是这一阶段，各开发区大胆探索，艰苦奋斗，为下一阶段的大发展奠定了基础。第一，探索出具有中国特色的"资金大循环"开发区基础设施建设模式，具备了加速发展的物质基础。第二，逐步建立并完善了开发区管理的基本模式与法律体系。第三，在"四窗口"——"技术的窗口、管理的窗口、知识的窗口和对外政策的窗口"发展宗旨的基础上，确立了"三为主，一致力"——以发展工业为主、以利用外资为主、以出口创汇为主和致力于发展高新技术产业的发展方针。第四，培育了一批从事开发区管理与招商引资的人才。邓小平同志于1986年视察天津开发区时，题写了"开发区大有希望"。

二、第二阶段（1992—2002年）：高速发展时期

1992年，邓小平同志发表南方谈话。国家坚定不移地扩大对外开放，在开放地域上，从20世纪80年代沿海开放扩大到沿江（长江、黄河、珠江等）、沿边（境）和内陆省会城市开放；在开放领域上，从生产领域扩大到金融、贸易等服务领域，呈现出全方位对外开放的态势。顺应这一战略，开发区在数量和规模上有了很大的扩展。掀起了对外开放和引进外资的新一轮高潮[②]。

[①] 1991年，14个开发区总共实现工业产值145.94亿元，税收7.90亿元，出口11.4亿美元，合同利用外资额8.14亿美元，实际利用外资3.61亿美元，截至1991年底累计利用外资13.74亿美元。

[②] 1998年，首批14个国家级开发区总共实现工业产值1869.09亿元，税收131.16亿元，实际吸收外资32.52亿美元；分别比1991年增长了6.2倍（按不变价格计算）、8.9倍（按不变价格计算）和8倍；平均年增长率分别达到了32.5%、38.8%和36.9%。

首先是跨国公司开始取代了中小资本的主体地位,美国摩托罗拉、法国太平洋炼油、美国宝洁、韩国三星等一大批投资上亿美元甚至上十亿美元的大项目纷纷进入国家级开发区。其次是引进项目的技术含量和技术水平明显提升,直接推动了我国工业现代化的进程。国家级开发区已成为外商投资的最大热点,成为所在城市的重要经济增长点。经济技术开发区被视为一种成功的经济发展模式,其示范作用日益显现,国内掀起了建设开发区的热潮。国家级开发区由最初的14个增加到32个。

在这一阶段,我国开始实施西部大开发战略。国家批准了中西部地区省会城市、首府城市设立国家级开发区。使国家级开发区和享受国家级开发区政策的工业园区增加到53个。

一方面国家级开发区基础更加雄厚,投资环境相对优势更加突出,一些开发早、规模大的国家级开发区功能不断完善,从早期纯粹的工业园区,变为兼具居住、服务等多种功能的城市新区。另一方面,政策与体制环境的变化、国家级开发区功能的变化以及外部竞争的加剧,都对国家级开发区原有的发展模式提出了挑战,国家级开发区面临"第二次创业"的新任务。

2001年12月11日,我国加入世界贸易组织,对外开放进入了新的阶段。在这一背景下,开发区在不断扩大对外开放脚步的同时,也要应对经济全球化、产城融合等问题,开发区在探索中前进,得到了新的发展。

三、第三阶段(2002—2012年):科学发展时期

中共十六大以来,特别是中央提出科学发展观以来,国内外形势正发生深刻变化,中国经济社会发展进入了一个新阶段,迎来了重要发展机遇与挑战,国家级开发区也开始步入科学发展时期。

2004年,在国家级开发区创建20周年之际,中央做出在新的发展阶段国家级开发区建设必须贯彻落实科学发展观,努力实现经济体制和经济增长方式的转变的批示。该批示为开发区的结构优化调整,引进技术和开发创新,提高开发项目的质量和效益,合理利用土地,防止盲目追求数量和规模等方面提出了相关要求。

这一阶段,开发区的发展方针调整为"三为主、二致力、一促进":以提

高吸收外资质量为主，以发展现代制造业为主，以优化出口结构为主，致力于发展高新技术产业，致力于发展高附加值服务业，促进国家级经济技术开发区向多功能综合性产业区发展。提出开发区的奋斗目标即"六个成为"：努力建设成为促进国内发展和扩大对外开放的结合体；成为跨国公司转移高科技高附加值加工制造环节、研发中心及其服务外包业务的重要承接基地；成为高新技术产业、现代服务业和高素质人才的聚集区；成为促进经济结构调整和区域经济协调发展的重要支撑点；成为推进所在地区城市化和新型工业化进程的重要力量；成为体制改革、科技创新、发展循环经济的排头兵。

"十一五"期间，国家级开发区坚持科学发展观，继续深化改革开放，推动经济转型与产业升级，促进经济社会全面、健康、协调发展；边境合作区着力提高沿边开放水平，加强资源要素集聚，提升特色产业发展质量[①]。

国家级开发区自2010年开始实施新一轮的整合发展，为新时期的开发区发展战略调整提供强有力的支持。

四、第四阶段（2012年至今）：高质量发展时期

创新驱动与高质量发展。2013年中共十八届三中全会作出了全面深化改革的决定，提出让市场在资源配置中起决定性作用和走创新驱动的发展道路。同年9月成立了上海自由贸易试验区，标志着我国的对外开放从外向型经济向开放型经济的转变。

2013年，在《国家高新区率先实施创新驱动发展战略共同宣言》的指导下，国家级开发区开始"三次创业"，迈向高质量发展新阶段。这一阶段的发展方针为"三个成为，四个转变"[②]。即开发区要"成为带动地区经济发展和实施区域发展战略的重要载体，成为构建开放型经济新体制和培育吸引外资

---

① "十一五"期间，原有56个国家级开发区（如无说明，下同）地区生产总值年均增长21.28%，比全国同期水平高11.1个百分点。2009年国家级开发区共实现地区生产总值18147.67亿元，工业增加值12827.17亿元，出口总额1892.45亿美元，税收收入3237.41亿元；14个边境合作区实现地区生产总值308亿元，工业增加值105亿元，工业总产值319亿元，出口40亿美元，税收收入38亿元。

② 国务院办公厅印发《关于促进国家级经济技术开发区转型升级创新发展的若干意见》，部署进一步发挥国家级经济技术开发区改革试验田和开放排头兵作用，促进国家级经济技术开发区转型升级、创新发展。

新优势的排头兵，成为科技创新驱动和绿色集约发展的示范区"。国家级经济技术开发区要在发展理念、兴办模式、管理方式等方面完成"4个转变"，即由追求速度向追求质量转变，由政府主导向市场主导转变，由同质化竞争向差异化发展转变，由硬环境见长向软环境取胜转变。

党的十九大报告提出要着力加快建立实体经济、科技创新、现代金融和人力资源协同发展的产业体系，毫无疑问，这样的产业体系是现代化经济体系的基础。而建立这样的产业体系，开发区就是最好的载体和平台。党的二十大报告提出高质量发展是全面建设社会主义现代化国家的首要任务。国家级开发区更加注重创新驱动和高质量发展。为了推动开发区的转型升级和高质量发展，国家出台了一系列政策措施，如2014年《国务院办公厅关于促进国家级经济技术开发区转型升级创新发展的若干意见》、2017年《国务院办公厅关于促进开发区改革和创新发展的若干意见》、2020年《国务院关于促进国家高新技术产业开发区高质量发展的若干意见》等政策，鼓励开发区加强科技创新、人才引进和产业转型升级等方面的工作。

在这一阶段，国家级开发区积极引进和培育高新技术企业和创新型企业。通过加强产学研合作、完善创新创业生态体系等措施，国家级开发区推动了科技成果的转化和应用。同时，开发区还注重提升产业链水平和附加值水平，推动产业向高端化、智能化和绿色化方向发展。在高质量发展阶段，国家级开发区还注重对外开放和国际合作。通过加强与周边国家和地区的经贸合作与交流，国家级开发区推动了区域经济的共同发展和繁荣。同时，开发区还积极参与国际竞争与合作，提升了中国经济在全球经济中的竞争力和影响力。此外，国家级开发区还注重提升国际化水平和营商环境。通过优化外资政策、加强知识产权保护、提高政府服务效率等措施，开发区为外资企业提供了更加便利的投资环境和条件。这些措施不仅吸引了更多外资进入开发区投资兴业，也促进了中国经济的对外开放和国际化进程。国家级开发区迎来了高质量发展的新阶段，将改革开放与创新作为开发区最主要的发展驱动力，大力推动开发区营商环境的提升，打造引领区域经济社会变革、管理服务发展的创新高地。

回顾国家级开发区的发展历程，我们可以清晰地看到其从无到有、从小到大的成长轨迹。从最初的探索尝试到如今的遍地开花，开发区不仅见证了中国经济的快速增长和转型升级历程，也为中国经济的未来发展注入了新的动力和活力。

第二节　国家级开发区发展成就及模式

改革开放以来，国家级开发区扮演了我国对外开放前沿阵地的角色，它们分布在全国各大省会城市和重要城市，在城市周边地区划定一部分土地，举全城之力开展园区建设，不断优化经济发展环境，完善配套设施，以吸引外资投资和引入最新技术，形成以现代产业为基础的工业发展体系，为促进地方经济发展做出巨大贡献。国家级开发区的成立有利于协调区域经济发展关系，优化地区产业结构，提高地方吸引和利用外资的能力，实现快速发展目标。截至2024年10月21日，国家级经济技术开发区数量达到229家，遍布31个省（区、市）。

国家级经济技术开发区主要定位是吸引国外先进产业、优势产业前来国内投资、落户和经营，通过引入国外先进产业和企业，不断优化国内产业结构，增强综合竞争力。为了实现这个目标，工业园区要具备良好的区域优势。另外，政府还要加强园区软硬件设施建设，为园区内企业提供一流的公共服务。国外以新加坡工业园区为例，其在过去40多年的发展历程中，取得了重大经济成就。其成立之初主要是开展小规模基础设施建设，以将企业聚集在一起，形成一个对外贸易产业集群，形成规模经济效应。经过多年发展，新加坡工业园区已颇具规模，也使得新加坡成为全球工业用地占比最高的国家。目前，新加坡工业园区已具备高端技术产品研发和生产能力，园区内多个生产项目达到国际一流水准，吸引了众多国外一流知名公司和企业落户[1]。

---

[1] 自然资源部办公厅关于2022年度国家级开发区土地集约利用监测统计情况的通报［EB/OL］.（2023-02-03）.https://gi.mnr.gov.cn/202302/t20230209_2775605.html.

一、国家级开发区发展成就

国家级开发区作为改革试验田和开放排头兵，充分发挥了窗口、示范、辐射、带动作用，已成为所在地区重要的经济增长点，有力地促进了我国经济社会和对外开放的发展。

总体看，国家级开发区作为高水平对外开放平台，积极推进经济高质量发展，在巩固外贸外资基本盘中发挥了重要作用，呈现总量扩大、质量提升、开放带动作用进一步增强的良好发展态势。

（一）经济发展质量稳步提升

国家级开发区作为重要的开放平台和产业聚集区，以千分之三的国土面积，贡献了全国十分之一的地区生产总值、五分之一的利用外资和外贸总额，在我国现代化产业体系建设和改革创新中发挥了积极作用。经历了40年的快速发展，国家级开发区凭借体制机制、创新要素、政策优惠等方面的优势，快速发展成为辐射带动周边区域发展的增长极和引领经济前行的重要载体，创造的GDP在全国总量中占比达四分之一，是保障地方乃至全国经济稳定增长的"压舱石"，为我国的国民经济发展和对外开放事业作出了巨大贡献。

以国家级经济技术开发区为例，2023年，国家级经济技术开发区地区生产总值继续稳步提升，地区生产总值达15.7万亿元（见图3-1），同比增长6.4%，其中第二三产业均稳步提升，第三产业增加较快，增加值为6.1万亿元，同比增长9%。中部地区承东启西优势明显，既能积极引进东部地区产业创新资源，又能增强对西部地区的辐射和带动作用，对促进区域经济协调发展有着重要推动作用。其中，国家级开发区能够将东部地区园区"腾笼换鸟"

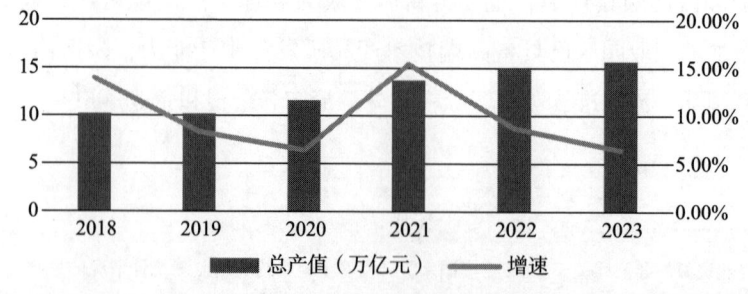

图3-1　2018—2023年国家级经济技术开发区地区生产总值及同比增速变化情况

与中西部地区园区"筑巢引凤"相结合,通过园区高质量发展带动所在地区经济社会发展。

(二) 开放带动作用显著增强

开放是统筹国内国际两个市场、两种资源的重要路径。开发区是中国渐进式改革开放的重要经验,不断"为国家试制度、为地方谋发展、为社会谋福利",成果斐然。国家级开发区作为关键试验场因开放而生、因开放而兴,开发区的天然基因就是开放,一直以来通过开放,主动对接国际高标准经贸规则,带动国内市场发展。以国家级经济技术开发区为例,截至2023年,229家国家级经济技术开发区实际使用外资金额392亿美元,占全国实际使用外资比重为24%。实现进出口总额10.2万亿元,占全国进出口总额比重为25%。从近几年国家级经济技术开发区进出口总额情况分析(见图3-2),总量在不断扩大,增速整体变化较大,在发展更高层次开放型经济的要求下,国家级经济技术开发区亟须稳住外资外贸基本盘,担负起新时期对外开放新使命。

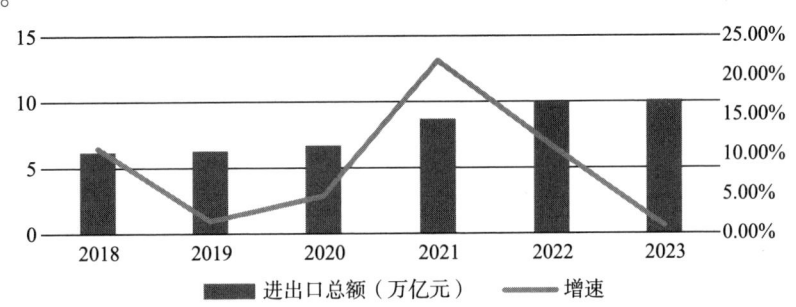

图 3-2 2019—2023 年国家级经济技术开发区地区进出口总额及增速变化情况[①]

(三) 科技创新能力不断提高

科学技术是第一生产力,是推动经济和社会发展的首要力量。科技创新是企业的生命线,是产业腾飞的希望所在,是国家级开发区实现高质量发展目标的主要抓手。国家级开发区是改革开放的产物,是我国促进经济高速发展的成功实践。经过40年的建设,开发区不仅成为我国经济腾飞的主要引擎

---

① 商务部公布2023年国家级经济技术开发区综合发展水平考核评价结果[EB/OL].(2023-12-28).http://file.mofcom.gov.cn/article/syxwfb/202312/20231203463391.shtml.

之一，也成为我国经济建设不可或缺的生力军。近几年来，国家级开发区在强化原始创新、集成创新和引进消化吸收再创新方面，不断提高创新发展能力。当下，国家级开发区不断吸引各类科技创新载体集聚。如图3-3所示，截至2023年，国家级经济技术开发区拥有的国家级孵化器和众创空间、省级及以上研发机构和高新技术企业等创新研发机构数量逐年稳步提高。①

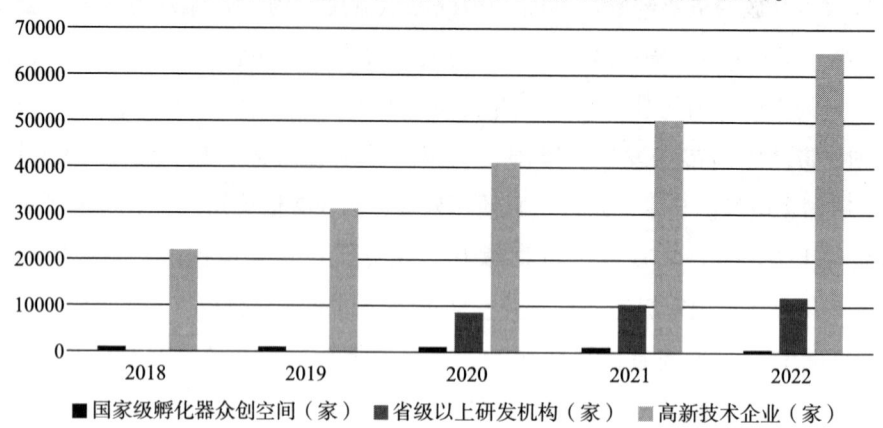

图3-3 2018—2022年国家级经济技术开发区研发机构变化情况

（四）产业转型升级持续加快

高质量发展是全面建设社会主义现代化国家的首要任务。经过40年的发展，国家级开发区已成为所在城市及周围地区经济发展最快、投资环境最优的现代化产业集聚区。以国家级经济技术开发区为例，2023年，全国229家国家级开发区实现第二产业增加值9.4万亿元，同比增长3.9%；实现第三产业增加值6.1万亿元，同比增长9%（见图3-4）。电子信息、装备制造等传统产业持续发力，先进制造业等战略性新兴产业也在蓬勃发展。同时，国家级开发区持续推动产业集群化发展，确保产业链供应链稳定。

国家级经济技术开发区通过产业集聚和产业链延伸带动传统产业升级，通过引进、消化吸收和再创新不断提高自主创新水平，通过加强国际生态领域合作着力推动节能减排和生态建设，成为我国高新技术产业、先进制造业

---

① 截至2022年末，国家级经开区拥有国家级孵化器和众创空间683家，省级及以上研发机构1.2万家，高新技术企业6.5万家，较上年末均有明显提升。

和现代服务业的重要基地和核心集聚区，有力地推动了我国的产业优化升级和经济结构的调整，加快了城市化和工业化的进程，成为科学发展的引领示范区。

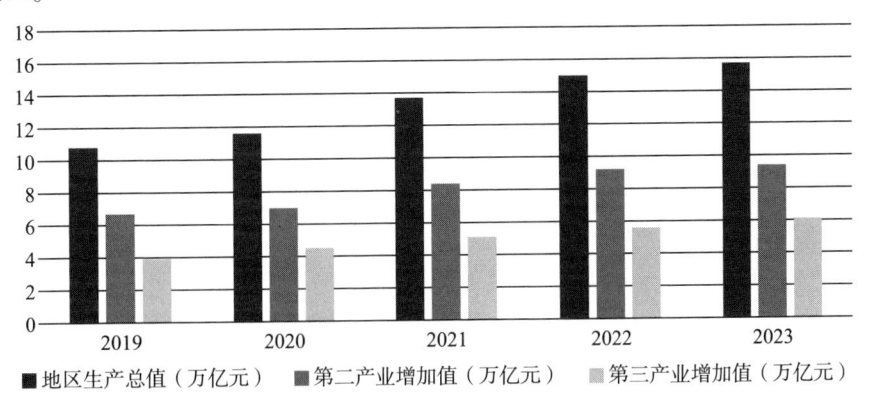

图 3-4　2019—2023 年国家级经济技术开发区地区生产总值变化情况

（五）绿色低碳水平稳步提升

根据商务部公布的 2023 年国家级经济技术开发区综合发展水平考核评价结果，2022 年，国家级经济技术开发区规模以上工业企业单位工业增加值能耗、水耗同比均显著下降，工业固体废物综合利用率较上年提高 2 个百分点。根据中国国际投资促进会发布的"2022 年度绿色低碳示范园区名单"，入选的 10 家"绿色低碳示范园区"中有 7 家为国家级开发区。

（六）区域协调发展显著提升

截至 2024 年 11 月，全国现有 693 家国家级开发区，东部地区与中西部地区国家级开发区在产业结构、资源禀赋等方面互补性很强。充分发挥东中西部的比较优势，引导推动产业转移和承接，加强园区共建，有利于培育产业的可持续的内生动力，促进产业链供应链上下游合作，从而壮大产业集群，获得多赢的效果。

以国家级经济技术开发区为例，截至 2023 年末，东部地区国家级经济技术开发区与中西部地区国家级经济技术开发区开展合作共建、国家级开发区对口援疆援藏援助边（跨）境合作区数量比上年增加182个①。

二、国家级开发区发展模式

依据开发区资源禀赋特色，把开发区分为产业型、外向型、高新型和混合型四类。这种分类有益于进一步研究国家级开发区的分布规律和开发区与区域社会经济发展之间的联系。

（一）产业型开发区

产业型开发区是指那些依托其所在区域在矿产、能源、农业或旅游等传统产业上的优势，依靠优惠政策吸引国内外投资者开发当地优势资源的开发区。产业型开发区的资源禀赋特色在于具有传统产业优势。例如山西省的太原、晋城、晋中和大同四个国家级开发区所依托母城均为资源型城市，这些城市的支柱产业都以其丰富的矿产资源为依托，这些产业成为产业型开发区赖以发展的基础和优势——这些开发区成为地区资源产品的深加工和传统产业技术升级的基地和中心。

（二）外向型开发区

外向型开发区是指那些依托其所在区域的沿海、沿江和内陆开放的区位特色，以设立出口加工区等方式发展外向型经济的开发区。外向型开发区的资源禀赋特色在于其地理位置和区位优势。例如东部沿海城市的开发区绝大多数为外向型。沿江开放城市中的南京、重庆、武汉、九江和芜湖开发区，以及内陆开放城市中的成都、郑州、西安、南昌、合肥、呼和浩特及乌鲁木齐等开发区也均属于外向型。

（三）高新型开发区

高新型开发区以发展高新技术产业为主，主要标志为拥有科技部批准的高新技术特色产业基地或国家级科技企业孵化器；高新型开发区的资源禀赋特色体现于科技创新能力方面。例如，安徽的安庆经济技术开发区和宁国经济技术开发区，这两家开发区的主导产业均为高新技术产业，而且分别为

---

① 谭昕. 开发区土地政策、产业集聚及创新与区域经济发展[D]. 中央财经大学, 2022. DOI: 10.27665/d.cnki.gzcju.2022.000081.

"汽车零部件高新技术特色产业基地"和"橡塑密封件特色产业基地",因此属于高新型开发区。

(四)混合型开发区

混合型开发区是指资源禀赋特色不明显的开发区。在全国229个国家级经济技术开发区中,有16个为混合型。例如,山东的胶州开发区和邹平开发区就是混合型开发区的代表。

第三节 广州开发区发展概述

1984年3月,中央召开沿海部分城市座谈会,提出要参照经济特区的经验,进一步对外开放包括广州在内的14个沿海港口城市,在这些沿海港口城市选择一块地方,按照经济特区的政策兴办经济技术开发区,就此拉开了广州开发区从起步到腾飞的序幕。

作为全国首批经济技术开发区之一,广州开发区已走过了40年的发展历程。40年来,广州开发区伴随着国家改革开放进程,艰苦创业,励精图治,以"敢为人先、务实进取"的精神,不断深化改革,扩大对外开放,吸引了宝洁、安利、玛氏箭牌、阿斯利康、现代汽车、小鹏汽车等一大批世界500强企业、跨国企业、行业龙头相继落户。如今,40年前的荒滩蕉林已发展成为多项主要经济指标位居全国经济技术开发区第一、规模以上工业总产值接近9000亿元、高新技术产业集聚的科创热土。据统计,广州开发区建区以来年均GDP增速达21.1%,以占全市6.5%的土地面积,创造了全市接近40%的工业产值、17%的税收收入和15%的GDP。

2024年,广州开发区全年地区生产总值4338.90亿元,截至2024年底,广州开发区已形成汽车制造、新型显示、绿色能源、新材料、美妆大健康五大千亿级产业集群,以及集成电路、生物医药、高端装备三大500亿级产业集群,工业总产值接近9000亿元,工业总产值约占全市四成。实际使用外资突破30亿美元,其中高技术产业占比超过九成。广州开发区、黄埔区正全面提升"三城一岛"联动能级，围绕知识城、科学城、海丝城、生物岛打造"三城一岛"发展空间，大力发展战略性新兴产业，将"三城一岛"打造成为广州产业发展的增长极和高质量发展的驱动力。

第四节　广州开发区发展效率评价

一、从发展效率数据角度评价

如表 3-1 所示，在经济总量及工业经济发展方面，2022 年，广州开发区实现地区生产总值 3645.13 亿元，相比 2021 年增长 3.99%，占全市地区生产总值总量的 12.64%；实现工业总产值 6577.04 亿元，相比 2021 年下降 0.47%，占全市工业总产值总量的 25.78%。年末社会从业人员达到 73.63 万人，实现财政收入和税收收入分别达到 1259.11 亿元、942.49 亿元。

在对外经济及招商引资方面，2022 年，广州开发区实际使用外资 29.46 亿美元，相比 2021 年增长 11.32%；进出口总额达到 370.24 亿美元，相比 2021 年下降 13.45%，占全市进出口总额的 22.82%。利用外资项目数达到 316 个，创历史新高。

创新发展、固定资产投资及经济效益方面，2022 年，广州开发区专利授权量达到 28091 件，固定资产投资额达到 1637.91 亿元，较 2021 年增长 5.81%。单位工业用地产出强度为 32.32 亿元/平方公里，单位土地税收产出强度为 4.63 亿元/平方公里。

表 3-1 2022 年广州开发区发展效率数据

一级指标	二级指标	三级指标	2022 年
战略谋划力维度	综合发展效率	实际利用外资（万美元）	294563
		实际利用外资增速（%）	11.32
		进出口总额（万美元）	3702369
		进出口总额增速（%）	-13.45
	产业经济效率	地区生产总值（万元）	36451300
		地区生产总值增速（%）	3.99
		工业总产值（万元）	65770390
		工业总产值增速（%）	-0.47
		财政收入（亿元）	1259.11
		税收收入（亿元）	942.49
	区域带动效率	开发区工业总产值占所在地级市工业总产值比重（%）	25.78
		开发区进出口总额占所在地级市总额比重（%）	22.82
		开发区地区生产总值占所在地级市地区生产总值比重（%）	12.64
		期末全区从业人数（人）	736320
资源整合力维度	创新资源整合效率	专利授权量（个）	28091
		高新技术企业数量（个）	2573
	空间资源整合效率	工业用地（工业总产值）产出强度（亿元/平方公里）	32.32
		单位土地税收产出强度（万元/平方公里）	46314
	资金资源整合效率	固定资产投资额（万元）	16379057
		固定资产投资增速（%）	5.81
		单位百万投资就业人数（万人/百万元）	4
贯彻执行力维度	管理服务环境	开发区管理机构是否与当地政府合并（是/否）	是
		开发区管理机构是否实行一站式服务（是/否）	是
		开发区管理机构是否通过 ISO14000 和 ISO9001 认证（是/否）	是
	产业发展环境	服务业增加值（万元）	15308000
		开发区单位面积基础设施投入（万元/平方公里）	18472
	招商引资效率	外商直接投资额（万美元）	294563
		利用外资项目（合同）数（个）	316

数据来源：广州市及广州开发区《统计年鉴》（1985—2023）。

二、从发展效率评分角度评价

运用第二章的指标计算方法和广州开发区的相关数据,我们计算得出,2022年,广州开发区在发展效率总指数上得分251分,其中,战略谋划力维度上得分69分,资源整合力维度上得分82分,贯彻执行力维度上得分100分,各项指标均达到历年最高分,亦即在发展效率以及战略谋划力、资源整合力、贯彻执行力上均达到历年最佳(见表3-2)。

表3-2 2022年广州开发区发展效率总分及各一级指标评分

年份	总指数	战略谋划力维度	资源整合力维度	贯彻执行力维度
2022年	251	69	82	100

第五节 广州开发区发展效率总体分析

综合不同发展阶段节点年份的发展效率总指数评分来看,广州开发区发展效率评分总体呈现不断增长之势,同时,战略谋划力维度、资源整合力维度和贯彻执行力维度亦表现出类似的特征(见表3-3)。开发区不同时间节点发展效率分值总体呈稳步增长的特征表明开发区发展40年来,其发展效率一直在稳步提升中,尤其是从2014年之后的近10年中,广州开发区发展效率提升尤为明显。

表3-3 广州开发区不同发展阶段节点年份总指数及一级指标得分

年份	总指数	战略谋划力维度	资源整合力维度	贯彻执行力维度
1985	40	28	11	1
1992	25	7	14	3
2004	92	32	22	38
2014	152	56	39	57
2022	251	69	82	100

一、战略谋划力维度

40年来，广州开发区根据对不同阶段市场趋势、政策环境和竞争情况的深入了解，不断地动态调整和制订开发区长期战略目标和计划，在城市空间拓展、长期战略规划、产业结构演进、体制机制创新、高科技人才聚集等方面取得了举世瞩目的历史成就。

综合发展效率上，40年发展历程中，广州开发区在不同历史发展阶段节点年份的得分除广州开发区开办第一年（1985年），实际利用外资增速和进出口总额增速指标呈数倍增长导致得分畸高之外，总体得分呈增长态势，表明40年来广州开发区的综合发展效率总体上一直呈稳步提升态势，其中，2014—2022年的综合发展效率提升最为迅猛，2022年广州开发区的实际利用外资和进出口总额都达到历年最高值。

产业经济效率上，40年发展历程中，广州开发区在不同历史发展阶段节点年份的得分除广州开发区开办第一年（1985年），地区生产总值增速和工业总产值增速指标成数倍增长导致得分畸高之外，总体呈增长态势，表明40年来广州开发区的产业经济效率总体上一直呈稳步提升态势，其中，2014—2022年的产业经济效率提升最为迅猛，2022年广州开发区的地区生产总值、工业总产值、财政收入和税收收入都达到历年最高值。

区域带动效率上，40年发展历程中，广州开发区在不同历史发展阶段节点年份的得分总体呈增长态势，表明40年来广州开发区的区域带动效率总体上一直呈增强态势，其中，1992—2004年期间的区域带动效率提升最为迅猛，表明广州开发区在邓小平南方谈话之后12年的发展对广州市的经济支撑及开发区周边区域带动作用最为显著。40年来，广州开发区经济持续快速增长，对广州市经济发展起到重要的拉动作用，成为支撑全市经济快速发展的重要增长极。

二、资源整合力维度

40年来，广州开发区在发展的不同阶段有效地吸引、管理和整合了土地、人才、技术、资本等各类生产要素资源以及国家和省市层面的优惠政策等制度性资源，极大地提高了广州开发区的综合产出效率和创新能力。

从指数评分上看，广州开发区各历史发展阶段节点年份战略谋划力评分总体呈现不断上升之势。同时，在创新资源整合效率、空间资源整合效率、资金资源整合效率等二级细分指标得分方面也呈现出相似的发展特征。

创新资源整合效率上，40年发展历程中，广州开发区在不同历史发展阶段节点年份的得分呈不断上涨之势，表明40年来广州开发区在创新资源整合上一直呈稳步提升态势，其中，2014—2022年的创新资源整合效率提升最为迅猛，2022年广州开发区的专利授权量和高新技术企业数量都达到历年最高值。

空间资源整合效率上，40年发展历程中，广州开发区在不同历史发展阶段节点年份的得分呈不断上涨之势，表明40年来广州开发区在空间资源整合上一直呈稳步提升态势，其中，2014—2022年的空间资源整合效率提升最为迅猛，2022年广州开发区的工业用地产出强度和单位土地税收产出强度都达到历年最高值。

资金资源整合效率上，40年发展历程中，广州开发区在不同历史发展阶段节点年份的得分总体呈现较大波动趋势，广州开发区开办后一直处于增长趋势，1992年分值达到最高点，即资金资源整合效率达到最优，其后一直延续下降趋势，直至降低至2004年的最低值之后一路保持上升之势至今，且2014—2022年的资金资源整合效率提升最为迅猛，2022年广州开发区的固定资产投资额达到历年最高值。

三、贯彻执行力维度

40年来，广州开发区充分发挥"敢为人先、务实进取"的创业精神，在开发区各发展阶段制定清晰的目标和责任体系，并以灵活的管理和适应性的调整机制，有力地确保了开发区不同阶段的战略计划和资源整合转化为实际成效。从指数评分上看，广州开发区各历史发展阶段节点年份贯彻执行力评分总体呈现不断改善向好之势。同时，在管理服务环境、产业发展环境、招商引资效率等二级细分指标得分方面也呈现出相似的发展特征。

管理服务环境上，40年发展历程中，广州开发区从2004年起管理服务环境已经趋于完善，连续获得ISO14000和ISO9001体系认证，开发区管委会也较早地就实现了一站式服务以及与行政区合并。

产业发展环境上，40年发展历程中，广州开发区在不同历史发展阶段节点年份的得分总体呈增长态势，表明40年来广州开发区的产业发展环境总体上一直呈持续改善提升的状态，其中，2014—2022年的产业经济效率提升最为迅猛，2022年广州开发区的服务业增加值、单位面积基础设施投入都达到了历年最高值。

招商引资效率上，40年发展历程中，广州开发区在不同历史发展阶段节点年份的得分呈现波动式变化，从开发区创立之初到2004年，招商引资效率得分一直呈增长态势，并于2004年增长至峰点，2004—2014年，指标得分总体呈持续下降态势，2022年跃升至历年最高分值。表明开发区40年来在招商引资效率上并不稳定，前20年招商引资效率是持续提升的，后20年出现招商引资效率的持续下降，直到最近两三年才出现了迅速回转。其中，2022年广州开发区的外商直接投资额和利用外资项目数都达到了历年最高值。

第六节 广州开发区发展的逻辑演变

广州开发区发展40年来，发展效率总体上呈不断提升的态势（见图3-5）。其中2014—2022年（高质量发展阶段）的发展效率提升最为明显，其次是1992—2004年（快速发展阶段）的发展效率提升也同样较为明显。发展效率提升最缓慢的是开发区刚成立的前8年，即1984—1992年（初期建设阶段），其次是2004—2014年（转型升级阶段）的发展效率提升也相对较为缓慢。

一、开荒建设逻辑阶段（1984—1992年）

（一）发展效率评价

在发展效率评分上，因为开发区新建第一年各项增速指标成倍增长，广州开发区在初期建设阶段起点年份1985年时发展效率分值较高，达到40分，发展到1992年时为25分，表明广州开发区在创新探索阶段的发展效率总体

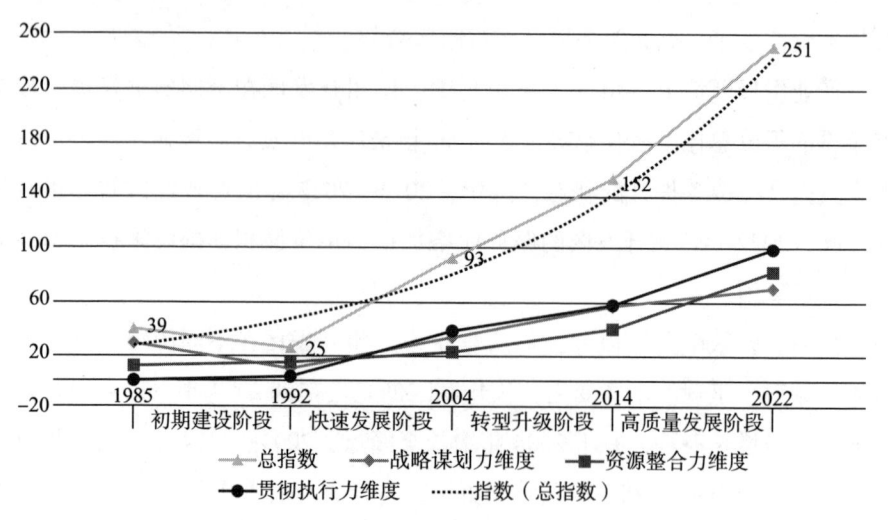

图 3-5 广州开发区各发展阶段发展效率及各二级指标得分情况

是缓慢提升的（见表 3-4）。

这一阶段是开发区发展起步阶段，是积累资本、积累人才、积累经验的阶段，也是艰苦奋斗、摸索前行的阶段，它为广州开发区的未来发展打下了物质基础①。这一时期，广州开发区积极引进外资项目，大力拓展国际市场，提高出口创汇能力，致力于基础设施建设和项目引入，探索出一整套园区开发建设模式，创造了法规条例、土地出让、园区服务、人才公选、外资党建等多个领域的全国第一，这些创举深刻影响着广州开发区后来的发展。1992年，广州开发区地区生产总值达到 10.79 亿元，占全市地区生产总值的 2.24%；工业总产值达到 25.57 亿元，占全市工业总产值的 3.67%；进出口总额达到 41993 万美元，占全市进出口总额的 10.52%；实际利用外资 3768 万美元，在全国各国家级开发区中位居前列。

表 3-4 广州开发区初期建设阶段节点年份指标评分

年份	总指数	战略谋划力维度	资源整合力维度	贯彻执行力维度
1985 年	40	28	11	1
1992 年	25	7	14	3

① 广州开发区政研室编《广州经济技术开发区建立 30 年发展报告》.

(二) 标志性事件

城市基础设施建设。在初期开发的 6.6 平方公里的土地上基本实现了"七通一平",建成了一批标准厂房和专用厂房,行政管理大楼、海关大楼、电讯大楼、货检场、宾馆、学校、医院、图书馆等一批行政、公共设施基本配套完善。

制定开发区法规条例。坚持"依法治区、立法先行"的原则,推动制定了《广州经济技术开发区条例》等 50 余项法规条例,自 1987 年 2 月 19 日起施行,是全国第一部关于经济功能区的地方性法规,对开发区建设和发展起到了重要的促进作用。自施行以来,该条例已在 1994 年、2003 年、2020 年经过 3 次修订。

开创土地出让制度。1988 年 3 月 21 日,广州经济技术开发区举行了全国首次工业用地使用权有偿出让投标会,拍卖了全国开发区第一块工业用地,在全国率先实行了土地有偿出让制度,开辟了土地使用权转让和成片开发的先河,被各地竞相仿效,最终推动国家从法律层面放开了对土地使用权转让的限制。在这块土地出让之前,全国的工业用地是通过协议的方式来转让的,更早的还有无偿划拨。而更重要的是,从那时开始,一批粤派的房企开始在市场上生根,拉开了房地产行业的发展大潮。很多企业都是在那个时期诞生并且发展起来的①。

招引大批外资项目入驻。建立了全国第一个企业服务中心。充分利用国家赋予"经济技术开发区内的外商投资企业按照 15% 的税率缴纳所得税"等优惠政策,积极开展招商引资。从"短、平、快"项目入手,引进了南洋木材厂、美特容器、中穗制衣等一批投资少、见效快的项目。与此同时,也吸引了一批技术档次高、投资规模大的外商投资项目,特别是以宝洁、安利、箭牌为代表的外商投资项目至今还发挥着龙头带动作用。

首创人才公开选拔招聘。建区初期,广州开发区面向全社会招聘人才,在广州也是首开先河。1985 年 2 月 14 日在《羊城晚报》上刊登了招考招聘人

---

① 【广州文史】广州经济技术开发区首开我国工业用地使用权出让先河 [EB/OL]. (2019-05-06). https://mp.weixin.qq.com/s/9oSYi4G8byEhTDm_t1Xs3A.

才启事，面向社会公开招揽人才。第一批招了大概有100人，这一批人后来被称为"黄埔一期"，他们基本上都成了开发区的业务和行政骨干。半年后，又继续公开招了第二批，史称"黄埔二期"，70多人。公开向社会招聘来的"黄埔一期"和"黄埔二期"，以及后来陆陆续续从外省不同渠道调回来的人，是开发区建区初期建设实务上的真正的主力军。

二、快速发展逻辑阶段（1992—2004年）

（一）发展效率评价

在发展效率评分上，如表3-5所示，广州开发区在快速发展阶段起点年份1992年发展效率分值为25分，到2004年时为93分，总体实现较大幅度增长，表明广州开发区在快速发展阶段的发展效率总体是大幅提升的，其中，在贯彻执行力方面的提升尤为明显。

这一阶段是开发区高速发展阶段，广州开发区主动适应开发区政策调整、我国加入WTO、国家清理整顿开发区等形势，有选择性地强化资金密集与技术密集型产业的发展，从数量规模向质量效益转变，从简单加工向科学技术发展；不断加大科技创新力度，引进了一批科技含量高的项目，形成了化学原料及化学制品制造业、电气机械及器材制造业、有色金属冶炼及压延加工业、汽车及零配件制造业、电子和通信设备制造业、食品饮料制造业六大支柱行业。

表3-5 广州开发区快速发展阶段节点年份指标评分

年份	总指数	战略谋划力维度	资源整合力维度	贯彻执行力维度
1992年	25	7	14	3
2004年	93	32	22	38

（二）标志性事件

全国独创"四区合署"型管理体制。1992年春，邓小平同志南方谈话发表，标志着全国改革开放进入新的历史时期，改革开放呈现新一轮发展高潮。在此背景下，广州经济技术开发区逐步开拓发展空间，先后开发了东区、永和经济区。1998年12月，经国家科委，广州市委、市政府批准，广州高新技术产业区与广州经济技术开发区管理委员会合署办公，实行一个机构、两块牌子。2000年《广州城市建设总体战略概念规划纲要》确定了广州"南拓、北优、东进、西联"的城市空间发展战略，同年4月27日，国务院批准设立广州出口加工区，面积2.0平方公里，11月7日，广州市机构编制委员会批准成立广州出口加工区管理委员会，与广州经济技术开发区管理委员会、广州高新技术产业开发区管理委员会合署办公，实行一套人马，三块牌子的管理体制①。2001年，广州市政府明确广州经济技术开发区参照广州科学城的开发建设模式，负责对位于海珠区的广州国际生物岛（原名"官洲岛"）进行开发建设。2002年，广州市委、市政府决定将广州保税区党委、管委会并入广州经济技术开发区党委、管委会。至此，广州市形成了全国唯一的国家级经济功能区"四区合一"管理体制，即四块牌子（广州经济技术开发区、广州高新技术产业开发区、广州出口加工区、广州保税区），一套人马，覆盖四个区域。经过磨合，广州开发区不同功能区整合的优势得以充分发挥，2002年以后开发区生产总值、工业总产值两项主要经济指标以两年翻一番的速度发展。为发挥开发区在"东进战略"中的带动作用，2003年将原白云区萝岗街、黄埔区夏港街和笔岗社区、天河区玉树社区及黄陂、岭头两个国有农场划归开发区管辖，使开发区实际管辖面积达230余平方公里，实现了除西区外的连片发展。

引进大批跨国企业项目。这一时期，广州开发区成立海外招商代表团多次赴美国、日本、韩国、澳大利亚和新西兰等国家开展海外招商活动，开发区招商的重点转向高、大、新项目，吸引众多国际著名的大财团、大企业、跨国公司到区内投资，外商投资企业已成为推动全区经济发展的中坚力量。如美国德尔福、捷普，澳大利亚的BHP，英国的富斯乐、利高曼，新加坡立邦、益海粮油，日本本田、雅马哈、昭和、索尼、益力多，中国台湾联众钢铁、联顺钢铁、大众电脑、康师傅等。经过多轮的转型发展，部分项目成为

---

① 中共广州市委党史文献研究室.广州开发区实施"五区合一"管理新体制［EB/OL］. (2012-09-11). http://www.gzsqw.org.cn/gzsq_276/gzsq/gzcx/201209/t20120911_3379.html.

开发区的产值和税源大户，为广州开发区成为省市经济发展龙头打下了坚实基础。

开创精简高效管理机制。1993年，广州经济技术开发区将开发区党委、管委会的20个工作部门整合为8个，编制由368名调整为241名，在全国率先建立起大部门管理体制[①]。本次改革捏合了党政"两张皮"，促进中心工作形成合力；同时，强化部门的综合功能，将一系列职能相关的机构进行"同类项合并"，精简了机构和人员，提高了效率。1993年广州开发区的机构改革体现出的"党政机构有机结合""以精简、统一、效能原则定机构、定岗位""突出以经济建设为中心"的特点，至今仍深刻影响着广州开发区、广州市黄埔区的发展理念和行政管理体制，也为全国其他经济技术开发区所广泛借鉴。

三、转型升级逻辑阶段（2004—2014年）

（一）发展效率评价

在发展效率评分上，如表3-6所示，广州开发区在转型升级阶段起点年份2004年发展效率分值为93分，到2014年时为152分，总体实现较大幅度增长，表明广州开发区在转型升级阶段的发展效率总体是大幅提升的，其中，在战略谋划力方面的提升尤为明显。

这一阶段是开发区转型升级发展阶段，广州开发区在前二十年发展的基础上，紧紧抓住经济全球化的机遇，按照国家关于开发区"三为主、二致力、一促进"的发展方针，着力优化宜业宜居环境，提升自主创新能力，吸引了一大批创新项目和高端人才来区落户和创业，增强了区域经济发展后劲。这一时期，广州开发区依托行政区进一步拓展了开发区发展空间，重点构建了广州科学城、广州知识城、广州国际生物岛这三大战略性发展平台，并以"两城一岛"为核心加快创新驱动，推动产业转型升级，着力集聚高端项目、人才、技术、资金等创新要素，与高校、科研院所、跨国公司等机构开展创新合作，注重发展新一代信息技术、新材料、新能源、生物医药、生命健康

[①]【广州文史】广州经济技术开发区在全国开发区中率先建立大部门管理体制［EB/OL］.（2019-05-08）.https：//mp.weixin.qq.com/s/Wx9LbzNMVOwabFcj71uuVw.

等战略性新兴产业,引进和培育了一大批创新型科技企业。

表3-6 广州开发区转型升级阶段节点年份指标评分

年份	总指数	战略谋划力维度	资源整合力维度	贯彻执行力维度
2004年	93	32	22	38
2014年	152	56	39	57

(二)标志性事件

首创行政区与功能区融合互动发展模式。2005年,随着片区开发,科学城项目逐个落地,开发区再次推动行政区划调整,以广州开发区为原点,整合周边农村地区成立行政区萝岗区。广州市萝岗区与广州经济技术开发区、广州高新技术产业开发区、广州出口加工区、广州保税区合署办公,实行一套人马,五块牌子,这属全国首创。开发区和行政区采用一套领导班子,实行"统一领导,各有侧重,优势互补,协调发展"的新体制。2014年1月,国务院同意撤销广州市黄埔区、萝岗区,以原黄埔区、萝岗区的行政区域为新的黄埔区的行政区域。如今的广州开发区、黄埔区,是行政区与功能区融合发展的区域,这也使得它相比于一般的行政区,有了更强的制度性加持。

构建国际创新合作平台。广州开发区充分利用自身对外开放优势,引入国际优质资源,大力开展国际研发合作,构建了一批国际创新合作平台,成为中欧区域政策合作试点地区、中以高技术产业合作重点区域、中新知识产权合作示范区等国际合作区域,成功设立广州知识产权法院,为抢占未来知识经济的制高点打下了坚实的基础。

坚持打造国际一流营商环境。广州开发区以执行力建设为核心,积极借鉴现代企业管理的方法,导入国际化的ISO9001质量管理体系、2008版质量管理体系和ISO14000环境质量管理体系,建立了涉及68个单位、1779个岗位的695项政务工作规范,优化了办事程序,提高了办事效率。在全市率先推行"无费区"试点,取消了大部分行政事业性收费,大大降低了企业运作成本。大力推行模块化管理,在全区88个单位建立1817项工作模块。大力推进行政审批制度改革,持续合理压缩对外办事承诺时限。

四、高质量发展逻辑阶段（2014年至今）

（一）发展效率评价

在发展效率评分上，广州开发区在转型升级阶段起点年份2012年发展效率分值为150分，到2022年时为251分（见表3-7），表明广州开发区在高质量发展阶段的发展效率总体是大幅提升的，其中，在贯彻执行力方面的提升尤为明显，在战略谋划力方面还有较大提升空间。

这一阶段是开发区高质量发展阶段，早在2014年时，开发区的GDP首次出现个位数增长，增速为7.54%，到了2016年，开发区经济增速降至6%，已经低于全国、全省、全市平均水平。之后开发区陆续出台了"金镶玉"政策组合以及"风投10条""技改10条""区块链10条"、《现代航运服务业发展办法》《绿色低碳发展办法》《IAB产业发展实施意见》等专项扶持政策，形成了具有全国影响力的政策体系[①]，2017年开发区生产总值增长回升为6.6%，前三季度更是同比增长7.6%。这一时期，广州开发区由产城融合向"创新城区"跃升，致力于打造世界级创新城区和全球创新网络核心节点。当前，广州开发区正加快把中新广州知识城、广州科学城、广州海丝城、广州国际生物岛这"三城一岛"建设成为广州产业发展的增长极，打造东部中心"现代活力核"。中新广州知识城要在中新"全方位高质量的前瞻性伙伴关系"上作出新示范，广州科学城要在"制造业当家"上扛起新担当，广州海丝城要在服务国家共建"一带一路"倡议上展现新作为，广州国际生物岛要在广州"建设全球生物医药创新与产业发展高地"征程中贡献新力量。广州开发区将通过进一步强化空间互融、优势互补、产业互联，挺起高质量发展的产业脊梁。2022年，广州开发区地区生产总值达到3645.13亿元，占全市地区生产总值的12.64%；工业总产值达到6577.04亿元，占全市工业总产值的25.78%；进出口总额达到370.24亿美元，占全市进出口总额的22.82%。实际利用外资294563万美元，2022年，广州开发区各项指标继续保持位居全

---

① 开发区如何营造创新城区+营商环境招商策略［EB/OL］.（2022-06-08）.https://mp.weixin.qq.com/s/D9k9_adf266Ezzi3eZbUfQ.

国开发区前列的优势。2023年，广州开发区在商务部组织的国家级经济技术开发区综合发展水平考核评价中已持续6年蝉联全国第2，连续7年上榜全国三甲，实际使用外资连续3年居全国榜首。

表3-7　广州开发区高质量发展阶段节点年份指标评分

年份	总指数	战略谋划力维度	资源整合力维度	贯彻执行力维度
2015年	150	54	43	43
2022年	251	69	82	100

（二）标志性事件

大力推进行政审批制度改革。2013年，广州开发区行政审批、备案事项总精简率超过50%，有146个行政许可项目的新承诺办理时限，比法定办理时限缩短968天，平均压缩6.63天。政务服务中心实行"一站式""一条龙"的服务，现已入驻31个审批部门，开设95个服务窗口，对外受理531项行政审批备案事项；行政许可事项进驻率达94.2%；平均办理时限不到10个工作日，其中195项的承诺办结时限低于法定时限。全面推进"网上服务大厅"的建设，实现让企业和群众"足不出户"可网上办理的目标，已实现534项事项可网上办理。

全力争创国家营商环境改革创新实验区。"十三五"期间，为应对经济增速放缓的趋势，广州开发区先后出台了"金镶玉"系列政策，即四个"黄金10条"、两个"美玉10条"与"IAB主导产业政策""风投10条""区块链10条""文创10条""民营及中小企业18条"等一系列产业扶持和人才引进政策，引领全国产业政策风潮，打造优质的营商环境。2017年12月出台《广州市黄埔区广州开发区营商环境改革创新实施意见》，标志着广州开发区正式启动建设营商环境改革创新实验区建设。2018年1月《营商环境改革创新实施意见》出台，着眼于黄埔特色，提出打造"来了就办、一次搞定"的行政审批品牌，为企业提供更加开放、透明、规范的经营环境，着力建设一个态度很好、速度很快、温度很暖的开发区。2018年6月，广东省委深改委正式批复广州开发区建设"广东省营商环境改革创新实验区"。2020年3月，《广

州市黄埔区 广州开发区 广州高新区营商环境改革创新促进办法》和《广州市黄埔区 广州开发区 广州高新区进一步深化营商环境改革创新若干措施》的出台，既从宏观层面、内部机制为全区优化营商环境提供更有力的保障和支撑，更对标国际先进水平，从商事登记、工程建设项目审批等16个方面提出99项营商环境改革创新具体举措。2022年6月，广州开发区出台《广州市黄埔区 广州开发区服务市场主体进一步打造国际一流营商环境行动方案》，启动"营商环境改革5.0"。"营商环境改革5.0"以"服务市场主体"为主线，围绕指标提升、市场环境、国际环境、法治环境、政务环境、"硬环境"6大方面23个领域，提出了125条改革举措。

开启招商4.0时代。从2017年开始，广州开发区开启了招商4.0时代，改变了以往"捡到篮子就是菜"的方式，打造了一种集人才、技术、产业、市场、资本于一体的集成式招商，强化以产业引领、龙头带动、环境支撑，通过招商引资形成开放型的经济体系。推出了IAB产业招商、全球招商、以资引资等招商组合策略，其中一个值得关注的招商策略便是"招商以招人为主"，即聚焦战略科学家、企业家、产业领军人才和团队，以一批处于"金字塔"顶端的人才影响力，强化区域投资"引力波"，同时注重引才配套政策。2017年，该区项目引进创造了历史最好成绩。项目数量创新高，洽谈重大项目超过600个，签约引进102个，总投资超过2000亿元，产出超百亿项目15个。项目质量创新高，乐金8.5代OLED、通用电气（GE）生物科技园、粤芯芯片等重大高端项目动工建设。龙头项目引进创新高，集聚空中互联网等千亿级旗舰型项目，引进广发证券、广发期货和广州农商行总部，实现金融总部零的突破。

人才服务企业化。2017年8月，广州开发区成立人才工作集团将人才服务进行企业化运作，打通服务人才的"最后一公里"，为人才提供全链条、一揽子服务，着力解决引进人才的后顾之忧。该集团不仅为引进的人才提供便利的生活设施，还将服务的范围扩大到了人才家属。人才集团根据人才宜居宜业的现实需要，分拆为人才引进、人才发展创业、人才投资、人才教育、人才公寓五大工作板块，并在集团下陆续成立相应子公司。2018年8月，黄埔区、广州开发区建成的全国首家高端人才养老公寓开始接受申请，申请成功后，区内高层次人才的父母可拎包入住。除了人才养老公寓之外，广州开发区的人才政策还包括解决人才父母的医疗问题、孩子的教育问题等。这种"上管老下管小"的人才服务品牌属于全国首创，支持力度也是全国之最，致力于打造海内外高层次人才创新创业的首选之地。

中新广州知识城快速发展。2018年11月，中新广州知识城正式成功升级为中国与新加坡国家级双边合作项目，双方将积极拓展在科技创新、高端制造业、人工智能、知识产权保护、智慧城市建设、城市管理升级等领域的合作。2020年8月，国务院批复同意《中新广州知识城总体发展规划（2020—2035年）》，赋予中新广州知识城建设"知识创造新高地、国际人才自由港、湾区创新策源地、开放合作示范区"的国家使命，中新广州知识城迎来了共建"一带一路"倡议、粤港澳大湾区建设、国家级双边合作项目等多重战略机遇。2021年12月，《中新广州知识城"十四五"发展规划（2021—2025年）》公布实施，知识城空间版图再次扩容，总面积232平方千米。广州开发区以知识城、科学城、黄埔港、生物岛四大产业集聚区为支撑，构建粤港澳大湾区"四区四中心"的平台架构，同时推动穗港智造特别合作区、穗港科技合作园"一区一园"的建设，不断提升产业集聚集群水平。

构建"四梁八柱"新兴产业框架。近年来，广州开发区积极培育壮大新兴产业，布局建设未来产业，新兴产业与传统产业互融互促，形成了推动高质量发展合力。目前全区已构建中新广州知识城、广州科学城、海丝城、广州国际生物岛"三城一岛"产业空间布局，形成了以汽车、新型显示、绿色能源、新材料、美妆大健康为代表的五大千亿级产业集群，以高端装备、生物医药、集成电路为代表的三大百亿级产业，建起了"四梁八柱"新兴产业框架，"万亿制造"产业格局初步形成[①]。2023年，广州开发区生产总值、工业增加值分别达3762亿元、1759亿元，广州开发区、黄埔区拥有工业企业7174家，其中规上工业企业1325家，广州开发区、黄埔区先进制造业产值占规上工业总产值比重近60%，高技术制造业产值贡献率达26.7%，高技术制

---

① 广州开发区新质生产力一线观察｜谋新求质，奏响"万亿制造"进行曲［EB/OL］．（2024-05-29）．http：//www.hp.gov.cn/xwzx/zwyw/content/post_9676335.html.

造业投资增长1.1倍,高端化智能化绿色化转型加速推进,全社会研发投入强度达到6.65%,工业综合实力排名全国工业百强区第二位,科技创新能力位居全国开发区首位。

创建"中小企业能办大事"创新示范区。广州开发区先行先试创建"中小企业能办大事"创新示范区,制定实施"专精特新10条"等惠企政策,助力中小企业破解用地、人才、融资、创新等难题,推动全区超4万家中小企业蓬勃发展。截至2023年10月,广州开发区、黄埔区集聚中小企业4.8万余家,跻身国家级"专精特新"小巨人的企业119家,约占广州市一半;省级"专精特新"企业1092家,占广州市企业的30.5%;制造业单项冠军18家,占广州市的75%。7家企业入选"胡润2023年全球独角兽榜",总数排名广州市第一。

创建国家级知识产权强国建设示范园区。在知识产权保护方面,黄埔区、广州开发区已经建立了一套由平台、规划、载体、政策、宣传构成的完整生态①。2014年12月,广州开发区成立国家、省、市、区联合共建的知识产权交易平台——广州知识产权交易中心,为技术及知识产权交易提供全链条服务。与此同时,广州知识产权法院正式挂牌成立,作为全国首批成立的三家知识产权法院之一,广州知识产权法院在解决辖区内知识产权纠纷的认定、赔偿等方面已成为主导力量。2020年,广州开发区相继出台《广州市黄埔区 广州开发区 广州高新区进一步加强知识产权运用和保护促进办法》《广州市黄埔区 广州开发区 广州高新区知识产权专项资金扶持和管理办法》等知识产权政策,构建起覆盖范围最广、生态系统最优、资助力度最大的知识产权扶持政策体系②。同时,为进一步激发科技企业知识产权创造新动能,引领产业高质量发展,广州开发区全力打造知识产权服务新高地,在中新广州知识城高标准规划建设总投资超90亿元、占地420亩的知识产权服务园区。2022年4月,黄埔区、广州开发区揭牌成立全省唯一的中新广州知识城国际知识产权

---

① 从改革闯将到创新引擎:广州开发区的蝶变密码[EB/OL].(2018-12-01). https://static.nfapp.southcn.com/content/2008/2/01/c1716526.html.

② 广州开发区获批国家级知识产权强国建设示范园区 为广东唯一"上榜"经开区![EB/OL].(2022-09-05). https://www.hp.gov.cn/gzjglqzfghwhgzbm/kfqzscqj/xxgk/content/post_8549861.html.

服务大厅，包括法国诺华技术股份有限公司、新加坡盛凯知识产权公司、马来西亚联蔚宾大斯专利事务所等在内的首批11家国际知识产权服务机构已集中进驻。2019—2021年，广州开发区知识产权综合改革财政资金投入超4亿元，资助企业达4638家次，资助知识产权项目29833项，资助金额约2.5亿元，有力支撑园区产业创新发展。连续三年，广州开发区科技创新实力稳居全国经开区第一。2022年8月，国家知识产权局确定广州开发区等22个园区为国家级知识产权强国建设示范园区，广州开发区成为广东省唯一入选的经济技术开发区。2022年1—7月，全区专利授权量14769件，位列全市第一，其中发明专利3698件，同比增长12.8%；PCT国际专利申请量471件，同样位居全市首位。更值得关注的是，在第23届中国专利奖评选中，广州开发区企业斩获40项奖项，其中金、银奖各2项，获奖总数创历史新高。

积极推进进口贸易促进创新示范区建设工作。广州开发区商务局根据开发区高科技产业定位，推出创新性工作举措，通过政策创新、服务创新、模式创新，推动贸易与产业相互促进，为解决关键技术"卡脖子"问题创造新机会，带动产业升级，打造本土品牌，推动国产出口，以高水平开放促进高质量发展，取得一批新成效、新突破。截至2023年底，广州开发区进口贸易占全市进口贸易近三成，进出口总额在全国经开区中排名第六，引领示范作用获得中央各部门认可。

成为广州东部中心核心城区。2024年，《广州东部中心总体规划》将黄埔与增城连接区域896平方公里规划为东部中心。东部中心作为活力创新轴上的重要一环北联知识城，南联狮子洋规划形成"一带四轴，双城三片"的总体空间结构，加速形成现代产业体系核心聚集地，打造挺起城市发展的产业硬支撑、担当高质量发展动力源的"新广州"。

城市更新支撑开发区实现高质量发展目标。广州开发区城市更新强调要精细化，产城融合与质量速度并重。广州开发区前期对区域的三大片区做了详细的规划，黄埔港片区着重推进低端低效物业和城中村改造，科学城片区则坚持以产城融合为导向，而知识城片区是保障产业园区、创新园区连片整体开发和农村集体经济发展。围绕这三个片区，广州开发区实施了一系列保障支持措施。一是设立城市更新局，负责统筹全区城市更新工作，负责全区城市更新项目的指导、审批、督办、协调;二是设立城市更新基金,利用总规模2000亿元的广州城市更新基金,为城市更新项目提供资金支持;三是提出首开先建,设立"首开先建"规划建设方案专章,要求复建安置区、公服设施、政府产业用房最先完成建设,保证搬迁的居民在尽可能快的时间里实现回迁;四是建立项目储备库,把城市更新前期项目纳入城市更新项目储备库进行动态管理,并定期下达前期项目计划。

专栏3-1:广州开发区新质生产力成绩单①(数据截至2024年5月)

1. 在全球超1400家独角兽企业中,黄埔入选7家,入选企业数全市第一,占全市29.2%,数量与日本、瑞士相当。

2. 科技型中小企业超4300家,高新技术企业超2800家,数量居全市第一,其中千亿级高企1家、百亿级高企7家,上市高企达到54家,数量均居全市第一;认定瞪羚(含培育)企业超过600家,创历史新高。

3. 118家企业跻身国家级专精特新"小巨人",占广州市的一半;省级专精特新企业1605家,占全市27.4%;仅去年一年,新增省级单项冠军31家,占全市50%。

4. 广州的18家科创板公司中,黄埔区数量占比超过一半,包括安凯微、洁特生物在内的15家A股公司是国家级专精特新"小巨人"企业。

5. 建成科技企业孵化器108家,孵化载体总面积近500万平方米,其中国家级孵化器总数达27家,全省第一。

6. 在广州开发区的A股公司中,有27家属于战略性新兴产业,占其A股公司的比例接近一半,战新企业比例远超A股平均水平。

7. 聚集生物医药企业超4000家,其中上市企业18家,占全市75%。

8. 拥有粤港澳大湾区最完整的产业链,上下游企业超120家,占广州90%以上,初步奠定了由芯片设计、晶圆制造、芯片封装和集成电路测试四个主要环节及支撑配套产业构成的格局。

9. 2023年,新能源汽车产量就达9.2万辆,同比增长618.8%,预计2024年的新能源汽车产量将提升至17万辆。

10. 近1/3的化妆品生产企业通过高新企业认定;约1/10的化妆品生产企业年研发投入超1亿元。

---

① 广州开发区新质生产力一线观察丨谋新求质,奏响"万亿制造"进行曲[EB/OL].(2024-05-29).http://www.hp.gov.cn/xwzx/zwyw/tpyw/content/post_9676335.html.

第四章 战略谋划力：广州开发区思想与制度创新

第一节 广州开发区战略谋划力的评价结果

一、广州开发区战略谋划力评价指标

广州开发区发展效率战略谋划力维度评价指数包含了综合发展效率、综合产业经济效率和区域带动效率等3项二级指标和14项三级指标，如表4-1所示。

表4-1 广州开发区战略谋划力评价指标表

一级指标	二级指标	三级指标	2022年
战略谋划力维度	综合发展效率	实际利用外资（万美元）	294563
		实际利用外资增速（%）	11.32
		进出口总额（万美元）	3702369
		进出口总额增速（%）	-13.45
	综合产业经济效率	地区生产总值（万元）	36451300
		地区生产总值增速（%）	3.99
		工业总产值（万元）	65770390
		工业总产值增速（%）	-0.47
		财政收入（亿元）	1259.11
		税收收入（亿元）	942.49

续 表

一级指标	二级指标	三级指标	2022年
战略谋划力维度	区域带动效率	开发区工业总产值占所在地级市工业总产值比重（%）	25.78
		开发区进出口总额占所在地级市总额比重（%）	22.82
		开发区地区生产总值占所在地级市地区生产总值比重（%）	12.64
		期末全区从业人数（人）	736320

二、广州开发区战略谋划力评价结果与分析

表4-2展示了广州开发区战略谋划力维度的评价结果。

本次从综合发展、产业经济和区域带动等三个角度对广州开发区战略谋划力进行评价，从评价结果得出如下结论。

40年来，广州开发区在城市空间拓展、长期战略规划、产业结构演进等方面取得了举世瞩目的历史成就。如在空间扩展方面，积极推进广州东进城市空间发展战略，广州开发区由9.6平方公里，逐步发展到如今的484.17平方公里。

综合发展效率上，40年发展历程中，广州开发区战略谋划力维度总体得分呈增长态势，表明40年来广州开发区的综合发展效率总体上一直呈稳步提升态势，其中，2014—2022年的综合发展效率提升最为迅猛，2022年广州开发区的实际利用外资和进出口总额都达到历年最高值。

产业经济效率上，40年发展历程中，广州开发区产业经济发展效率总体呈增长态势，表明40年来广州开发区的产业经济效率总体上一直呈稳步提升态势，其中，2014—2022年的产业经济效率提升最为迅猛，2022年广州开发区的地区生产总值、工业总产值、财政收入和税收收入都达到历年最高值。

区域带动效率上，从数据结果得出广州开发区40年来的区域带动效率总体上一直呈增强态势，其中，1992—2004年的区域带动效率提升最为迅猛，表明广州开发区在邓小平南方谈话之后11年的发展对广州市的经济支撑及开发区周边区域带动作用最为显著。40年来，广州开发区经济持续快速增长，对广州市经济发展起到重要的拉动作用，成为支撑全市经济快速发展的重要增长极。

表 4-2 广州开发区战略谋划力维度评价结果

年份	总指数	战略谋划力维度
1985	40	28
1992	25	7
1993	27	11
2004	93	32
2005	112	33
2014	152	56
2015	150	54
2022	251	69

第二节 战略谋划力是广州开发区发展效率的基础

战略谋划力是开发区成功的基础，因为没有明确的发展方向和愿景，就很难实现高质量发展。战略谋划力在经济学中体现为对区域发展潜力的识别与规划，强调以市场导向为基础，制定符合比较优势的产业发展策略。这意味着在开发区规划过程中，政府和企业需要分析全球产业趋势、技术演进路径以及市场需求变化，从而确定核心竞争力和差异化发展路线。

广州开发区首先是广州市的开发区，只有开发区改革创新，全市发展才有标杆与参照系，广州市寄予开发区很大的希望。开发区发展空间不断拓展，成为全市经济发展的增长极。广州开发区始终坚持"整体规划、分片开发、成熟一片、见效一片、滚动发展"，从港前工业区1平方公里起步，集中力量建成了第一个工业组团，80年代末，基本完成西区的开发建设；90年代初，相继开辟东区和永和经济区；2002年，率先实现经济技术开发区、高新区、出口加工区、保税区"四区合署"，总面积扩大到78.92平方公里；2005年，依托广州开发区成立萝岗区，面积达到393平方公里。2014年1月25日，国务院同意撤销广州市黄埔区、萝岗区，设立新的广州市黄埔区，以原黄埔区、萝岗区的行政区域划归新的黄埔区的行政区域。2015年9月1日，新黄埔区正式挂牌成立。2023年，全区下辖16个街道及1个镇，面积达到484.17平方公里。

广州开发区空间演变本质上是社会、经济、政治、文化等要素的运动过程在空间上的反映，与经济发展有着紧密的对应关系，依照经济发展的轨迹，广州开发区地域空间演变经历了3个阶段。

一、依托广州，服务广州

广州开发区自建立初始，便坚持"逐步开发，分片建设"的原则，工业生产稳定增长。初期开发建设主要集中在西区，分4个工业小区逐步开发，即港前、北围、东基、西基工业区等，首期开发2.6平方公里，起步区为1.5平方公里。工业发展的同时，建成了一批为工业生产和生活服务配套的管理设施和商业、服务设施，从而实现紧凑发展，收到了"开发一片、建成一片、收益一片"的效果。

截止到1991年，西区的9.6平方公里用地基本开发完毕。由于初期资金有限，基础设施的水平相对较低，难以吸引到大型的跨国公司，区内多为劳动密集型和资金密集型产业，主要行业为市场指向性强的食品、饮料、精细化工、金属制品等，投资规模普遍较小。企业和行业受市场的影响较大，抗风险的能力较弱，制约着开发区经济整体发展。开发区内工业生产缓慢增长，从业人数随工业的增长不断增加，但总量不多，增长速度慢，整体人口素质不高，通勤人口大量存在。

总体来说，这个阶段开发区的重点建设集中在工业区，呈现出单一的工业生产区的性质，工业用地占绝对比重，以劳动密集型产业为主，中小企业居多，处于起步开发的阶段，不具备一般意义的城市功能。

该阶段开发区空间形态表现为点状内聚生成的特征，呈紧凑的小团块状。由于地理条件的限制，开发区西南、东南和北部分别以珠江、东江和横滘河为界，被河流所包围，具有明显的地理界线，这造成了开发区初期与周边区域联系较少，呈"孤岛"状的孤立发展状态。

二、开发区跨越式发展

20世纪90年代初,我国的经济发展和对外开放进入了一个新的历史时期,广州开发区作为外商投资的重点地区得到了快速发展,空间也开始迅速扩展。经过前一阶段的土地开发和招商引资,原来9.6平方公里的土地基本用完,为了满足工业项目对用地的需求,开发区开始寻求新的发展空间,在西区东北约3公里、面积为7平方公里的开发区东区和位于增城永和镇的面积为30平方公里的永和经济区相继投入建设。

1992年春天,邓小平同志南方谈话激励了大江南北,全国各地都在加快发展,开发区更不例外。为解决用地不足的问题,广州开发区向国务院申请置换了3平方公里土地,发展成为东区南片。广州市政府于1992年决定将云埔工业区中的4平方公里土地委托广州开发区进行开发管理,发展成为东区北片。1993年,经广州市政府批准,永和经济区(广州市台商投资区)成立,规划面积15.88平方公里。1995年,广东省人民政府批准将东区归为广州开发区全面管理,东区总规划面积7平方公里。

到1998年,定位为发展高科技制造业和高新技术产业,规划面积为44.87平方公里的科学城开始启动。随着外资大规模进入国内,开发区引进的企业从规模、层次、技术水平等方面都有了很大的提高。区内工业生产向产业化、规模化的方向转变,大型跨国公司开始进驻,企业的平均投资规模逐渐增大,形成了几个产业群,工业类型从劳动密集型向资金、技术密集型转变,重工业的比重逐渐加大。

纵观整个20世纪90年代,由于广州市土地稀缺和对使用容量的预见性不够,开发区用地分散,形成了一个"串珠状"的空间形态,在行政区上也涉及天河、白云、黄埔、增城,这在一定程度上制约了开发区的发展。首先,缺乏统一建设策略,各区都提出了自己的建设概念,使得其综合优势没有发挥出来;其次,各区在地域上的不连续性,使其规模效益无法体现,尤其在基础设施建设方面表现突出,每个区的基础设施都要从零开始,使开发区建设的边际成本高居不下①。

这一阶段，开发区空间形态主要是依托西区，向北、东北和西北等方向扩张，依靠主要的交通干道相联系，整个开发区在空间上呈现出一个"串珠状"跨越式发展态势。

三、产城融合、创新驱动

进入21世纪以后，面对不断变化的外部条件和开发区本身的内在需求，开发区在空间上也开始不断融合和集中。特别是国家对开发区提出了"三为主、二致力、一促进"的新要求，即"以提高吸引外资质量为主，以发展现代制造业为主，以优化出口结构为主；致力于发展高新技术产业，致力于发展高附加值服务业；促进国家级经济技术开发区向多功能综合型园区转变"。结合国家对开发区的新定位，广州开发区认识到，建区以来通过引进国外资金、技术等要素发展外向型经济，固然可以使区域经济在较短时间内实现跨越式发展，但如果仅仅依靠对外技术引进，而不进行自主创新，那么园区发展永远不会获得可持续的技术能力，从而无法实现赶超。2012年9月，时任广州开发区党工委书记、管委会主任、萝岗区委书记的骆蔚峰同志，在中共广州开发区党工委2012年第二次工作会议暨中共广州市萝岗区委二届三次全会报告中，明确提出了"产城融合、创新驱动"的发展思路。

1998年，根据广州市的重大决策，广州经济技术开发区与广州高新区合署办公，从此引领广州开发区真正走向自主创新发展的道路。同年12月，作为广州高新区主要园区的广州科学城奠基，总体规划面积37.47平方公里，规划定位为以高科技制造业为基础，推动科学技术研究和开发应用；以形成科学研究综合体为目标，培育科技创新环境，促进广州市产业结构协调发展；具有高质量的自然生态环境、完善的城市基础设施、高效率的投资软环境的产、学、研、住、商一体化的多功能现代新型城区。园区分为六大区域，即中央研发孵化区、电子信息产业区、生物医药区、新材料产业区、环保和其他产业区、生态保护区。

---

① 李郇. 新型城区——广州经济技术开发区与高新技术开发区建设探讨 [J].热带地理, 2001, 21 (1)：11-15.

根据上述定位和规划，科学城陆续建成了 100 万平方米的企业孵化器以及 100 万平方米的科技企业加速器、100 万平方米的公共技术服务平台和 100 万平方米的生活配套设施；同时，打造了电子信息、生物、新材料、工业设计、音乐创意等 10 个国家级产业基地。依托广州科学城的发展，广州开发区还被评为首批国家级创新园区、国家海外高层次人才创新创业基地。这些载体和园区的建设，为开发区引进高科技项目奠定了良好的载体基础。

通过行政区划调整的手段将周围的村镇纳入到开发区统一管理，也使开发区由一个工业园区变成了包含大量农村和各种地域形态的综合区。这一时期开发区开发重点从量的快速提高向质的完善的发展阶段转变。区内经济发展既快速又稳定，土地开发也日益集约化，引进外资与内资并举，重工业和轻工业并存，高技术企业迅速增多，工业的增长速度稳步上升，企业的入区门槛提高，基础设施逐渐完善，各种公共配套服务设施有了很大的改善，第三产业不断发展壮大，生产生活服务配套设施逐步增多，服务半径增大、区级的大型服务设施开始兴建。开发区的定位从工业区向综合性的新城区转变，城市的功能开始转型，逐渐从注入式经济增长向自我协调式经济发展的轨道过渡，整个开发区进入综合优化阶段。

2005 年 4 月 28 日，经国务院批准，以广州开发区为依托成立广州市萝岗区，总面积 393 平方公里。萝岗行政区的设立，是实施广州"东进"战略的重要举措，也意味着这一区域将由功能相对单一的产业区向功能复合的城区转型。依托广州开发区强大的产业基础和发展能力，增强城市服务功能和产业服务功能，建设广州东部城市副中心，萝岗区将成为广州实施"东进"战略的核心主体和整合广州东部各种发展力量的重要平台。

从发展的历史角度观察，"产城融合"是开发区发展到一定阶段的必然结果，而"创新驱动"更是开发区发展到现阶段的根本要求，"产城融合、创新驱动"是广州开发区进入新的发展时期的重要战略选择。

改革开放以来，开发区以工业为主导的经济发展取得了巨大成就，成为所在城市的经济增长极。随着工业的深入发展，"孤岛"式园区开发模式所带来的问题便显露出来。广州开发区的建设者在实践中认识到，"产城融合、创新驱动"体现了区域产业空间与城市功能空间融合发展的内在要求，是开发区发展到一定阶段后的必然选择。开发区要实现健康持续发展，必须抛弃产业区与城市功能区相对分离的布局模式，坚定地走产城融合发展之路，打破"孤岛"格局，以产业的集聚发展实现人口的集中，以城市的服务功能为产业发展和人口集中创造条件，从而形成复合多元的产城综合型功能区。

四、支撑城市发展战略，持续优化空间结构

在广州开发区近年来的发展实践中，"创新城区"概念被广泛采纳到政府工作报告以及各类规划中，成为广州开发区发展的重要理念引领。

近些年的广州开发区政府工作报告中频繁将建设创新城区作为发展目标。例如2018年的政府工作报告提出了"完善城市功能，提升城市形态，建设国际化智慧创新城区"，2021年的政府工作报告提出了"城市功能加快升级，城市内涵更加丰富，全面建成粤港澳大湾区多元文化交流示范区、国际化创新城区"等[①]。

在广州开发区近年来的各类规划中也频繁提出建设创新城区。2021年，《黄埔区、广州开发区国民经济和社会发展第十四个五年规划和2035年远景目标纲要》提出"完善现代城市功能，打造高水平国际化创新城区"的发展目标，包括促进城市交通均衡协调发展、打造城市有机更新引擎样板、塑造人文活力城市新名片、推动城乡融合和乡村振兴四项策略。2021年8月，广州开发区组织开展了"决胜城市化下半场——广州开发区创新城区高质量发展战略研究"，提出建设成为"世界一流的国际化、智慧化、生态化创新城区"的战略定位[②]。李耀尧等在广州开发区实践的一线干部总结广州开发区从单一功能区到"两区"融合发展的历程，提出创新城区是新时代（广州）开发区发展的全新坐标指向（李耀尧等，2018）。

广州开发区自三次创业以来的空间演变呈现从产业园区向创新城区转型升级的态势，在广州科学城——萝岗新城，科技创新与城市服务相伴成片、融合发展，形成连片创新城区，契合布鲁斯·凯茨（Bruce Katz）等提出的第

[①] 广州开发区管委会、黄埔区人民政府，《2018年广州开发区、黄埔区政府工作报告》《2021年广州开发区、黄埔区政府工作报告》。

[②] 广州开发区政策研究室，决胜城市化下半场——广州开发区创新城区高质量发展战略研究，2022.

三种创新城区（Urbanized Science Park）的基本特征。

在广州城市"东进"战略下，广州于2005年在广州开发区基础上设立萝岗区，广州开发区开启三次创业。以此为开端，广州开发区的区位条件从园区区位（东部产业组团）向城区区位（六个城市副中心之一、两个新城区之一、纳入主城区）嬗变，是推动产城融合从园区向城区转型升级的区位基础。

广州开发区自三次创业以来，一方面，延续工业园区、科技园区的空间发展路径，另一方面，持续地补强城市功能，形成了工业园区、科技园区与城市片区协同发展的空间格局，呈现从产业园区向创新城区转型升级的态势。

2021年12月，中央经济工作会议提出"扩大高水平对外开放，推动制度型开放"。当前，探索"制度型开放"已经来到了极其重要的时间节点。广州作为古老的海上丝绸之路的起点地和21世纪"海上丝绸之路"的重要枢纽，在共建"一带一路"倡议中占据着举足轻重的地位。广州不仅有着完善发达的服务体系，而且对外开放程度更高，这决定了广州能成为对外开放及贸易往来的"桥头堡"。广州开发区一直是我国对外开放的先行者和受益者，新发展格局中，广州开发区有责任也有能力承担起进一步扩大对外开放的时代使命。为此，广州开发区提出要以黄埔港片区为基础，打造更加开放、更具协同、更有品质的"广州海丝城"的战略构想，以期能为践行新时期国家对外开放战略、助推粤港澳大湾区和广州市高质量发展彰显更多的担当。

广州海丝城依托21世纪海上丝绸之路发展战略支点的区位优势，以世界一流的国际化、数字化、共享化新贸易创新中心、新贸易城市和海丝合作之都为战略目标，积极构筑从北到南知识城、科学城和黄埔港"三片区"互动发展格局，提升全球资源配置能力和全要素生产率，形成粤港澳大湾区特色经济价值园协同联动、优势互补的黄埔经济板块坐标，牵引城乡全面融合共生。以十公里黄金岸线为纽带，链接生物岛、长洲岛、黄埔港和西区，构建产业互融、游憩互通、景致互映的滨江商务服务链与新城市客厅。

第三节　思想创新是战略谋划的源泉

经济特区的理论和经验为开发区提供了发展基础,开发区的发展以经济特区为标杆,在学习经济特区发展模式的同时结合自身特点发展了不同功能,这些开发区不仅利用了城市荒废的土地,也激发了开发区开拓发展的潜力,推动了广州开发区的创立发展。

一、聚焦规划开发

重塑开发区精神,再创开发区优势,回归两位数增长的开发区常态,开创高质量发展与高速度增长"双高"同步的新模式。

总结开发区在初创时期的办区理念、规划理念、产业模式、管理理念、服务理念等方面的创新思想,一个理念或口号成为当时的一面旗帜,反映了开发区10大精神中绝大部分精神。广州开发区首先诞生在广州市,这就需要依托母城、服务母城,然后才成为国家的开发区,这是一种历史的必然。而开发区的诞生必须进行良好的规划,虽然当初并没有像今天的长远规划,但仍然在不断探索,力求以超前思维谋划功能布局与产业项目。这种谋划充分考虑当时的实际情况,循序渐进抓好各个产业项目,同时还要坚持依法办区,提升管理与服务、建设投资环境,形成良好的风气,这些思想理念为后来的开发区发展壮大奠定了重要基础。

1. 开发区规划先行——高起点规划、高标准建设、高效能管理

一般来说,发展要先搞规划,再抓建设。先规划后建设再管理,这似乎是建设开发区的一条基本规律。然而,规划、建设与管理并不是谁先谁后的问题,更不是相互排斥的问题,必须同时抓好、同时进行,而且必须具备长远的眼光、较高的水平,这是国家级开发区典型而又独特的发展模式。从产业经济发展的观点来看,开发区是一种典型的产业经济集聚型功能区,其成功与否不仅取决于开发区能否建立独特的产业园区,也取决于开发区是否拥有独特的投资环境,从而获得明显的区域比较优势。这种独特的投资环境从

一开始就必须明确规划思路，具备长远的发展战略眼光，各方面建设发展与管理要求很高。也就是说，开发区发展要实现产业园区化、园区专业化、发展集聚化，开发区本质上是集聚发展模式的典型代表，其现实基础就是抓好规划建设。

（1）高起点规划——开发区运行前提

规划不先行，万事无秩序。所谓"高起点规划"，就是发展之初用较高的标准和要求看待经济与建设规划，并且在实践中不断完善和提升规划，作为建设与发展的权威性、可持续性理念。"高起点规划"不仅包括高起点的经济社会与产业规划，也包括高起点的园区功能规划、道路规划、市政规划与城市建设。新加坡著名的规划大师刘太格博士说过，规划要讲究战略性、长远性，要富于艺术特色，具备超前性发展眼光。新加坡从"第三世界"跃升到"第一世界"，首先离不开其高品质规划，并且能够一以贯之推行。作为中国改革开放的先行者，经济技术开发区和高新技术产业开发区始终站在发展的潮头，要想在有限的开发空间上谋求有效发展，就要在空间资源配置上不断创新，谋求有限空间的最大产出。从发展路径来观察，30年的国家级开发区发展，几乎在规划上都强调"规划先行""几通几平"。从"三通一平"到"七通一平""八通一平"乃至"九通一平"，就是要营造良好的国际化投资环境。

（2）高标准建设——开发区运行途径

所谓高标准建设，就是严格贯彻落实建设法律法规，用一流的建设理念、严密的建设流程、高质的建设成果，推动开发区各类建设工程向高水平、高质量的精品工程看齐。这主要强调"标准建设"，即标准化流程与高质量效果。应该说，建设工作与开发区的成长是同步的，开发区是全新的事业，建设工作更是创新的工作。建设工作不是一个单纯的工程建造工作，它直接关系到我区投资环境质量的高低，关系到全区工业增长速度和两个文明建设。广州开发区从诞生那一天起，建设工作就启动了，从打下第一根桩、建造第一栋厂房开始，建设工作就起步了。可以说，建设工作是整个开发区发展的缩影，在一定程度上浓缩了广州开发区的成长历程。建设工作适应了整个开发区高速发展的需要，满足了投资者生产以及生活的基建需求，树立了开发区的良好形象,在开发区工作全局中,建设工作发挥了应有的作用,作出了应有的贡献。没有建筑业的发展,广州开发区今日的辉煌不可想象,离开了建设工作,开发区的一切都无从谈起,开发区事业的宏伟大厦,离不开建设工作者一砖一瓦的辛勤工作。

(3) 高效能管理——开发区运行灵魂

所谓"高效能管理",就是用科学管理理念进行全面的质量管理,要求突出管理的质量、管理的效果,即强调"科学管理"。所谓科学管理,就是用系统论、控制论、信息论等现代科学方法进行管理。开发区是一项全新的开创性事业,各类管理也要创造性地探索。从系统论的观点来看,广州开发区是由相互作用的指挥系统、执行系统、反馈系统、监督系统等子系统组成,并且是与外界众多系统发生联系的、具有统一功能目的的整体,系统论的原则认为,整体与局部有着复杂的关系和交叉效应,对局部有利的事,对整体并不一定有利。因此,开发区人在分析和解决管理问题时,仅仅重视各个局部的作用是不够的,应该把重点放在整体效应上。

(4) "三高"并行并重——开发区运行特质

所谓"三高"并行并重,就是做到"高起点规划、高标准建设、高效能管理"这"三高"同步。"三高"本质上是有机统一的整体,三者绝不分散分割、不分先后,而是一种同时进行、三位一体的发展模式。一些地方的发展往往能看到,区域规划没有权威,建设没有标准,管理没有效果;规划不到位,建设无方向,管理无效能;光有规划,没有落地,光有建设,没有管理,很多情况存在"规建管"分割、以建代管的弊端。这种现象显然与开发区改革创新与高效要求格格不入,广州开发区30年历史既是持续改进的历史,也是将"三高"纳入统一建设与发展的历史。特别是进入21世纪以来,广州开发区人运用"三高"思维实施城市建设与产业发展,有效地推动建设现代产业体系先导区、适宜居住城市示范区、统筹城乡发展试验区,这是开发区争当全市"首善之区"排头兵,在高科技园区和创新城市、智慧城市建设中勇当先锋、争做贡献的根本之策。

"高起点规划、高标准建设、高效能管理",这是开发区建设发展的核心理念,源自开发区人对专业化园区的正确理解与实际运用。

2. 开发区开发模式——开发一片、建成一片、收益一片

设立开发区国家没有给予资金支持，完全靠国家政策支持，靠开发区人自己去拼搏。摆在开发区人面前的现实问题是，开发建设资金从哪里来，如何获得建设效益，搞建设没有钱可不行，这就要求发展产业，靠产业获得收益，再实现滚动发展。怎样规划建设，如何滚动发展，这是开发区建设者必须认真考虑的发展战略。因为当时开发区开发建设没有资金，所以就必须正确处理好"总体规划与首期开发的关系"，"集中力量抓起步区的开发，量力而行，实事求是，不贪大求快，有计划、有步骤地分期分批进行"。

开发区初期的典型开发模式就是"滚动开发"。所谓滚动开发，就是按照"开发一片、建成一片、收益一片"开发策略，实行土地分期征用，以国内银行借贷资金，开发土地引进项目，取得税收后再开发新土地的开发模式。而"再造型滚动开发"，就是要"从主要依靠国内借贷资金的输血型负债开发，转变到向国外集资和吸引社会消费基金等自我积累、自我发展"的开发建设模式上来。

（1）众志成城勇争先

继经济特区之后，国家首先设立了14个国家级开发区。当时已经有不少国家和地区建立了自己的出口加工区、科学技术开发区、工业园区，不少发达国家有他们的硅谷、硅岛、科学城，并以此为先导，促进了经济的全面起飞。

作为首批14个国家级开发区之一，广州开发区怎样办，建设局面如何打开，广州开发区创区初期的那几年，我国宏观经济总量不平衡，银根要收紧、经济要压缩，国家基本上没有给钱，最初的资金都是依靠借贷，真正由政府划拨的、无偿拨的钱，很少很少。这个来之不易的新生代"开放窗口"，不得不在逆境中蹒跚学步，尽快寻求腾飞的出路，以期向世界证明其存在的价值。

"开发一片、建成一片、收益一片"原则的确定，使得开发区从上至下拧成一股绳，争取各项政策优惠，全力以赴，以满腔的热忱、冲天的干劲、清晰的思路，一次次实现了人们眼中的不可能，成为独特的开发区发展模式。

广州开发区采取"开发一片、建成一片、收益一片"的滚动发展战略，坚持从实际出发，从一无所有，经过7—8年的建设，到每年有那么几亿、十

几亿的财税收入，滚动发展得以实现。从开始依靠国家开发区低息贷款和银行贷款来进行投资环境建设，到依靠自有的财力扩大建设、扩大规模。尽管前期的7—8年是一个艰苦奋斗的阶段，但是，这一阶段是一个初始创业的阶段，它完成了区域发展原始的资本积累，为第二阶段的发展奠定了物质基础，创造了条件。经过7—8年的建设，全区建成了200多家合资或独资企业，尽管这些企业起点水平不高，用现在的眼光来看，基本上是一些粗浅加工的制造企业，都是以港资为主。从20世纪80年代末到20世纪90年代初，广州开发区的财税收入已有十几亿元了，不能小看这十几亿元，现在看来这十几亿元并不多，但正是因为有了第一桶金，不但为西区的投资环境建设提供了物资条件，也为下一步其他区域的扩展创造了条件。

（2）自成一体引领发展

随着时代的发展，"开发一片、建成一片、收益一片"的内涵已逐步形成为开发区前瞻规划、滚动开发、多元投入的开发建设模式。

"开发一片、建成一片、收益一片"要求高标准谋划基础设施建设。在西区、东区等开发建设的基础上，开发区充分吸取道路及市政基础设施反复开挖修补、公共服务设施建成后不适应发展需要等造成资金资源浪费的教训，精心规划设计，按照从容建设、精品发展、百年不落后的原则，以超前理念、先进适用技术（如节能与低碳技术）、优质材料等，高标准、精细化推进科学城、生物岛和知识城的园区道路交通、市政、环保、公共服务等各类基础设施建设，把园区基础设施建设成为经得起历史考验的精品工程。同时，加强资金预算及绩效评估工作，做到投入精打细算、使用厉行节约、结果考核监控和项目效益最优化，减少各类建设项目及管理服务资金投入浪费。

"开发一片、建成一片、收益一片"要求实行分步实施、滚动开发。按照统一规划、分期建设、重点突破的要求，首先规划建设一定范围的起步区，促进产业与人口集聚，并以此为基础，依托起步区开发获取的土地收入和税收，循序推进园区整体开发建设，实现建设发展收益，走"以园建园、以园养园、以园兴园"的滚动建设发展之路。

"开发一片、建成一片、收益一片"还要求多渠道筹集资金。破解园区开发建设的资金瓶颈，着力构建"投资主体多元化、融资方式多样化、运作方式市场化"的新机制,采取"融资运作、经营生财、滚动发展"的策略,通过资本置换、BOT(建设+经营+移交)、TOT(移交+经营+移交)、PPP(公共部门与私人企业合作制)等方式吸收各种社会资本参与园区开发建设,建立健全多个投资主体共同参与的多元投资共建体系。

(3) 创业真经永流传

这一思路体现了开发区渐进发展思维。有序的、渐进的发展,有序的、渐进的调整,克服了激进主义引发的仓促和盲目,从而减少了改革带来的社会成本。"开发一片、建成一片、收益一片"蕴含着渐进式、螺旋式的循环上升势态,即利用前一轮的"收益一片"作为基础,对新开发的区域进行反哺、辐射和带动,完成下一轮的"开发、建成、收益"进程,并在此过程中不断对实践经验去伪存真、日臻完善。开发区在建设发展规模上,在产业结构上,在管理模式上,通过此种模式,已逐步走向成熟。1993年建设规模走向扩张,开发区已经向东区进军,从初期建设的6.6平方公里,扩展到东区的7平方公里,再扩展到永和经济区的15.88平方公里,在投资环境、空间规划、建设发展等多方面都比西区大大提高了一个层次。

这一思路体现了开发区开拓创新的精神。"创新"是改革的灵魂和精髓所在。广州开发区人从争取创区的审批开始,就能力排重难,充满改革和创新的雄心壮志,表现出敏锐的超前意识和敢为天下先的胆识气魄;开发建设时,在市政规划的硬条件上,又能高瞻远瞩、未雨绸缪;在招商引资的软服务上,更能打破常规、自我加压。这种创新的精神和理念始终贯穿在建区40年"开发一片、建成一片、受益一片"的历程中,体现高效的发展理念。

"开发一片、建成一片、受益一片"体现了开发建设的创新理念。1993年东区的开发集中凸显了这一点:当年筹办、当年开工奠基、当年开发、当年引进第一个项目——康师傅公司,当年就实现投产,也只有开发区这样的热土才能创造这样的奇迹。

这一思路体现了开发区科学谋划思路。搞开发区建设,不能光靠一股子激情,而是需要理性思维、科学谋划。假如不是当初开发区主要领导作出这种决策,就很有可能大干快上,大铺摊子,全面开花,资源就不可能用到点子上,形成不了集聚发展能力。在今天看来,"开发一片、建成一片、收益一片"不仅是一种开发思路,更是一种决策价值和时代精神。正是有了这种时代精神,广州开发区才打下了良好的发展基础,为后续的项目引进、产业发展创造了良好的条件,广州开发区今天取得如此重大的发展成果,完全得益于昨天的科学谋划。而广州开发区今天的发展更要继承科学的发展理念,传承好这一宝贵的思想财富。

二、聚焦繁荣持续

经过第一阶段的创建与探索,广州开发区基本建立起了较好的制度框架,完成了开发区前期积累,具备了一定的发展基础,但其目标是要继续扩大总量,特别是要克服国内外发展环境的不利影响,不断发展壮大。

（一）繁荣开发区

20世纪90年代中期,广州开发区人用"繁荣开发区"理念不断激励和鞭策自己,将开发区建设成为珠三角对外开放的示范窗口、外向型经济基地与自主创新基地。

1. 开发区发展的本质

繁荣开发区,不但要有思想高度,更要有实际行动,突出体现在抢抓机遇、加速发展之中。作为首批国家级开发区,广州开发区从一开始就强调大干快上,用快速发展思路和手段,做大做强开发区经济体。这在广州开发区发展中期十分重要,特别是在开发建设东区、永和经济区中尤为突出。新加坡裕廊工业镇就是当时广州开发区借鉴的目标:工业应是以资金密集型和高新技术为主体的产业群体,应配以完善管理为特征的现代化花园式工业园区及具备一流设计理念的社区环境。

繁荣开发区,既要坚持工业立区,体现在强大的经济总量、优化的经济结构方面,又必须大力发展第三产业,使得两个产业互相促进,同时也要发展高新技术产业,以达到开发区繁荣的目标。在20世纪90年代,为了发展开发区、繁荣开发区,广州开发区意识到除了发展工业,还应该主动发展第三产业,克服一脚长、一脚短的弊病,才能从长远上推动开发区的均衡和持续发展,营造更加宜业宜居的招商引资环境,回答"发展是为了什么"的问题。而为了实现开发区的繁荣,还必须大力发展高新技术产业,推动自主创新发展。

1998年，广州经济技术开发区与广州高新技术产业开发区实现合署办公，这标志着发展高科技产业成为重要之举，开启了繁荣开发区的新篇章。开发区的繁荣，不仅要建立在强大的工业经济之上，而且要弥补第三产业的不足，更要以发展高新技术产业作为开发区繁荣的后劲。经济技术开发区的重要任务是致力于发展高新技术产业，而高新技术产业开发区的定位本来就是高科技产业，两个区的合署实现了资源共享、优势互补，在当时的全国开发区中是一个历史性的创举。从此，开发区的繁荣，便建立在提升工业经济和发展高科技产业之上。

2. 不断走出"孤岛"

开发区走向繁荣的过程，也是走出"孤岛"的历程。按照中央早期设立经济技术开发区的构想，是在"远离母城区、易于隔离"的土地上，主动划出一定的范围来进行开发建设，并积累一定的经验后逐渐进行全国性的推广。这种不完全隔绝于大陆，又明显不同于母城的管理观念和方式，使开发区似乎天然地成为了一种产业发展的"孤岛"。

开发区一开始能够发展并取得瞩目成就，源于有"孤岛"的屏障和保护作用。这使开发区能够一心一意发展不同于母城的外向型经济。但随着开发区的进一步发展和所面临的瓶颈，又使得开发区人必须认真研究"孤岛"作用的演变，就像事物是随着矛盾的双方演变而螺旋式发展一样，春蚕需要通过破茧而化蝶。当我们在经历过几十年的快速发展之后，实现了开发区的初步繁荣，回首当年"孤岛"作用，才能有更加客观的判断和认识。随着全面改革开放和加入世贸组织之后适用国际通行规则，我们才明白不能永远要求强化或持续"孤岛"初期的合理性，要勇敢地走出"孤岛"，而非留恋"孤岛"，才能使开发区全面繁荣。只有认识"孤岛"，跨越"孤岛"，才能实现开发区的全面繁荣。

3. 推进开发区跨越式发展

实现繁荣梦想的道路并不平坦，尤其是对于首批14个沿海开放城市的国家级经济技术开发区。它们通过早期的不断实践，在开发区的功能定位、开放模式、体制设计、操作技巧等方面为全国各开发区起到了定型和垂范的作用。虽然这个过程中，有成功的经验，也有失败的教训，甚至有着一些遗憾，但这构成了开发区走向繁荣的一个基本轮廓。考察开发区40年发展的历程，如果从开发区繁荣的角度，可以大致把开发区分为三个阶段。

第一阶段（1984—1991年）：繁荣的基础。这个时期各个开发区都处于起步状态，思想最活跃，不同的经济发展战略百花齐放、百家争鸣。但各开发区都恪守开发区建区的宗旨，就是中央规定的"四个窗口"模式，把开发区建设成为"技术的窗口、管理的窗口、知识的窗口和对外政策的窗口"。当时中央在建立经济特区之外继续开放14个城市，仍然有各种阻力，尤其是观念上的阻力。因此，中央要求开发区的选址有一个前提，就是离开母城选择在空间上易于隔离、便于封闭的地方。广州开发区就是选在黄埔区东南角的一片孤单的"蕉叶"上，仅有一条夏港大道通往107国道进入市区，很多老开发区的干部都还清晰地记得，早上从市区摇摇晃晃坐车到达开发区上班，就差不多是吃午饭的时候，晚上回到家里就可以直接睡觉了。说明了开发区建设的起点一穷二白，是靠吹沙填土慢慢发展起来的。同样的情形，天津开发区选在了离市区50公里的盐碱滩，大连开发区选在了离市区30公里的金州湾，青岛开发区建在黄岛与市区隔海相望。

第二阶段（1992—1996年）：撬动繁荣。1992年邓小平同志第二次南方视察并发表重要讲话，掀起了中国整体对外开放的又一次高潮，打消了对外开放政策的疑虑，开发区迎来了它的青春期和大发展的黄金岁月。广州开发区引进项目总投资从1992年的28435万美元上升到1996年的86170万美元，合同外资从17100万美元上升到65700万美元，其间引进了美国的安利公司；天津开发区也引进了摩托罗拉公司，单个项目增资到3.2亿美元，继而又增资到11亿美元，成为当时中国最大的外商独资企业。第二阶段开发区利用外资的增资速度与引进项目的技术含量和技术档次都大幅提高。

在第二阶段发展中，开发区的经济规模、工业规模和工业实力实现了长足的积累，经济效益也令人欣慰。开发区工业迅猛发展，开始引起了所在城市的重视。如1996年广州开发区的工业总产值达到177亿元，占到全市的11.2%，天津开发区工业总产值370亿元占到全市的18%，被誉为全市最大的经济增长点。在开发区发展的第二阶段，还面临着一个政策体制上的重要变化：国家给首批 14 个开发区的财政优惠政策已经到期，开发区税收不上缴、全部留用的优惠已不能继续，开发区开始要为国家作贡献了。

第三阶段（1997 年至 21 世纪初）：繁荣的提升。第三阶段是 1997 年至 21 世纪初，开发区开始检讨只掌握一种发展方式、一条腿走路的不稳定和缺乏应变能力的结构性缺陷；同时在新的形势下和新的环境中，开始"第二次创业"，以推动开发区的经济持续发展和社会全面进步。

在第三阶段里，我国发生了三件大事，对开发区的发展形成显著的影响。第一件是 1996 年开始的国家利用外资的政策调整和财政优惠政策的结束，这体现了国家开始发展市场经济所要落实的公平的国民待遇，不再给予引进外资特权，虽然全国引进外资的总体水平没有下降，但对开发区的局部影响非常大，跨国公司海外投资的计划受到影响，更多开发区潜在投资者开始观望，产生了"挤出效应"。第二件是 1997 年下半年爆发了亚洲金融危机，对开发区的直接利用外资、间接利用外资和出口都产生了明显影响，说明开发区单一经济结构既受益于国际化经济环境，也同时受制于国际化的风险。第三件是党的十五大召开，重提社会主义初级阶段理论，明确了中国走以工业化带动经济的社会化、市场化，最终实现现代化的发展道路，诠释了开发区探索中国工业现代化的实践意义。

在第三阶段发展中，各开发区在追求工业产出增加的基础上，更加注重高度集约化发展，注重产业的升级，开发区由现代化加工基地开始走向现代化的制造基地。资本密集型、技术密集型、市场成长型的投资和企业，都得到了开发区更大的扶持和鼓励。在 20 世纪 90 年代，广州开发区开始增加对东区、科学城的开发建设，从而带动了广州东部的产业化发展。2003 年接管白云区萝岗镇，2005 年在广州开发区的基础上成立了萝岗区，增加了原白云区九佛镇、增城市镇龙镇的区域，全区总面积达到了 393 平方公里，开发区加快城市化建设进程，更加注重经济与社会的协调发展，一步一步走向了区域的繁荣。

4. 繁荣的延伸与展望：开发区自主型创造

2014 年 11 月 21 日，《国务院办公厅关于促进国家级经济技术开发区转型升级创新发展的若干意见》对国家级开发区下一步的发展给予了明确定位。

要努力把国家级开发区建设成为带动地区经济发展和实施区域发展战略的重要载体，成为构建开放型经济新体制和培育吸引外资新优势的排头兵，成为科技创新驱动和绿色集约发展的示范区，这是对繁荣开发区的新要求。

繁荣开发区，不仅是一个经济总量要求，也是一个人均收入增长过程，更是一个自主创新的目标追求。正如我们考量经济大国一样，如果经济体达到了一定总量，那只能说是一个工业大国、经济大国，而不能说是工业强国、经济强国。对于开发区的繁荣也是一样，如果我们的经济只是停留在总量增长上，那也只能说工业达到了相当规模，成为了广州市重要经济增长极，未必就是自主创新强区。在经历了工业立区的过程后，开发区更重要的目标是从开发区制造向开发区创造的转型。这正是我们当前和今后需要付出极大努力的发展目标，这一目标的实现，意味着开发区的繁荣真正达到了终极目的。

（二）用体制优势再造开发区优势

设立开发区本身就是创新，开发区发展的动力来源于改革创新，其中核心问题是制度创新，这既是决定发展的根本问题，也是开发区发展问题的顶层设计。开发区从一开始就突破传统体制的条条框框，但在实际发展的过程中，不免会受到传统体制的影响，甚至有回归传统体制的可能，这就需要开发区保持体制机制的优势。

广州开发区的建设者在实践中认识到，只有支持开发区不断进行体制创新，保持先行先试的优先权，才能占据发展的主动性，以此永葆开发区管理体制的生机和活力，由此推动开发区的健康快速发展，使其为广州作出更大的贡献。面对越来越淡化的政策优势和越来越激烈的区域竞争，从1996年起，广州开发区正式提出要用体制优势再造开发区发展的新优势。40年来，广州开发区精简的行政机构、集约开发的发展模式及适应不同时期发展要求的创新精神，体现了创新管理体制的强大生命力，为国家级开发区行政管理体制改革提供了有价值的参考。

1. 与时俱进的必然选择

体制创新是广州开发区应对形势发展变化的内在需求。广州开发区行政管理体制改革的理论自觉，是伴随着开发区40年的开发建设进程而逐步确立的。自1984年建区以来,广州开发区就一直是广州对外开放的"窗口"和改革的"试验田"。

2. 敢为人先的改革尖兵

广州开发区体制改革的历史脉络与现实突破。广州开发区行政管理体制改革过程就是一个创新的过程。40年来,体制创新一直是广州开发区经济活力和发展动力的不竭源泉,是广州开发区取得瞩目成就,成为全国经济效益最好的国家级开发区之一的关键。从一开始,广州开发区就没有照搬现成的制度框架,而是及时适应时代发展的要求,不断地从实践中加以探索,与时俱进加以改革创新。

3. 改革浪尖上的弄潮儿

开发区既是改革开放的产物,也是改革开放的先锋。广州开发区始终坚持把体制改革创新作为推动发展的根本动力,坚持以开放促改革,以改革促开放,逐步形成了自身特有的体制优势。特别是在行政管理体制上,广州开发区坚持从实际出发,积极探索,大胆实践,在全市乃至全省率先探索建立大部门管理体制,形成了精简高效、为民亲商、务实创新的行政管理体制,为推动全区经济社会科学发展不断增创体制新优势。

(1)以政府职能为核心,科学设置职能机构

首先,率先推行"大部门"机构设置,大胆推动职能相同或相近部门实施合署办公,形成精简高效的行政管理体系。坚持以"精兵、简政、统筹"为原则,部门设置不强求上下对口。自1993年实施第一次机构改革以来,广州开发区打破按行业、按"条条"、按"上下对口"的机构设置模式,而以责权一致为原则,以职能统一为纽带,合理划分部门事权,科学设置机构,把职能相同或相近的部门进行整合,归口一个部门管理,实行一个部门、多块牌子、一套管理人马,从而减少机构数量,理顺职能关系,避免职能交叉。例如:广州开发区党委办公室与政府办公室合署,并加挂侨务办公室、档案局、信访局、保密局、机要局等9块牌子,强化了办公室作为执行区党委政府决策的综合协调与监督机构的功能。

其次,改革的核心是更好地界定政府与市场的关系,积极推动政府职能转变。在探索建立大部门管理体制的过程中,广州开发区按照国务院对政府

职能的定位，积极推动政府职能转变，建设服务型政府、责任型政府。2003年，广州开发区以行政审批改革为突破口，对全区231项行政审批事项进行了清理，撤销了186项；2004年行政许可法实施后，又对开发区行政许可事项进行清理，保留了23项行政许可事项，政府的行政审批职能进一步"瘦身"；2010年，完成了全区行政审批、备案事项的清理工作，总精简率达到56.51%。2013年，按照市场优先和社会自治的原则，取消行政审批71项、备案28项，调整行政审批63项、备案4项，保留行政审批165项、备案96项。通过行政审批改革促进政府职能的转变，为推进大部门管理体制奠定了坚实的基础。

再次，大胆探索开发区与行政区互动发展新机制，致力于推动两区优势互补，构建功能区与行政区融合发展体系。2002年6月，广州开发区完成了"四区合署"这一管理体制，一套管理机构，四块牌子，管理覆盖四个区域，整合了四个区的人员、资源、功能以及政策优势，为广州开发区跨越式发展奠定了基础。2005年，经国务院批准，广州市进行了行政区划调整，在东部依托广州开发区设立了萝岗区，行政管理面积扩大到393平方公里。萝岗区成立后，为充分发挥开发区的辐射带动作用，便于统一规划建设，广州市委、市政府决定开发区党委、管委会与萝岗区党委、政府的主要领导实行交叉任职，两区职能相近或相同的部门实行两块牌子、一套人马、合署办公。

（2）以机制创新为动力，优化政府运作体制

体制机制优势的关键，在于政府运行模式的创新，广州开发区坚持质量管理和模块化管理，规范优化政务流程。2002年，广州开发区借鉴现代企业管理的方法，率先导入ISO9001质量管理体系，对每一项行政管理活动的目的、范围、职责、工作内容、质量要求进行详尽规定，推动了行政流程规范化管理，有效地提高了政府的服务质量。

为了提升政府运行效率，广州开发区致力于持续压缩对外办事承诺时限，这是开发区行政效能的突破。2009年，当时的萝岗区监察局牵头组织各单位对全区保留的146项行政许可审批事项进行细致梳理，通过增强服务意识，改"坐堂审批"为"现场审批"；简化办事流程，改"串联审批"为"并联审批"；创新技术手段，实现审批环节的网络化管理，减少部门往返；科学设

置岗位,将以"收文岗"为核心改为以"审批岗"为核心,有效实现一次性补交告知,避免反复补交告知;强化内部督办,指定专人负责催办;完善工作细节,将传统"填空式"工作表格改为"选择式"工作表格,手机短信补交告知和告知审批办理结果,将承诺时间一点一点地挤压。

创新政府服务模式,成为广州开发区体制优势追求的重要目标。早在20世纪90年代,开发区管委会就提出了"一切为了企业、一切为了投资者"的投资服务理念,寓管理于服务之中,加强对企业的主动服务、贴身服务、上门服务。成立行政区后,将服务口号变为"一切为了企业、一切为了投资者、一切为了人民群众",增加了服务居民群众的要求。从2002年起,开发区就探索建立了一站式投资服务中心和市民办证服务中心,实行"一个窗口受理,一站式审批,一条龙服务"。一站式投资服务中心集中了与企业办事有关的31个单位,为企业提供业务办理。对办理事项进行了认真梳理,分为限时办理事项和即时办理事项,实行以小时为单位的办事承诺时限。

(3)以监督机制为保障,推动管理体制持续运行

行政决策的质量直接关系到行政管理的成败。为了提高决策的质量,开发区不断推进行政决策制度化建设,积极探索科学民主决策的新机制;建立了用地集体审批制度、规划建设集体审批制度及设计专家论证制度和引进项目专家论证制度等,凡是关系国计民生的重大决策,凡是涉及人民群众切身利益的重要事项,都认真听取社会各界和专家学者的意见,从而不断提高行政决策的科学化、民主化程度。近几年,开发区共举行涉及知识城规划、区域发展规划等方面的大规模专家论证会20多场,通过论证,提高了开发区决策的质量,减少了决策的失误。

4."物理变化"带来的"化学反应"

行政体制改革不仅仅是部门调整的"物理变化",更重要的是要追求新体制结构之下各部门之间的"化学反应",变个体优势为整体优势,最终产生1+1>2的效应。实践证明,广州开发区历次的行政管理体制改革,都没有削弱其在广州市经济发展中的重要地位,一直在广州市经济发展中发挥了重要的"增长极"作用。

从1998年8月经科技部批准,中共广州市委、广州市政府决定广州高新

技术产业开发区与广州经济技术开发区合署办公。1998年GDP为101.45亿元。到2000年4月，广州出口加工区经国家批准在广州经济技术开发区设立后，当年的GDP为140.94亿元。2002年6月，经国家有关部门批准，中共广州市委、广州市政府决定广州保税区与广州经济技术开发区合署办公，当年的GDP为244.74亿元。2005年，萝岗区成立，形成五块牌子、一套人马的管理体制后，当年的GDP达到了652.94亿元。到2015年新黄埔区成立，当年广州开发区的GDP为2336.82亿元。如今2024年，在新质生产力的发展下，广州开发区GDP已高达4338.90亿元，工业总产值超过9000亿元，占全市工业产值的近40%。从有数据记载的1990年GDP为5.74亿元，占全市比重的1.8%，到2024年GDP为4338.90亿元，占全市比重为14%。通过体制机制改革，广州开发区的GDP在过去30多年实现了质的飞跃。地区生产总值、财政总收入、税收收入等主要效益指标在全国国家级开发区中持续位居前列。

广州开发区对四个功能区的土地、政策、产业分工、项目等进行了优化整合，形成了强有力的集成优势。在政策上，四个国家级经济功能区能够满足各类投资者的政策需求，吸引各类项目来区投资发展；在项目引进上，由过去的各自为政变为一个整体，形成了招商合力；在开发建设上，实现了统一规划、统一开发、统一管理，有利于实现规模开发和集约开发。

三、聚焦科学发展

开发区是我国改革开放的产物，对于我国经济快速发展产生了重大的促进作用。但是兴办开发区只是发展的手段，不是发展的目的，开发区一旦完成了经济增长的历史使命，发展起来后必将迈进新型城市化之列。这是典型的"先市后城"的城市化模式。广州开发区同样经历了这场区域转型的变革，但并不意味着开发区使命的终结，实际上开发区使命远远没有完成，后工业化与科技创新任务艰巨，必须在发展中兼顾城市化，实现工业化、城市化与信息化联动，在开发区与行政区互补中谋求更大更好的区域科学发展之路。

（一）适宜创业、适宜居住

从1984年建区开始，广州开发区始终把利用外资、发展工业作为自己的主业，经济建设取得极大成功。但是经济发展中的产城分割、城市化水平不高仍然困扰开发区的进一步发展。近十年来，经济发展中的产城融合、生态提升越来越受到高度重视，有效地推动了技术与产业转型创新。广州开发区正反两方面的经验教训使得我们深刻认识到，坚持把构筑两个"适宜"（适宜创业、适宜居住）即"宜业宜居"环境放在同等重要的地位上，相互促进、共同推进、相得益彰，才能促进开发区转型升级。可以说，"宜业宜居"是开发区提升城市化水平，加快开发区创新转型，进一步实现科学发展的必由之路。

1. 何谓两个"适宜"

所谓"适宜创业、适宜居住"，就是把广州开发区建设成为既适宜创业又适宜居住的地方。过去，开发区人把引进项目视为全区经济发展的生命线，但后来的发展形势要求开发区注重社会建设，全力打造"宜业宜居"环境，从而创造了较好的投资环境。

2. 为何需要两个"适宜"

两个"适宜"是开发区发展到一定阶段的必然选择。广州开发区从单一的工业园区起步，经历了多功能区域整合、与行政区协调发展，产业形态也发生很大变化，这使得原来的开发区的发展空间、发展载体、发展升级不能适应阶段性要求，对两个"适宜"的需求发生了截然不同的转变。

两个"适宜"是经济发展到一定规模后的需要。一方面，随着经济的快速发展，开发区规模不断扩大，呈现出向多轴、多层、多核的多中心区域城市发展的趋势。由于开发区早期的定位是单纯的工业园区，作为吸引外部生产要素、促进自身经济发展的特定区域，多是由上级政府派出机构组成的准政府组织模式。这一模式以吸引外资、发展工业经济为重点，在开发区房屋建设面积分配中，厂房面积几乎是住宅面积的5倍；在开发区的房屋竣工面积分配中，厂房面积更是达到80%左右，远远高出住宅面积。但是，由于缺乏完整的城市功能和社会功能，社会事业发展基础薄弱，教育、卫生、文化、体育等社会事业以及公共服务方面要补的课很多，难以满足经济规模扩大后的生产生活要求。另一方面，随着开发区接收或代管周边区域，特别是与行政区合署发展后，开发区城乡二元结构矛盾比较突出，一边是发达的开发区经济体，开发区人均GDP可以说几乎达到发达国家水平，而另一边是贫穷的周边农村地区，其经济发展与社会建设处于落后状况。开发区内服务业发展滞后，交通、购物、生活、上学、娱乐、体育健身等配套设施严重不足。由于开发区的初始功能定位，"重产轻城"的规划思想造成开发区宜居环境较差，社会建设速度赶不上经济发展速度，产生了较为严重的产城分割现象。

两个"适宜"是产业转型升级的需要。正如前文所指出的，开发区产业发展需要有一个转型升级的过程，这一过程的主要指向就是产业创新与产业的高端化、生态化发展。产业在转型升级的过程中需要有相应的产业支撑环境，包括适宜创业、适宜生活的环境。在产业转型升级中，产业自身不仅需要良好的产业配套支撑，包括良好政策、技术服务、三产支持等，而且需要为高技术产业员工配备各类生活配套支持，离开了哪一项都不足以支持产业的转型升级。一名开发区招商人员曾经谈道，我们在吸引高级外资项目中发现，这个区域是否配备星巴克等著名咖啡店，竟成为跨国公司前来投资的重要考虑因素之一。经过40年的开发建设，广州开发区产业建设取得了突出成绩，形成了六大支柱产业集群，其比重占据全区工业总产值的80%以上。但是，从技术结构分析，支柱产业并不"支柱"，意思是技术创新成分并不高，影响"支柱"的发展后劲，迫切需要向高新技术产业转型；而从产业结构分析，开发区第三产业所占比重不到30%，三产欠发达足以影响区域创新创业以及生活环境。新一轮发展比拼的是高端新兴产业和现代服务业，其关键是人才、技术、研发机构等具有明显城市创新属性的高端经济要素，也将成为开发区产业转型升级的核心要素，因此最终比拼的还是宜业宜居环境。

两个"适宜"是功能定位转变的需要。在2005年以前，广州开发区是典型的经济功能区，包括1984年成立的西区、1992年后发展的保税区、东区、永和经济区、科学城等功能片区。经济功能区的功能定位是发展工业、第三产业形态，城市化发展主要以工业化为核心动力，工业成为推动城市化发展的主导因素。开发区的园区建设以工业经济为主导，园区基础设施建设及社会发展与广州中心城区联系并不紧密，体现出"孤岛型"或"飞地型"城市化发展特征。2005年依托开发区成立行政区后，广州开发区按照"继承、发展、创新、提升"的原则，结合新型城市化发展背景和形势，制定了新时期的城市规划战略目标,提出打造广州东部山水新城的战略规划。既然是行政区叠加,又提出山水新城建设目标,开发区功能定位明显要发生转变,这就不能再以单纯的园区建设为主,而必须转为工业经济与城市经济社会发展相结合的发展定位。广州市第十次党代会报告明确提出:"加快东部山水新城开发建设,以知识城、科学城为内核,依托东部山水自然形态,高标准规划建设宜业宜居、创新引领的东部山水新城。"这是广州开发区城市发展史上重大的历史性机遇,广州开发区从此由过去单一的工业区开始向工业区与新城区结合的综合功能区转变。

两个"适宜"是科技创新发展的需要。广州开发区在承接产业上早就跨越了"来者不拒"阶段,未来的发展方向是高端新兴产业和现代服务业。科技创新成为广州开发区的重要成果,虽然科技创新的分量还不够大,但是已经明确要求区域创新环境的提升。区域创新环境包含了区域创新创业环境和适宜生活居住环境,这两方面成为科技创新的核心,从国内外高科技园区的发展实践中可以得到很好的证明。

3. 怎样实现两个"适宜"目标

既然两个"适宜"极为重要,关键是要下决心重点打造。自从2005年成立行政区起,广州开发区的决策者就将两个"适宜"正式列为发展的重点。发展目标定位高远,这就是依托广州,服务珠三角,辐射华南,面向东南亚,紧紧围绕"建设新城区、争当排头兵"的奋斗目标,积极实施广州城市发展"东进"战略,以建设广州东部山水新城核心区为着力点,坚持以科学规划引导城市发展,突出区域主导功能,推进基础设施建设,完善城市综合服务功能,增强城市的吸纳力和辐射力,将广州开发区及其行政区建设成为广州东部山水新城的核心区、广州国家创新型城市的主力区、广州建设世界文化名城的先行区、珠三角地区现代产业集聚区、国家科学发展示范区,成为国际化程度高、经济深度繁荣、宜业宜居的新城区。

明确规划定位。广州开发区经过了40年的建设发展,已积累了比较强大的物质基础、精神财富和人才资源,基础设施不断完善,投资环境日益优化,产业集聚明显,经济持续快速增长,投入产出效益高,综合实力在全国国家级开发区中名列前茅,成为广州重要的经济增长极。依托广州开发区设立萝岗区，并与黄埔区合并，本身就是一种发展模式的创新，一种管理体制的创新，它一方面使开发区拥有了更为广阔的发展空间，为充分发挥开发区的辐射带动作用提供了更大的载体和舞台；另一方面，也使得开发区可以加快推动辖区内农村的城市化，以更高的起点、更大的手笔发展社会事业，强化社会管理。为此，广州开发区突出抓好产业结构调整和空间布局谋划，探索产城融合新路，高标准规划广州东部中心城区、"三城联动"，构建适宜创业发展与生活居住的区域环境。以科学城、中新广州知识城、广州海丝城为功能组团，以西区、东区、永和与镇龙片区为组群，以九龙湖、知识城起步区人工湖等12条河涌为绿轴，以天鹿湖等为生态绿楔，构筑主城区与功能区、园区、绿轴、绿楔、生态农田有效隔离的空间结构，致力于推动开发区向国际化生态型新城区转变。

以世界眼光谋划未来的发展，以推进科学发展夯实社会和谐的经济基础，以促进社会和谐构筑科学发展的保障体系，以推动广州东部中心建设打造科学发展、社会和谐的实现载体。这必须对环境建设的概念赋予新的内涵，按照新中心建设的理念精心打造综合环境，既适宜创业又适宜生活居住；必须坚持人与自然相协调，保护生态环境，建设岭南山水型绿色开发区；第二产业的大发展，要求有第三产业的支撑，要求有适宜居住的生活环境，以集聚人气，获得可持续发展。即要按照"适宜创业发展和适宜生活居住"的理念，努力把开发区、萝岗区建设成为创新之区、效益之区、生态之区、和谐之区、宜居之区，成为破解难题的目标和方向。

（二）统一领导、各有侧重、优势互补、协调发展

2005年4月，经国务院批准设立萝岗区，开发区与萝岗区完成"两区合署"。2014年1月25日，国务院同意撤销广州市黄埔区、萝岗区，设立新的广州市黄埔区，以原黄埔区、萝岗区的行政区域为新的黄埔区的行政区域。这一方面使开发区拥有了更为广阔的发展空间，为充分发挥开发区的辐射带动作用提供了更大的载体和舞台；另一方面使黄埔区可以加快推动辖区内农村的城市化，以更高的起点、更大的手笔发展社会事业，强化社会管理，构建适宜创业发展与生活居住的区域环境，实现经济与社会、农村与城市、人

与自然的协调发展。

1. 两区融合：是利还是弊

两区融合发展有利还是不利？在开发区的建设发展历史上有过融合发展的先例，有的可能阻碍了开发区发展，有的可能获得更大的发展空间。任何事物都具有两面性，同样的道理，开发区与行政区的资源整合、共融发展既有优势，也存在不足，同时面临着机遇和挑战。

两区融合的优势。一是有利于拓展开发区的发展空间，进一步整合资源，促进开发区进入新的发展阶段；二是有利于构建与新城区相适应的行政管理体制，理顺区域行政管理执法主体关系，改变一个区域存在多个执法主体的局面，降低行政成本，提高行政运作效率；三是有利于充分发挥工业园区的产业优势，增强开发区辐射带动作用，加快城市基础设施建设及各项社会事业的发展，实现以工业反哺农业、城市带动农村、推动农村城市化进程，提高本地群众的生活水平；四是有利于推广开发区节约用地的经验，合理安排产业布局，优化产业结构，发展第三产业，打造适宜创业发展、适宜生活居住的城区。开发区与行政区相互融合，可以使开发区缓解土地资源紧张的矛盾，也使其管理区域内经济与社会事务的行为合法化。同时，开发区与行政区合署办公，保有开发区的主导地位，进一步明确开发区的机构和职权，在保持开发区精简高效的管理体制不变的情况下，增设管理机构和人员，有利于优势互补。

两区融合的劣势。开发区属于经济功能区，行政区划属于行政管理区域，两者融合，势必会涉及两种体制的差异与磨合。开发区侧重于经济发展，其特点和优势在于精简高效，部门少、人员少；而行政区更多承担社会事务管理职能，机构繁杂、人员队伍相对庞大。如果两者不能很好地融合，不仅不能通过开发区带动行政区发展，而且势必导致开发区原有优势的丧失，从而产生"两败俱伤"的情况。事实上，这样的情况在其他开发区曾经出现过。

基于对两区融合发展的优劣势分析，广州开发区结合自身的实际，借鉴兄弟开发区在制度创新方面的成功经验和教训，提出了开发区与行政区"统一领导、各有侧重、优势互补、协调发展"的体制创新构想，既发挥和强化开发区对行政区的经济辐射和带动作用，又延伸和拓展行政区对开发区的社会管理和公共服务职能。这里的关键点在于，必须充分发挥两区各自的优势，要把各自的优势放大，把两区的弱势减少，把两区的优势功能整合提升。

2. 统一领导，各有侧重——两区融合发展的基本前提

2002年，广州经济技术开发区最终与广州高新技术产业开发区、广州保税区、广州出口加工区合署办公，形成了全国独一无二的"四区合署"管理模式，即一套管理机构、四块牌子、管理覆盖四个区域。广州开发区经济功能区面积也随之由最初的9.6平方公里扩大到78平方公里。2005年4月经国务院批准，广州市调整行政区划，依托广州开发区并整合广州市周边4区市的部分区域，设立广州市萝岗区，建立了功能区与行政区融合发展的"五区合署"管理体制，全区面积拓展到393平方公里，全区总人口接近40万人，全区下辖5个街道、1个中心镇。

广州开发区、黄埔区是行政区与功能区融合发展的区域，实行深度融合的管理体制。2015年9月1日，新黄埔区正式挂牌成立。全区面积拓展到484.17平方公里，下辖16街1镇。

从开发区与行政区融合发展的理想状态来看，要求两个区能够在统一的领导下，实现各有侧重的功能定位。开发区仍然负责经济层面的建设发展，包括规划建设、产业建设、招商引资、园区建设等；而行政区则侧重负责社会层面的建设发展，包括城市建设、各类社会事业发展等，同时履行行政区执法管理等相关职能。这是一种理想状态的定位。

3. 优势互补，协调发展——两区合并的关键环节

两区融合发展能否取得成功，关键在于是否发挥各自优势，实现各自优势叠加与互补，实现区域协调发展和科学发展。开发区和萝岗区各有所长、各有优势。开发区有良好的投资环境，有雄厚的财力基础，有企业聚集效应，可以对行政区进行辐射带动，促进行政区的经济发展和基础设施建设。而行政区有明确的执法主体资格，有社会管理资源，有广阔的发展空间，可以为开发区提供良好的产业配套服务、公共服务、行政执法保障。处理好两者之间的关系，可形成优势互补、协调发展的格局，使广州开发区和萝岗区在更高的起点上实现更大发展。

具体来说，广州开发区的优势体现在三个方面。一是政策优势。开发区

的诞生是中国改革开放的直接产物。经济开发区成立伊始,国家赋予的任务是"开创利用外资、引进先进技术的新局面,抓老企业的技术改造,上一批投资少、周转快、收益好的中小型项目;在财力、物力、人力方面积蓄力量,支援全国"。基于此,国家在土地开发、财政返还、缴纳所得税、免检关税、事权和人事管理等方面给予了大量政策优惠,大力支持经济技术开发区发展。到建立高新技术产业开发区时,政策优惠力度更大。再到兴办出口加工区、保税区,政策更为宽松。广州开发区集四大经济功能区于一体,政策优势明显,吸引了很多国内外投资者,实现了快速发展。二是管理体制优势。开发区有效创新了管理体制和运行机制,成为所在地区发展的管理示范。开发区自设立起就致力于运用新的管理办法,建立精简高效的管理体制。在这种管理体制下,既克服了部门多、管理越位的弊端,又减少了管理服务层次,方便协调,简化审批程序,极大地降低了交易成本,创造了优质高效的投资环境;较之于"婆婆"多、审批慢的旧有体制,其对投资者的吸引力不言而喻。三是资源配置优势。开发区有效提高了资源配置效率,极大地改变了所在地区的发展格局,促进了当地经济和社会发展,其最明显的表现就是土地资源的高效集约利用。在上述开发机制与模式作用下,广州开发区工业化迅速发展,成为广州市经济增长带、利用外资基地。

而行政区的优势则体现在发展空间增大、城市化内因拉动、履行社会行政法定管理职能等各个方面。首先,黄埔区、萝岗区有广阔的土地资源,开发区与萝岗区合并后,全区面积扩展为484.17平方公里,极大地缓解了招商引资与项目用地短缺的矛盾,解决了开发区发展空间不足的问题,促进了开发区的持续发展。

其次,开发区与行政区融合后,有利于统一规划产业布局。开发区创办初期,大多数为单一工业园区规划,受限于开发区狭小的空间布局,生活服务配套欠缺,服务业、房地产等第三产业发展严重滞后,也导致了开发区的功能缺失。两区融合后,在区域规划上,以广州科学城及周边地区为重点,规划建设萝岗新城,重点建设西起科学城、东至萝岗香雪公园的10公里地带,塑造广州东部新地标,成为广州开发区未来的公共服务中心、商务办公中心、科教文化中心、体育中心、山水型居住新城。新城的启动建设,为科学城和西区、东区的发展，提供了完善的配套建设。虽然科学城、西区引进了一大批高质量的工业企业项目，但配套服务仍显不足，已有规划也无法很好实施。行政区能够较好地强化社会管理及公共服务职能。开发区是纯粹的经济功能园区，采用管委会管理模式，虽具备政府职能部门的性质，但只进行经济管理，而社会管理服务事务全部由所在的行政区政府负责。广州开发区建立之初，即采用了此种模式；1989年，开发区夏港街成立，所有行政事务由黄埔区代管，这种模式在开发区面积很小、功能单一的时候能有效发挥作用，但随着开发区的发展壮大，人口不断增多，社会管理压力剧增，与所在行政区的协调难度不断加大，与周边地区利益难以协调，各种社会矛盾进一步显现。与此同时，开发区自身的社会事业发展任务加重，城区管理与公共服务需求不断增加；行政区则承接社会管理与行政执法职能，可以解决开发区在社会事务管理方面的后顾之忧，使其更能集中精力发展经济。

4. 两区融合发展后的"1+1>2"效应

依托广州开发区设立萝岗区后，10年左右的实践证明，广州开发区的空间总体上得到扩大。开发区强大的财力满足了萝岗区社会事业发展的资金需要，萝岗区广阔的腹地和行政执法职权，为广州开发区的发展营造了良好的配套服务和法治环境。广州开发区和萝岗区作为一个整体，实行统一领导、统一规划、统一建设、统一管理，在更高的起点上谋划发展蓝图，努力把广州开发区建设成为全国领先的多功能、综合型产业园区；把萝岗区建设成为适宜创业发展和生活居住的现代化新城区，成为广州东部城市副中心。

有效地促进了广州城市发展战略的实施。2000年，广州率先在全国编制城市发展概念性规划，提出了协同发展、生态优先、创造两个"适宜"的城市发展理念，确定了"南拓、北优、东进、西联"的发展战略。广州开发区成为广州城市中心区东翼组团的重要组成部分，也是实施"东进"战略的核心区域，广州开发区及周边农村地区是广州未来的东部新城区。这必然要求广州开发区调整发展功能定位，从经济功能区向新城区转变，通过加快推进周边农村地区的城市化进程，用新的城市建设理念构建广州东部新城区。萝岗区的正式成立，是广州市委、市政府实施广州发展"东进"战略的一个重大举措和重要步骤。

有效地促进了工业化带动城市化发展。开发区工业的迅速发展已经对周边农村经济和农民的生活方式产生了重要的影响，只有加速城市化进程，才能使得开发区和农村地区都获得协调发展。开发区模式下的工业化方向是综合型区域发展。开发区的终极目标是现代化，包括工业反哺农业、城市反哺农村、先进带动落后，最后是实现整体繁荣。对于开发区而言，城市化的过程实际上是增强地区综合竞争力的过程。而依托开发区设立行政区，其目的之一就是适应工业反哺农业、城市反哺农村，实现城乡统筹发展要求。

有效地促进了广州开发区的可持续发展。实现由经济功能区向新城区的转变，第三产业发展将因城市功能的突出而获得发展契机，城市公共服务设施也将进一步完善，开发区得以实现自身的可持续发展。从全国开发区的发展情况来看，天津、大连、青岛、北京、武汉等开发区都纷纷扩大了区域面积，适应新的形势调整了区域功能和发展定位，如天津开发区提出建设滨海新区，大连开发区提出建设新大连都市区。中外城市发展史也表明，将大片区域规划用作单一的制造业功能区，从长远来看，由于不适合人们居住生活或者需投入巨大成本改造，将带来严重问题，最终会失去发展动力，被城市发展所"边缘化"，有的甚至成为缺少可持续发展的"工业锈带"，如美国纽约的布鲁克林区、德国鲁尔区及沈阳铁西区等。因此，开发区只有顺应发展形势，及时调整自身定位，以建设新城区为目标，丰富不同的城市功能和产业内涵，才能实现区域的可持续发展。2005年12月，开发区发展的指导方针调整为"三为主、二致力、一促进"。开发区以建设新城区为目标，强调功能的多样性、综合性，与国家对新时期开发区的发展要求在内涵上是一致的。

有效地促进了区域经济社会协调发展。开发区管委会不是一级政府，在公共服务提供上有所缺失。两区融合后，开发区借助黄埔区的行政管理职能，加强社会事务管理，进一步完善投资环境。黄埔区将成为广州城市的副中心，随着地铁线路的延伸、路网等相关基础设施的完善，人流、物流将不断向黄埔区集聚，将促进区内高附加值服务业的快速发展，推动广州开发区向多功能综合性产业园区转变。两区融合后，开发区处于一个行政区管辖范围内，使各项事务的协调难度大为降低，大大节约行政成本。有助于在更大的范围内有效整合广州开发区及其周边区域的资源，加快推进广州东部地区城市基础设施建设，加速产业集聚，推动新型工业化与城市化进程，使发展的成果能够早日惠及全体人民。

四、聚焦创新驱动

进入21世纪，特别是近年来随着资源环境约束的加剧，国家级开发区和高新区内外发展环境发生重大变化，迫切需要谋求创新驱动发展的新路。国家级高新区要实现创新功能回归，国家级经济技术开发区要加快创新驱动转型，两类开发区将承担区域创新发展的重任。经过40年的建设发展，国家级开发区已不再是单纯的工业园区，而必须是实现产城融合的高科技新型园区乃至新型城区，因此需要做出新的选择，目标是创新驱动型导向，是实现科学发展的典范、率先实现现代化的标杆区域。为此，广州开发区积极探索，提出了较为先进的理念，比如"提升制造、推动创造、拓展服务""创意无限、创造需求、创新模式、创业精彩、创建未来"等。沿着这些思路坚定地走下去，开发区未来发展必将再现新的辉煌。

（一）转型压力倒逼创新突破

进入21世纪，全球发展变局不断出现，新一轮科技创新在国际金融危机后逐渐展开，知识经济和虚拟经济成为新的发展业态，具有广阔的发展潜力，又是促进实体经济发展的重要因素。一向以工业起家的经济技术开发区面临转型时期的重大选择，初始定位创新的高新技术产业开发区也要强化创新功能，发展的重要指向就是提升产业发展的全球价值链水平。关键是要推动实体经济向产业价值链的高端延伸，把实体经济发展提升到更高层次，使知识经济和虚拟经济发展建立在更加坚实的产业基础之上。

广州开发区尽管在创新方面具有较好的基础，在全市具有一定的优势，但与国内外先进园区相比，仍然缺乏具有较强根植性、辐射带动性的创新产业集群，缺乏具有强大创新能力的高成长性企业，高端人才集聚程度较低。为此，要坚持创新驱动发展，就要大力推进科技创新，由开发区制造向开发区创造和服务拓展，推动经济发展模式由传统的拼土地、拼资源、拼成本向拼人才、拼知识、拼创新转变，目标是提升开发区制造、推动开发区创造、拓展开发区服务。

1. 产业发展十字路口的毅然选择

产业发展中的转型升级源于国家层面的发展战略变化。自 1984 年设立首批国家级开发区到 2004 年，开发区走过 20 年的发展历程。2004 年，在开发区成立 20 周年之际，全国开发区工作会议在北京召开。会议系统回顾了开发区 20 年发展所取得的成绩，总结了开发区 20 年发展的成功经验，提出了开发区在新时期发展的指导思想、目标和定位。会议指出，开发区在新的发展阶段，要努力实现"四个转变"，即从单纯发展制造业为主向发展现代制造业和承接国际服务外包并举转变，从注重规模效益向注重质量效益转变，从偏重引进向注重创新转变，从依靠政策优势向依靠体制优势和综合投资环境优势转变。会议提出了开发区在新阶段发展的指导方针，概括为"三为主、二致力、一促进"，具体为：以提高吸收外资质量为主，以发展现代制造业为主，以优化出口结构为主，致力于发展高新技术产业，致力于发展高附加值服务业，促进开发区向多功能综合性园区发展。

从"三为主、一致力"到"三为主、二致力、一促进"，国家级开发区办区方针的改变，为广州开发区产业转型升级指明了新方向，同时也提出了新的要求。如何契合国家的要求，提出适合广州开发区实际的产业转型发展路径，这是建区 20 年后，摆在广州开发区面前的一个重大问题。

2. 转型路径：提升制造、推动创造、拓展服务

提升制造，再创开发区制造新优势。开发区设立之初，选择了一条迅速见效的外资带动工业化道路，大批外资项目的进入帮助开发区发展打开了局面。但是，随着外向型经济的进一步发展，开发区外向依存度过大对经济持续发展的制约作用显现。具有自主知识产权和自有品牌的企业不多，根植性强的内源型经济不够发达，规模大的产业增长乏力。若这种状况不改变，一旦国际资本出现结构性、区域性的异常大规模流动，将对开发区发展造成严重冲击。

国家税收、土地、汇率、环境保护等多项政策调整产生的叠加效应，对开发区吸引外资与建设发展已经并将继续产生越来越大的影响。国家将实施更加严格的土地管理政策，对开发区土地定价较高，项目用地和新城区建设用地紧缺，将成为长期存在的制约因素。内资、外资企业所得税"两税合一"

政策于2008年实施，税收优惠政策将由区域优惠转变为产业优惠；利率、汇率政策以及加工贸易、出口退税政策的调整，成为影响投资和对外贸易的不稳定因素。对于这一系列新的政策变化，广州开发区必须重新审视原有的制造业发展思路。

重塑开发区的区域产业价值链。遵循国际产业转移的客观规律和发展趋势，结合开发区不同发展阶段的客观条件与实际需求，重点锁定世界500强企业和行业龙头企业，推动招商引资向招商选资转变。"十一五"以来，广州开发区利用外资呈现出投资规模大、技术含量高等新特点，引进投资5000万美元以上的项目135个，霍尼韦尔、ABB等世界500强企业进驻，累计达115家。

产业价值链也体现在龙头企业中，因此需要发挥龙头企业在产业集群中的带动效应。紧紧围绕重点项目和龙头项目，跟进研究其配套项目在全球的分布情况，了解其产业链条的转移趋势及投资者意向，适时推出产业链招商的政策，鼓励现有企业继续增资扩大规模、投资新建企业，加速产业集聚，促进形成从技术研发、核心零部件制造到加工组装的比较完整的产业链。

产业价值链还体现在先进的企业中，因此需要发挥好企业对技术转移的促进效应。一批具有国际先进水平的跨国公司的入驻，通过关联企业效应、示范效应和竞争效应，对周边地区乃至更大范围的产业转型升级发挥了示范引领和辐射带动作用。

重构开发区的产业发展导向。长期以来，广州开发区在产业结构上存在产业门类多但特色不够鲜明、现代服务业发展不足、新兴产业抢位发展不够等问题。2013年，广州开发区启动了对现有产业集群的研究，立足现实，着眼未来，提出打造"421X"的产业架构：重点发展新一代信息技术、生物与健康、新材料、汽车及零部件四大主导及先导产业，确立新的优势；优化提升精细化工和食品饮料两大支柱产业，巩固已有的产业优势；补充发展现代服务业，重点发展金融、商贸、文化创意、教育培训等领域，同时，促进房地产业合理发展，推动城市化进程，弥补自己的短板；着力培养节能环保、智能装备等前瞻性产业。

推动创新创造，向国际一流科技园区看齐。广州开发区以发展外向型经济起步，1998年与广州高新区实行合署办公后，在较长的一段时期里，仍然是以引进外资作为经济发展的主要驱动力，在发展过程中存在外资带动的路径依赖，面临的挑战主要表现在以下几方面。

获取短期经济效益与提升长期创新能力的平衡。创新活动是一个长期、高风险的过程，经济效益需要较长的时间才能体现；而开发区的基础设施建设又需要大量的资金投入，没有短期的经济效益，园区的运行则难以维系，管委会的工作业绩也难以体现。如何做到既要创新又要在较短时间内收获创新价值，成为考验开发区发展的一大难题。

发展外向型经济与促进自主创新的平衡。通过引进国外资金、技术等要素发展外向型经济，固然可以使区域经济在较短时间内实现跨越式发展，但同时也可能加深技术依赖。引进外资并不一定能提高自主创新能力、拥有自主知识产权。开发区如果仅仅依靠对外技术引进，而不进行自主创新，那么园区发展就永远不会获得可持续的技术能力，从而无法实现赶超。开发区如何在坚持扩大对外开放深度和广度的同时，坚持自主创新，构建一套"引进—消化—吸收—再创新"的体制机制，以保证在引进国外技术的同时能够伴随着高强度的技术学习和研发，成为开发区面临的重要抉择。

市场调节与政府作用的平衡。在社会主义市场经济条件下，创新活动的主要动力来自市场。然而市场调节并不能完全满足创新活动全过程资源配置的需要，特别是在企业创新的种子期及初创期，资金、场地、人力等生产要素不易从市场获得。如何遵循创新活动的规律，准确把握政府的功能定位，弥补市场调节机制的不足，是开发区管理体制创新的关键环节。

3. 优势转换，打造"三螺旋"开放型区域创新体系

广州开发区建设者认识到，要解决上述问题，突破高新技术发展的种种障碍，最根本的出路就是要遵循创新的基本规律，吸取国内外创新理论的精华，从制度层面上对开发区创新发展的模式进行大胆创新，推动外向型经济的先发优势转化为自主创新的优势，打造开放型区域创新体系，提升区域创新能力。

广州开发区借鉴了"三螺旋"创新理论，结合自身的实践经验，提出了以创新为主要驱动力的区域发展模式，致力于构建企业—学研机构—政府

（管委会）三者协同互动的"三螺旋"创新空间，打造自主创新的综合支撑平台，形成园区可持续的创新能力，建成有较强内生创新能力和产业根植性的创新型园区。

企业、学研机构、政府三者协同互动。在创新模式下，企业、学研机构、政府三者既是独立的组织，同时又协同互动，构成交互关联、螺旋上升的区域创新空间。企业以知识创新为推动，不断向价值链条高端攀升，力求在高端化的激烈竞争中取得优势；大学和科研机构以企业或产业发展需求为导向，从事知识生产活动，充当企业生产经营活动中重要的创新源；政府以推动知识创新和企业发展为目标，积极参与创新活动，提供创新服务，构建有利于创新的制度和机制，促进知识的生产、传播和利用，为创新活动的开展创造良好环境。

4. 打造"三城一岛"四大重大创新平台

产业形态在一定程度上决定了园区形态。只有高端的发展平台，才能聚集高端的产业。从世界经济园区发展历史来看，大致走过了三个历程，第一代园区是出口加工区，主要功能是制造、装配和出口；第二代园区是科技工业园，主要特点是科技研发与制造相结合；第三代园区是全球连接的知识经济社区，凸显知识经济、全球连接、人文生活等特点。衡量园区发展水平高低的最重要标准之一就是它们所具有的创新能力和产业竞争力。

进入新时代，广州开发区积极拓展开发区转型升级的空间，大力建设了广州科学城、中新广州知识城、广州海丝城和广州国际生物岛"三城一岛"四大自主创新核心载体，打造了支撑创新发展的新平台。成立40周年的广州开发区已经成为广州市实体经济的主战场，通过打造中新广州知识城、广州科学城、广州海丝城和广州国际生物岛"三城一岛"的重大战略平台"筑巢引凤"，以龙头企业带动产业"串珠成链""集群发展"，以引进高端人才助力"以才引才""以才引商""以商引商"，以多元金融赋能经济"强肌健体"。

5. 从"移植大树"到"育苗造林"，描绘科技企业成长路线图

广州开发区从"移植大树"向"育苗造林"转变，更加注重营造适宜企业成长的"产业生态体系"，实现具有更强内生性的创新发展。开发区虽然取

得了工业发展的巨大成绩，但是，开发区已经意识到，国际资本总是追逐更便宜的土地、环境和人力资源，流动和转移是其不变的规律。开发区单纯靠项目引进实现工业化的路径不可能实现长远的可持续发展，因此广州开发区必须实现"两个转变"，即从创立吸收外资的投资环境向鼓励企业创新的环境转变；从吸引投资的优惠环境向适宜创新的体制机制环境转变。

21世纪是广州开发区孵化器建设的加速期，孵化面积和企业数不断扩大。截至2024年底，广州市科学技术局最新公布的广东省2024年第一批高新技术企业名单，广州共有959家企业上榜，其中黄埔231家企业榜上有名。孵化器方面，广州开发区28家重大科技创新平台已孵化规模以上企业累计21家。累计建成科技企业孵化器108家，建成孵化载体总面积近500万平方米，其中国家级孵化器总数达27家，位居全省第一。全区聚集高新技术企业超2800家，各类高端研发机构超1300家，科技型中小企业超4300家。认定瞪羚（含培育）企业超过600家。国家级专精特新"小巨人"企业118家，省级专精特新企业1605家。广州开发区集聚院士项目超110个、高层次人才超1400名、大学以上学历人才38万名，"人才密度"飙升，高层次人才总数居全市第一。广州开发区向高质量、高水平转变，集聚创新发展新势能动力强劲。

广州开发区深刻认识到，在创新驱动型经济中，投资环境的内涵已经不再仅仅是"七通一平"等硬件条件，更重要的是营造良好的软环境，其核心是构建更为完善的区域创新体系。通过这一体系"育苗造林"，孕育与培植大批各种形态的创新型企业，持之以恒，使其中一批企业终成大树，成为世界级创新企业。

广州开发区从科技型企业的成长规律出发，按创新链的承接关系致力于构建一个结构完整的、有特色的创新政策体系，为创新型企业提供从种子期到成熟期的全过程、多样化、持续性解决方案。在政策制定过程中，广州开发区还注重根据环境变化，不断修改、完善相关条款，力求将作为创新环境营造者的功能发挥到位。

广州开发区根据创新型企业的成长阶段及每一阶段的政策需求来设计与制定相应的创新政策，以支撑、激活企业的创新活动。在初创期，对科技型中小企业的中试费用进行资助,提供风险投资支持和引导。在成长早期,支持方式上更注重资金的杠杆作用,采取贷款贴息、票据贴现等方式,帮助企业获得外部资金支持。在成长期,更注重采取引导的方式帮助其实现技术更新和市场拓展,提供加速器、贷款担保、上市扶持等支持。在发展成熟期,则重点关注如何促进企业实现集群发展,促进企业标准化战略和品牌战略的实施,培养创新联盟。广州开发区出台了包括研发项目资助、人才引进、知识产权、创意产业等一系列的创新政策,形成了较为完善的政策体系,有力地支撑了科技企业的创新发展。

(二) 立足全球,主动创新

2008年国际金融危机后,世界经济复苏的不稳定性、不确定性上升,传统的拼土地、拼资源、拼成本的发展道路难以为继,区域竞争特别是开发区竞争日趋激烈。广州开发区提出了"五创"口号,以"创"字当头继续开创转型升级的开发区事业,这就是"创意无限、创造需求、创新模式、创业精彩、创建未来"。

1. 开发区如何贯彻"五创"思想

早在20世纪末,广州开发区开辟了广州市的创新高地——广州科学城,这个曾经被定义为开发区升级版的"未来之城",在许多方面引领了开发区发展,产生了较强的创新效应。而在21世纪的第十个年头,广州开发区又打响了知识经济的创新牌子,进一步将"五创"思想付诸实践,大胆提出创新口号,打出创新品牌。

从长远来看,要实现经济的可持续发展,就必须走创新驱动、内生增长的路子。随着世界经济的发展,特别是我国加入世界贸易组织之后,单纯依靠土地、资源、政策优势已经无法吸引和留住优质项目,资本只会流向更利于其成长的地方和环境。所以,要想实现未来的快速发展,不仅要打造适宜企业成长的体制机制环境,也要推动科技创新发展,培育更多的内生型企业,实现从微笑曲线底端向两端延伸,从"移植大树"向"育苗造林"转变。

自中国加入世界贸易组织后,广州开发区加快了科技创新的步伐,出台了扶持自主创新、推动高新技术产业发展的政策;依托广东软件科学园、广州国际企业孵化器、广州留学人员创业园、创新基地等园区，大力推进公共开放实验室、技术研发平台、国家重点实验室建设；与本地企业、研发机构、国内高校进行技术合作，促进引进技术与消化、吸收、创新相结合，开发具有自主知识产权的核心技术，大大增强了科技创新的国际竞争力。通过实施创新发展战略，全区初步形成了工业设计、生物医药、新材料、新一代通信设备和终端制造等产业。

孵化器、加速器快速发展，创新创业拉开了序幕。"孵化器"一词最早出现于20世纪60年代初，波普尔在《猜想与反驳》一书中提出证伪主义的精髓——试错法，该理论认为科学知识是在不断的试错中成长的，而创业本质也是一个不断试错的过程。孵化器作为培育中小企业创业、促进高新技术产业发展的重要载体，其诞生之初，就是作为创业想法试错的"实验场"。1959年，世界第一家孵化器建立于美国，经过不断的发展和完善，现在的孵化器旨在培育创业企业、聚集创新资源、营造创业环境、提升自主创新水平。20世纪90年代，武汉东湖新技术创业中心开始在国内创立第一批孵化器，在20世纪90年代末逐渐显现出效益。通过两年的建设，2004年，广州市第一家国有科技企业孵化器——广州科技创新基地建成，开创了广州开发区孵化器的发展历史。孵化器一经建立，就充分发挥出巨大的"孵化"力量，仅半年时间就入驻孵化企业225家，引进留学人员项目255个，产业化企业66家，引进各类研发机构124家。

对于开发区而言，仅仅孵化出企业是不够的，关键是要把企业做强做大，培育出本土化的龙头企业。然而，孵化出的企业需要更大的成长空间和资源，长期占用孵化器空间将影响后续的企业孵化，这些企业又将何去何从？为更好地支持企业发展，2008年7月，开始建设科技企业加速器，以满足具有高成长性中小企业的快速发展需求。随着一批优质的科技型企业快速发展，带动了产业的不断聚集，逐步形成了产业集群，这时的企业需要拥有一个固定的地点进行稳定发展，广州开发区又开始规划科技园，聚集同类产业的企业，通过竞争、合作、分工，形成一定规模的产业集群。

2. 敢于向全球创新枢纽叫板：加速推进"五创"

进入21世纪以来，广州开发区重点开发建设知识城、科学城、生物岛

（简称"两城一岛"）三大战略性发展平台，打造出以"两城一岛"为核心的新经济发展载体。这是广州开发区人瞄准世界一流科技园区，全面实施创新驱动发展战略的真正开端，"五创"思想得以更好地贯彻落实。

知识城是广东省与新加坡战略合作的标志性项目，是广州发展知识经济、建设国家创新型城市的核心载体。知识城位于九龙镇，总规划面积123平方公里，可开发建设用地约60平方公里，规划总人口约50万，属于国务院颁布的《珠江三角洲地区改革发展规划纲要（2008—2020年）》重点建设项目科学城北区的范围。2010年6月30日知识城项目正式签约奠基，目标是建立以知识密集型为特征的多个多元复合组团、教育培训组团、创新服务组团、科技研发组团、产业服务组团、高端制造组团、创新设计组团，将知识城打造成为引领广州、广东乃至中国产业高端发展的新引擎、汇聚全球精英的人才高地、国际一流水平的生态城、中新战略合作的杰出典范。广东省政府专门向知识城管委会下放了20项省级管理权限，提供了16项审批"绿色通道"，广州市赋予知识城管委会市级管理权限。

科学城于1998年12月正式奠基，规划总面积37.47平方公里。建设20多年来，广州科学城始终坚持科学规划、生态优先、以人为本的理念，从外向带动向内外并举、"引进消化吸收再创新"拓展，在构建开放式创新体系、推动产业转型升级、建设宜业宜居新城区等方面进行了成功实践，为区域科技创新、经济增长、城市发展注入了强大动力、探索了新鲜经验。高标准建设道路交通网络、信息通信网络、公共技术服务平台、研发孵化平台、人才培训交流平台以及公共配套设施，高新技术产业集聚效应明显，宜业宜居环境逐步完善，成为广州市高新技术研发与产业化的重要基地。科学城以高科技制造业为基础，推动科学技术研究和开发应用，成为华南地区高科技企业的重要聚集地，建设了生物产业基地、信息产业基地、环保新材料产业基地、网络游戏动漫产业基地等11个国家级产业基地（园区），广州新一代通信设备和终端制造产业基地、广州物联网产业基地、平板显示产业基地3个省级战略性新兴产业基地和广州科学城、广东软件园2个市级战略性新兴产业基地。凭借完善的创新体系，科学城还被评为国家首批创新型科技园区、广东省首批国家级海外高层次人才创新创业基地和广州高新区生物材料检验检疫监督管理改革试点园区。

生物岛占地面积约1.83平方公里，南依广州大学城，北望琶洲国际会展中心，东面与长洲岛隔江相望，西面为广州果园生态保护区。1999年，广州市委、市政府把生物医药列入广州四大支柱产业之一，提出把官洲岛建设成国际性的生物技术研究及生产基地，并上报国家有关部委。2000年正式获国家批准立项并命名为"广州国际生物岛"。2001年9月，广州市政府委托广州开发区全面开发建设生物岛。2006年10月，生物岛被认定为广州国家生物产业基地核心区，其主要产业发展方向为生物新药创制、生物能源、生物信息、基因工程、蛋白质工程和海洋生物等方面的研发。2008年，《珠江三角洲地区改革发展规划纲要（2008—2020年）》把广州生物岛项目上升为国家战略。全岛空气清新，生态环境良好，邻近华南快速干线和环城高速公路，交通便利，十分适合生物技术研究开发基地的建设。广州国际生物岛于2011年7月8日对外开放。作为广州国家生物产业基地的核心载体，在广州国际生物岛搭建了"中英生物科技之桥""中以生物科技之桥"等国际高端合作平台，成功引进瑞士洛桑生命科技园等国际高端产业项目，并向打造国际一流生物医药研发和产业化基地的目标不断迈进。

第四节 制度创新是战略谋划的核心

制度创新是开发区的灵魂。行政管理体制上，开发区管委会实行"小政府、大社会"的新型管理体制，改变了以往政府机构垂直对口、人员冗余、包袱过重的局面，并大力强化政府机构的服务职能，坚持以加快工作节奏、提高工作效率为目标，坚持以为投资者提供"全方位、全过程"优质服务为宗旨，以法治为准绳，主要采取经济手段、法律手段，辅之以行政措施进行管理，营造出了良好的投资环境。

以制度创新保障形成新发展格局。一直以来，国家级开发区先行先试，在制度创新中引领发展潮流。在新发展格局中，高质量发展需要制度创新保障，国家级开发区仍然要引领制度创新风潮。

通过探索新机制，增加创新优势，开发区保持了持续发展的动力。制度创新是促进开发区发展的动力与基石，开发区本身就是制度创新的结果。

一、以制度创新保障形成新发展格局

国家级开发区已具备优越条件和强大势能，更加需要在新发展格局中以空间创新、技术创新和制度创新勇担国家使命。

要锚定党的十九届五中全会提出的"创新能力显著提升，产业基础高级化、产业链现代化水平明显提高""改革开放迈出新步伐""高标准市场体系基本建成""产权制度改革和要素市场化配置改革取得重大进展""更高水平开放型经济新体制基本形成"目标，国家级开发区要全面推进顶层制度创新，在所在区域和全国推出一批引领型改革举措，抢占发展先机。

大力实施开放创新，整合国内外资源，将开发区产业价值链放到全球平台，突出开发区与区外资源的协同创新，在开放型经济和开放创新中焕发青春活力。大力实施政策创新，突出创新发展的指标体系建设，从投融资体制上进行改革，在创新发展中对财政、人才、用地等实施倾斜政策，突出特色空间与特色产业政策创新。大力实施机制创新，加快推动开发区体制模式创新，把国家级开发区模式作为各地新一轮改革创新的试验田，不要求开发区套用行政区的框架，而要充分考虑授权、集聚优势资源发展开发区，用开发区思维发展经济与科技创新，让开发区在开放型经济和创新型经济中发挥龙头带动作用，明确开发区管理主体的行政主体地位和管理体制，赋予开发区自主规划权，对于开发区与行政区合并的，地方政府更是要将开发区新体制覆盖行政区，创造出优势互补、互动发展的新型体制机制。[①]

二、激发技术创新，实现动力变革

制度创新通过行政审批制度改革等刚性制度规范了政府权力，通过权力下放激发了市场主体的活力。科技创新有赖于制度创新，以形成有利于市场主体创新的政策环境和制度环境。制度创新包括"简政"和"放权"两个维度，从以下两条路径推动专精特新、瞪羚、独角兽等企业在技术领域取得颠

---

① 李耀尧．在新发展格局中展现国家级开发区使命担当［N］.广州日报，2021．

覆性进步，进而培育出促进新质生产力发展的新动能。

（一）降低制度性交易成本，提升企业的创新意愿

制度性交易成本指市场主体在遵循公共制度的过程中所产生的，在其自身经营性成本之外的额外成本。制度性交易成本又可分为以下两类：因有限理性导致制度本身设计不合理所引起的客观成本；因机会主义导致市场主体与制度之间产生摩擦所引起的主观成本。"简政"的作用在于：首先，通过精简冗杂的行政审批事项，缩减烦琐的行政审批环节，可以降低企业的市场准入的客观制度性交易成本，放宽市场准入空间，为专精特新中小企业的创业兴业提供便利条件；其次，政府通过减少不当的行政干预，降低企业在技术更新等方面的制度性摩擦成本，并营造鼓励企业"先上车再买票"以及"边尝试边申请"的宽松制度环境，在有效缓解企业创新压力的基础上进一步提升企业的创新意愿。

（二）提高资源配置效率，激发企业创新活力

"放权"旨在通过最大限度减少政府对市场的直接干预，进而让市场主体有更多活力去进行企业创新，实现资源配置效率最优化。

健全社会主义市场经济体制必须遵循市场决定资源配置这一规律。在合法合规的范围内，增强企业在非市场失灵行业的生产经营与投资自主权，有助于充分发挥市场机制的优势，激励市场主体沿着创新质量阶梯上升，增强创新产品的核心竞争力，实现企业增长动力转换，培育发展新质生产力的新动能。

三、培育新质生产力，引领发展实现效率变革

通过"双随机、一公开"等制度创新将政府单向度管理转变为多主体协同治理，推动有效市场和有为政府更好结合。

制度创新是政府机制创新的重要抓手，体现了从制度优势到治理效能的执行逻辑。新兴产业的培育壮大，未来产业的布局建设，产业体系生产效率的提升，有赖于制度创新的不断深化。

（一）弥补市场机制不足，以资源倾斜助力新质生产力发展

从词源上剖析战略性新兴产业，"战略性"意味着其涉及关乎国计民生的

众多产业，辐射范围较大，因此需要大规模的资金支持。"新兴"意味着其发展依赖于关键领域取得重大颠覆性技术突破，从投资到投入使用的时间跨度较长，需要源源不断的资金支持。因此，发展战略性新兴产业需要大规模、长期的资金支持，如果光靠市场机制无法有效配置资源。政府适时适当地对战略性新兴产业进行调控，通过完善以政府投入为主、社会多渠道投入相结合的多元投融资体系，有助于持续带动社会资本对战略性新兴产业的支持，保障应用基础研究和前沿创新及其成果转化的资金需求。

（二）打破产业集群壁垒，以深度融合促进新质生产力发展

以技术、数据为关键要素的战略性新兴产业，其发展依赖于技术与数据要素的自由流动以及新兴产业与其他产业的深度融合。政府通过构建良好的集群创新基础设施条件、推动创新要素自由流动、打造区域间协同创新平台，有助于推动战略性新兴产业集群的构建，充分发挥产业集群的资源集聚效应、关联效应与扩散效应，提升产业集群的生产效率，推动新质生产力提质增效。

（三）以优化营商环境推动新质生产力发展

作为战略性新兴产业的关键生产要素，数据的使用虽能极大推动生产力的发展，但在其使用过程中也存在数据盗窃、滥用、篡改与独占等不正当行为，严重阻碍战略性新兴产业的发展。政府通过对战略性新兴产业的包容审慎监管，进一步健全市场监管规则，为战略性新兴产业提供稳定、公正、透明的营商环境，不仅有助于降低企业生产经营性成本，促进资金向创新活动集聚，还可以促进企业之间优胜劣汰的公平竞争，引导战略性新兴企业以提质增效取胜，进而优化资源配置，加速新旧动能转换。

四、制度创新促进高质量发展

党的十九大报告作出"我国经济已由高速增长阶段转向高质量发展阶段"这一科学论断。党的二十大报告进一步明确，高质量发展是全面建设社会主义现代化国家的首要任务。新质生产力契合新时代新征程实现经济高质量发展的要求。

（一）促进经济发展方式转变

过去"政府主导型"经济虽然带来了经济的高速增长，但政府对矿产、

能源等价格的过度管控，以及地方官员片面追求GDP高速增长的政绩工程，在一定程度上刺激了高度依赖资源消耗的粗放型增长。新形势下，通过大规模资源投入与高能源消耗带来的成本优势逐渐消失，环境承载能力直逼上限，国内外对环境保护和可持续发展的要求也越来越高，加快转变经济发展方式势在必行。

（二）推动经济结构优化升级

进入新发展阶段，我国当前经济结构不断调整与优化，但结构性矛盾仍然突出，主要表现在传统资源、劳动密集型产业增长缺乏后劲，战略性新兴产业发力潜力巨大但发展不足等方面。通过制度改造的不断深化，进而最大限度减少政府对市场活动的直接干预，清除产业发展的体制机制障碍，有助于促进科技成果的高效转化，加快发展战略性新兴产业，并且促进传统产业不断向高附加值、高技术含量的新兴产业融合转化，推动产业结构的优化升级。

（三）助推经济增长动力转换

我国正处在新旧动能转换的关键时期，传统产业边际投资效益下滑，经济增长动力不足。经济增长动力转化的基础是新动能的创造，新动能以技术创新为引领，以知识、数据等生产要素为支撑。制度创新通过保障技术创新助推经济增长动力转化。首先，在简政放权的基础上加强对战略性新兴产业的监管，有助于破除阻碍高素质人才与生产资源自由流动的机制障碍，降低技术创新与成果转化的成本。其次，通过优化公共服务的平台，加快政府职能转变，有助于营造更加适应新技术、新产业、新业态与新模式发展的制度环境。

第五节 典型实践案例

一、全国首创"政区合一"的体制

1984年12月，国务院批准成立广州经济技术开发区（以下简称"广州经开区")。1991年3月，国务院批准广州天河高新技术产业开发区（以下简称"广州高新区"）为国家级高新区，此时管委会作为园区管理机构。1992年5月，经国务院批准，在广州经开区西区范围内设立广州保税区。1997年，广州市政府对广州高新区管理体制进行了调整，形成了由广州科学城、天河科技园、广州民营科技园、黄花岗科技园和南沙资讯科技园组成的"一区多园"发展格局。1998年12月，经广州市政府批准，广州高新区与广州经开区管理委员会合署办公，实行"一个机构、两块牌子"管理体制，即广州高新区与广州经开区实现统一管理。2000年，国务院批准在广州经开区东区范围内设立广州出口加工区，与广州经开区、广州高新区合署办公，实行"一个机构、三块牌子"的管理体制。2002年5月，广州市委、市政府决定，广州保税区党委、管委会并入广州经开区党委、管委会，广州经开区、广州高新区、广州出口加工区、广州保税区实行"四区合一"的管理体制，以上四区统称为广州开发区，由合并后的广州开发区党委、管委会对这四区实行统一管理。2005年，广州市设立萝岗区，萝岗区与广州开发区合署办公，实行"一套人马，五块牌子"。2015年，萝岗区与原黄埔区合并成立新的黄埔区，至此，广州开发区保持与黄埔区"区政合一"的体制。

二、国家营商环境创新试点城市建设

2018年至2024年，黄埔区先后推出7版营商环境改革方案，实施近700项改革举措，集中破解企业和群众反映强烈的"痛点""堵点""难点"问题，形成了一批在全国、全省复制推广的制度创新成果。黄埔区、广州开发区连续4年获评全国经开区营商环境便利度第一，被企业和人才称为"离成功最近的地方"。

（一）融合：护航产业高质量发展

黄埔区、广州开发区在当好企业"保姆"的同时，更注重做好产业发展"守护者"的角色，把服务产业发展作为推动高质量发展的重要举措，通过发挥营商环境改革的牵引作用，推动经济实现质的有效提升和量的合理增长。

作为广州实体经济主战场、科技创新主引擎、改革开放主阵地，黄埔区、广州开发区正纵深推进"万亿制造"计划，计划到2025年实现工业总产值突破万亿元。

而要实现高质量发展，离不开"六链融合"的产业生态，将产业链纵深建设、产业生态圈优化提升为主轴，加强与创新链、人才链、数据链、资金链、政策链的融合，推动构建现代化产业体系。

(二) 升级：打造精准基础配套环境

此次改革还把重点瞄准了基础配套，在2022年营商环境改革提升"硬环境"的基础上加码发力，聚焦企业生产经营以及员工生活需求，助力市场主体创新创业。

特别是在企业用地、用房保障方面，黄埔区、广州开发区提出推行多宗土地整体打包的产业链供地模式，探索在片区尺度下二三产业的综合开发和混合利用。在国土空间规划中重点保障"万亿制造"产业空间，同时通过加速成片连片用地保障、加快建设用地报批、创新土地市场配置方式等措施，不断提升用地保障效能。

(三) 高效：项目筹建大提速

黄埔区、广州开发区把打造专业高效的政府服务环境作为此次改革的重点，提出将围绕政务服务、产业服务、法治服务、开放服务等方面加强服务供给。例如，政务服务方面，围绕项目筹建、审批提速、税务服务等，提出优化项目筹建合伙人工作机制、深化定制式审批服务体系、打造"埔小税"数字客服等举措，推动"审批大提速、效能大提升"；开放服务方面，围绕投资贸易便利化、国际规则衔接机制对接等，提出探索拓展保税研发物理空间范围、推动黄埔南沙两区建筑工程领域港澳专业企业和专业人士互认等举措，全力推进高水平对外开放。

优化营商环境"软实力"，黄埔区、广州开发区在招商推介和投资吸引方面展现"硬实力"。2023年1—5月，全区新登记各类市场主体1.6万户，同比增长37.84%；签约项目已超150个，引进了孚能30GW动力电池、TCL中环25GW光伏电池等百亿级项目6个；实际利用外资约13.38亿美元，同比增长69.4%。

（四）攻坚：强化营商环境改革基层探索

提出强化营商环境改革基层探索，首次明确街镇、园区营商环境改革任务，坚持问计于民，从基层中找答案，激发基层改革积极性和主动性，推动基层切实解决企业实际困难，把产业高质量发展摆在更加突出的位置。

早在2022年9月，黄埔区联和街便成为广州市第一批优化营商环境创新试点街镇。此次改革提出推进联和街试点街镇建设，建立"部门+街镇+企业+商会"共同参与、协作推进的营商环境工作机制，在企业服务、行会商会建设、监管执法等领域先行先试。

三、全国首个知识产权运用和保护综合改革试验田

2016年7月，黄埔区获国务院批准成为全国首个知识产权运用和保护综合改革试验田。黄埔区积极推动"一链、一策、一平台"，努力打造具有世界影响力的知识经济高地。

一是培育知识产权生态价值链。继续构建完善的知识产权服务、保护、交易和运营机制，集聚国家知识产权局专利局专利审查协作广东中心（简称"审协广东中心"）、广州知识产权交易中心、广州产权交易所、知识产权众创空间、知识产权法院等一大批知识产权重点项目，把知识产权"生态价值链"拉长延伸、做实做大，把黄埔区知识产权改革试验区打造成为"世界一流、国内领先"的高端品牌。其中，审协广东中心是国家知识产权局在广东省设立的首个且唯一一个审协中心，其专利实质审查量约占全国的1/5。

二是重磅推出知识产权10条政策。对新落户黄埔区的服务机构总部企业给予800万元重奖，加大对知识产权运营机构、知识产权质押融资、专利交易、知识产权产投债基金、版权交易和知识产权维权的奖励力度，吸引更多的知识产权运营机构入驻，激发知识产权创新创造活力。截至2023年底，广州开发区全年专利授权量19985件，占全市的16.9%；发明专利授权量7873件；PCT国际专利申请量927件，占全市的49.9%。每万人口发明专利拥有量达297.4件，为全市近四倍，位居全国前列；中国专利奖获奖项目62项（占全国6.58%，占省21.96%），创历史新高；质押融资金额首次突破100亿元，占全市的33.7%，专利+商标共计430项。10家企业获评"国家知识

产权示范企业",占全市的55.6%。

三是牢牢抓住中新合作的知识产权平台。深化中新合作,借鉴新加坡知识产权先进经验,塑造国际竞争新优势。2016年3月,在中国—新加坡双边合作联委会第十三次会议上,国家知识产权局、新加坡知识产权局、广东省政府签署《推进知识城知识产权改革试验三方合作框架协议》,三方将加强在中新广州知识城建立合作工作机制、推进知识产权服务园高标准建设、打造知识产权高端实务人才基地、举办国际知识产权高水平交流活动4方面开展合作。

第五章 资源整合力：广州开发区平台与环境创新

第一节 广州开发区资源整合力的评价结果

一、广州开发区资源整合力评价指标

广州开发区资源整合力包含了创新资源整合效率、空间资源整合效率和资金资源整合效率3项二级指标和7项三级指标，如表5-1所示。

表5-1 广州开发区资源整合力评价指标表

一级指标	权重	二级指标	权重	三级指标	权重	数据来源及计算说明
资源整合力维度	0.3	创新资源整合效率	0.3	专利授权量（个）	0.5	根据相关文献及国家知识产权局官网查询得出广州市历年知识产权数据并综合推算
				高新技术企业数量（个）	0.5	根据部分年份统计公报公布的数据推算
		空间资源整合效率	0.4	工业用地（工业总产值）产出强度（亿元/平方公里）	0.5	工业总产值/当年开发区总规划建设用地面积
				单位土地税收产出强度（万元/平方公里）	0.5	税收收入/当年开发区总规划建设用地面积

续 表

一级指标	权重	二级指标	权重	三级指标	权重	数据来源及计算说明
资源整合力维度	0.3	资金资源整合效率	0.3	固定资产投资额（万元）	0.4	《统计年鉴》
				固定资产投资增速（%）	0.3	（本年度固定资产投资额−上一年固定资产投资额）/上一年固定资产投资额×100%
				单位百万投资就业人数（人/百万元）	0.3	社会总就业人数/固定资产投资额

二、广州开发区资源整合力评价结果与分析

本研究分四个阶段对广州开发区资源整合力进行评价（见表5-2），从评价结果得出，广州开发区资源整合力发展40年来，发展效率总体上呈不断提升的态势。其中2015—2022年（高质量发展阶段）的发展效率提升最为明显，其次是1993—2004年（跨越发展阶段）的发展效率提升较为明显。发展效率提升最缓慢的是开发区刚成立的前8年，即1985—1992年（创新探索阶段），其次是2005—2014年（优化提升阶段），发展效率提升也相对较为缓慢。

表5-2 广州开发区资源整合力评价结果

发展阶段及年份		总指数	资源整合维度
创新探索阶段	1985	40	11
	1992	25	14
跨越发展阶段	1993	27	11
	2004	93	22
优化提升阶段	2005	112	28
	2014	152	39
高质量发展阶段	2015	150	43
	2022	251	82

三、资源整合提升的途径与措施

（一）资源整合提升途径

加强政策引导，制定更具针对性和吸引力的产业政策、人才政策、创新政策等，引导各类资源向开发区集聚。优化政策执行机制，确保政策落地见效。优化产业布局，明确各片区的产业定位和功能分工，促进产业协同发展。推动产业链上下游企业的集聚和互动，形成产业生态。强化创新驱动，加大对科研机构、创新平台的支持力度，促进科技成果转化。鼓励企业开展技术创新，提升区域创新能力。推进区域合作，加强与周边区域的合作交流，实现资源共享和优势互补。积极参与国内外区域合作项目，拓展资源整合范围。提升服务水平，完善基础设施建设，提高公共服务质量。打造高效便捷的政务服务体系，为企业和人才提供优质服务。搭建资源整合平台，建立产业合作平台、人才交流平台、科技成果交易平台等，促进资源的对接和流通。利用大数据等技术手段，提高资源整合效率。加强人才培育与引进，建立多层次的人才培育体系，培养本土人才。通过优惠政策等吸引国内外高端人才。促进金融与产业融合，发展多元化的金融服务，为企业提供充足的资金支持。推动金融创新，助力资源整合和产业发展。

（二）资源整合措施

制定全面的区域发展政策，明确资源整合的方向和重点。做好城市规划，合理布局产业、居住、商业等功能区。推动不同产业之间的交流合作与融合，形成产业集群效应。加强产业链上下游企业的联动，促进资源在产业内的优化配置。打造各类科研创新平台，整合科研力量和科技资源。促进高校、科研机构与企业之间的产学研合作。建立统一的人才信息库和服务平台。举办各类人才交流活动，促进人才在不同领域和区域的流动。加强交通、通信等基础设施的建设和联网，提高资源流通效率。推动区域内公共服务设施的共享。构建多元化的金融服务体系，为资源整合提供资金支持。鼓励金融创新，推动资源与资本的有效对接。建立城市大数据平台，整合各类数据资源，为决策提供依据。利用数据资源推动智慧化发展。建立与周边城市和地区的合作机制,加强资源的互补与共享。积极参与国内外区域合作项目。简化办事流程,提高行政效率,为资源整合创造良好环境。加强部门间的协调配合,形成工作合力。

第二节　资源整合力是广州开发区发展效率的支撑

中国设立开发区的重要目的在于通过对社会经济资源重新配置,提高投入要素的利用效率,产生更高的经济效益。因此,开发区实施有别于其他地区的政策和管理方法,在项目批准、税收优惠、土地使用、金融贷款等方面具有较为独立的权利,开发区的优惠政策包括税收减免与关税豁免、私有产权保护、土地政策优惠和较为宽松的劳动力市场规制,以及银行贷款的优先申请等。进入新发展阶段,在越来越注重经济增长效率的背景下,开发区的资源配置效率问题,具有重要的理论和现实意义。

广州开发区西区产业园作为全国改革开放的先行区域,自1984年设立园区以来,经历了起步开发、快速扩张、优化提升、综合升级等阶段,经过40年的快速发展,吸引了一批知名港资企业和国际制造业龙头企业入驻,打造了国家级经济技术开发区工业化、现代化的典范,以不到全区2%的土地面积创造了10%以上的经济贡献。"十三五"期间,面对错综复杂的外部形势和艰苦繁重的改革发展任务尤其是新冠疫情的冲击,西区产业园以稳发展、优功能、促转型为主基调,持之以恒推进整体转型升级,总体呈现园区经济实现新突破、穗港产业交融开创新局面、特殊监管区域转型升级取得新突破、城市更新改造干出新成效等特征,为"十四五"乃至更长时期的高质量发展奠定了良好基础。

一、优化资源配置,提高生产、运营等环节的效率

西区产业园是黄埔区、广州开发区最重要的制造业聚集区之一,也是对外贸易的重要窗口,在全区经济发展大局中发挥着主引擎作用。园区现有企业总数3435家,形成了精细化工、食品饮料等支柱产业集群。2020年规上工

业企业121家，实现规上工业总产值856.70亿元，分别占黄埔区、广州开发区工业总产值的10.7%、14.4%；限额以上商贸企业189家，2020年实现销售总额1181.83亿元，占黄埔区销售总额的12.2%；规模以上服务业158家，其中其他营利性服务业52家，2020年1—11月实现营业收入49.58亿元，占黄埔区总营业收入的7.1%。同时，园区内集聚了包括宝洁、安利、箭牌、高露洁、本田汽车、卡尔蔡司光学、丰田通商、三菱商事、京信通信、依利安达、拜耳、费森尤斯、中远航运等在内的一批生产、贸易、通信、医药、物流类重点企业，其中世界500强企业达到39家。

西区产业园是广州开发区乃至全市港资企业的一块投资热土，园区内首个建成投产的外资项目是港资项目。一方面，港资企业已初步形成集聚效应。截至2020年底，园区内共有186家港资企业（含合资企业），其中规上企业64家，包含以京信通信、屈臣氏、李锦记等为代表的规上工业企业30家，2020年总产值129.4亿元；以和记黄埔为代表的限上商贸企业26家，2020年总销售额137.5亿元；以电讯盈科、珍宝巴士等为代表的规上服务业企业7家，2020年营业收入15.4亿元。香港科技研发实力雄厚，科技服务业发达，西区产业园及广州开发区制造业基础雄厚，工业企业云集，创新创业活动日益活跃，两地在制造业及生产性服务业方面高度协同、资源互补。另一方面，招商引资取得新进展，对接引入港资企业广州世朗普力斯环保科技有限公司、华医控股（广州）有限公司、广州嘉博供应链管理有限公司等，协助香港福宝投资有限公司在西区投资落地广州冠柏血压计总部中心项目，引导原有港资企业屈臣氏食品饮料有限公司等增资扩产。

广州保税区、广州保税物流园区、广州出口加工区等产业载体不断壮大，区域功能不断强化，文化艺术品保税展示、保税维修等创新业务功能取得了初步突破。2020年5月17日，国务院批复同意广州保税物流园区整合优化为广州黄埔综合保税区，未来将以跨境电商、物流分拨、文化保税、研发设计作为产业发展方向，打造具有国际竞争力和创新力的海关特殊监管区域，为穗港智造合作区建设发挥促进国内国际双循环的重要基础性平台作用。特殊监管区域服务效率得到进一步优化提升，积极推进广州开发区特殊监管区域管理服务平台升级改造项目进程，建立项目建设情况周报制度，提升信息化管理水平。广州出口加工区迁址升级为广州知识城综合保税区，满足全区尤其是知识城片区产业发展的需要。广州保税区将进行业态优化布局和整体升级，与广州出口加工区迁址到知识城整合优化为广州知识城综合保税区，为穗港智造合作区智能制造合作园区预留发展空间，形成高水平联动发展格局。近年来，广州保税区跨境电商特色产业不断发展壮大，初具规模，2020年跨境电商包裹数达到1911万件，同比增长81%。

"十三五"期间，新华穗港城、"摩天工坊"、保盈商务中心、粤港澳大湾区高端装备智造创新中心等多个重点产业项目落户合作园区，穗港澳出入境大楼、穗港码头等基础设施项目加快建设。新华穗港城项目破土动工，作为穗港智造合作区的启动项目，将打造成为对接香港尖沙咀中港城的高端商贸口岸，助力广州全面增强国际商贸中心功能；为延续制造业基础，进一步做大做强实体经济，广州开发区推动成立穗港智造（广州）投资公司，通过区财政投入形式建设运营"摩天工坊"，打造集智能制造、企业总部、共享办公、科研展示空间、商业配套等于一体的多样化工业载体，解决了原有厂区土地利用效率低的问题，拓展现代新兴产业发展空间。

二、减少内耗，降低成本，提高整体效率

西区产业园仍以传统产业为主导，新兴产业占比较低，在培育新动能上还需下更大功夫，创新企业与创新载体也相对较少。园区制造业基础雄厚，但精细化工、食品饮料、电子信息等主导产业增长乏力，对园区经济的拉动作用有所弱化。受土地空间制约和产业布局规划影响，生物医药、新一代信息技术等新产业新业态体量较小，本土成长起来的有影响力的骨干企业不多，短期内难以形成规模化经济效应。由于商务商业楼宇缺乏以及片区城市形态有待提升，导致科技服务、工业设计等高端服务业相当缺乏。2020年，规上生物医药企业7家，产值38.67亿元，仅占西区总产值的4.51%，规上新一代信息技术企业21家；高新企业为95家，仅占全区总量的4.46%，瞪羚企业为11家，仅占全区总量的4.18%。

西区产业园空间资源紧缺与低效利用的矛盾日益突出。园区土地利用存在使用年限到期土地多、低效用地闲置厂房多以及公建配套、生活设施用地

少"两多一少"等问题，用地呈现"港口—工厂—城市—村庄"的混杂布局。由于到期土地收回尚需时日、空置土地及低效土地激活存在资金缺口大、业主积极性不高等困难，导致产业空间供应紧缺，难以吸引优质项目落户；部分收回的工业用地转成商业商务用地，造成部分有潜力的高新技术企业难以落户。不少物业依照二十年前的规划设计与建设工艺建成，总体布局、功能设施和风格不适应园区高质量发展要求，优化土地资源配置、提升土地节约集约利用水平和增加产业空间成为当前园区经济发展的迫切需求。

三、吸引资源，为进一步整合提供更丰富的素材

为推动国家级开发区创新提升，发展更高层次的开放型经济，加快形成国际竞争新优势，带动地区经济发展，我国提出以高质量发展为核心目标，以激发对外经济活力为突破口，着力提升开发区开放型经济质量、赋予更大改革自主权、打造现代产业体系、完善对内对外合作平台功能、加强要素保障和资源集约利用，加快将开发区打造成为改革开放新高地。开发区等国家级产业平台获得大力支持，合作园区与国家新战略布局的关联更趋紧密，将为合作园区发展高端高质高新产业，深化营商环境改革，加强同国际高标准经贸规则对接，深度融入"双循环"新发展格局，加快实现新一轮提升发展带来重大机遇。

"双区"建设、"双城"联动拓展区域合作空间。"十四五"时期是粤港澳大湾区和深圳中国特色社会主义先行示范区"双区"建设与广深"双城"联动、比翼双飞的加速期。粤港澳大湾区将在很大程度上改变珠三角核心区既有的区域分工格局，成为充满活力的世界级城市群；深圳中国特色社会主义先行示范区建设和深圳综合改革试点实施，有望在产业、科技、人才、体制机制等方面产生更多的改革创新成果；广深"双城"在科技创新、新兴产业、基础设施、公共服务等领域的联动趋势显著加强。合作园区作为高质量联动番禺、南沙乃至莞深等地区的重要节点，"双区"建设、"双城"联动将为合作园区深化与港澳更紧密更务实合作、参与共建国际科技创新中心、推动产业协同和制度对接提供有利条件。

广州加快实现老城市新活力、"四个出新出彩"开创发展新局面。广东省

委、省政府以支持深圳建设中国特色社会主义先行示范区同等力度支持广州"四个出新出彩"实现老城市新活力,将是合作园区的重要战略机遇。广州正全力推动综合城市功能、城市文化综合实力、现代服务业、现代化国际化营商环境出新出彩,加快实现经济中心、枢纽门户、科技创新、文化引领、综合服务、社会融合等功能取得新突破,岭南文化中心地位更加彰显,着力提升广州现代服务业发展能级,现代服务业开放程度和国际化水平显著提高,率先对接国际先进营商规则,打造具有全球竞争力的营商环境。随着一系列重大举措的落地实施,为合作园区打造智能制造产业新高地、营造更有吸引力的投资贸易环境提供了有利条件。

黄埔区、广州开发区绘就新蓝图蕴藏发展新契机。面向中长期,为强化全域空间治理、功能集成和多规合一,黄埔区、广州开发区提出构筑"一岸双轴三片"高质量发展新型发展空间,全面提升"一岸",构建沿江产业带"最强最美十公里";全面崛起创新大道和开放大道"双轴",筑强广州高质量发展的创新脊梁;全面聚合知识城、科学城、黄埔港"三片",增强区域协调发展核心引擎功能。合作园区作为"一岸"和"双轴"的聚合区域,全区系列重要部署安排为合作园区推动制造业转型升级、加速创新链补齐补强、培育壮大新兴产业、推动片区协调联动发展以及提升创新发展能力带来了发展契机。

四、提升整合能力,改进资源整合方法,使整合能力不断增强

国际环境复杂多变带来新的不稳定性因素。当前,全球化面临的深层次矛盾进一步凸显,发达国家推动国际经贸规则变迁,欲在全球供应链、价值链重构中占得先机。值得注意的是,突如其来的新冠疫情一度导致全球贸易流量中断,产业链供应链因非经济因素而面临冲击,给经济发展造成的损失难以估量,其影响可能持续2—3年甚至更久。合作园区作为广州开发区改革开放前沿阵地和外资企业集聚、外向度较高的产业片区,首当其冲受到外部环境深刻变化带来的严峻冲击,给合作园区加快实现高质量发展带来了不稳定性和不确定性。

我国正处在转变发展方式、优化经济结构、转换增长动力的攻关期,结

构性、周期性问题与复杂的国际形势相互交织。过去依靠大量资源要素投入推进经济增长已经难以为继。必须统筹好培育新动能和更新旧动能的关系，因地制宜发展新质生产力。近年来，西区产业园传统支柱产业支撑力有所下降，新兴产业尚未壮大，经济增长后劲不足，面临提升发展质量和效益方面的压力。

战略平台和重点功能区竞争加剧无法回避。随着资源的新一轮配置，国内各种类型的经济功能区围绕战略平台、优质项目和各类人才的竞争日益激烈。大湾区各城市的高新区、开发区以政策组合拳和提升政府服务水平等举措，吸引高端要素和先进资源加快集聚，横琴粤澳深度合作区、前海深港合作区等发展平台由于与港澳合作基础良好，成为港澳人才、企业及资本青睐的主要地区。广州市内海珠、南沙、增城等地区加快完善投资环境，围绕资源、人才、技术等要素的竞争日趋激烈，尤其是南沙自贸片区、广州人工智能与数字经济试验区（琶洲核心片区）、增城开发区等片区加快兴起，其角色地位可能跨越式提升。综合来看，区域竞逐愈演愈烈，将对西区产业园吸引重大项目、布局新兴产业和集聚创新创业人才构成突出压力。

随着全球经济环境的不断演变，竞争日益激烈，只有通过资源整合，才能更好地应对各种挑战，提升开发区的竞争力，在复杂的经济格局中站稳脚跟。资源整合可促进产业升级和转型，整合各类资源可以推动传统产业的改造提升，引导新兴产业的培育壮大，使开发区的产业结构更加合理、先进，实现可持续发展。资源整合可提高资源利用效率，避免资源的浪费和闲置，将有限的资源进行最大化利用，实现"1+1>2"的效果，创造更多的价值。资源整合可加强协同创新，让不同领域的资源相互融合，激发创新活力，促进技术进步和产品创新，为开发区的发展提供强大动力。资源整合有利于打造区域品牌，通过整合资源，可以提升开发区的整体形象和影响力，吸引更多的优质项目、人才和资金流入，形成良好的发展循环。

第三节 产业创新是资源整合的基础

开发区现阶段仍要紧紧抓住发展高端制造业,关键在于建立具有开发区特色的主导产业集聚平台,加快推进主导产业与配套、辅助性产业关联,形成创新型产业集聚群[①]。按照区域发展类别、行业发展特色,统筹推进国家级开发区主导产业集群发展规划,突出各类开发区产业集群特色。强化开发区产业集群与集群之间的产业关联和区域协同,提升产业集群升级效率。分类制定开发区发展策略。为顺应经济全球化的发展,产业经济发展的各类要素快速流动、集结,关键在于不同的集聚发展策略。集聚发展的产业升级策略,就是为了加快推动贴牌生产(OEM)向原始设计生产(ODM)转化,再完成向自有品牌生产(OBM)的转变。完善开发区内生发展的政策环境,建立开发区由比较优势向竞争优势、竞争优势向创新优势转化以及每个发展阶段的政策支撑体系。当然,推动国家级开发区内生发展并非完全取决于政策环境,更重要的是鼓励自由市场发展的活力机制。

一、打造现代化产业体系,做强做优优势产业集群

集中资源和力量打造高质量现代化产业体系,做强做优优势产业集群。提升 5 大千亿级产业集群和 3 大百亿级产业集群的规模效益和综合竞争力,使其在市场中占据更有利的地位。

在产业转型方面,重点推动美妆大健康和绿色石化能源产业向高端化迈进,提升产品和服务的品质与附加值;向智能化发展,借助先进的信息技术和智能设备提高生产效率和管理水平;向绿色化转型,减少能源消耗和环境污染,实现可持续发展;向融合化转变,促进产业间的深度融合与协同创新。

同时,壮大新型显示等战略性新兴产业,这是对未来产业发展趋势的准确把握。此类产业通常具有高创新性和高成长性,能够为经济增长注入新的

---

① 李耀尧.开发区模式与中国改革开放:实证分析与未来展望[J].广州经济发展报告,2019.

动力。

此外，积极抢占氢能储能、人工智能、低空经济等领域，反映了对前沿产业的敏锐洞察力。氢能储能作为清洁能源的重要组成部分，具有广阔的应用前景；人工智能在推动各行业智能化升级方面发挥着关键作用；低空经济则是新兴的经济增长点。通过抢先布局这些领域，能够为地区产业发展赢得先机，塑造新的竞争优势，实现产业体系的现代化、多元化和可持续发展，从而推动整个地区经济的高质量增长和转型升级。

二、以科技创新引领产业创新，培育新质生产力

积极主动围绕高质量发展、围绕新质生产力的创造，以科技创新引领现代化产业体系建设。开发区必然要关注最前沿的产业体系，最高端前沿的关键核心技术，这是开发区毫无疑问要主动担当的两方面责任。

——李耀尧，黄埔区人大常委会副主任、原广州开发区政研室主任

建设并用好"2+3+N"战略科技创新平台是培育新质生产力的重要支撑。其中，"2"代表着两个具有核心引领作用的关键创新领域或重大科技项目；"3"是三个重点发展的创新方向或关键技术突破点；"N"则可能涵盖了众多细分的创新单元或特色创新项目。通过构建这样层次分明、重点突出且覆盖面广的科技创新平台体系，能够整合各方资源，形成强大的创新合力。

力争全社会研发投入强度突破7%，体现了对创新投入的高度重视。充足的研发资金投入是推动科技创新的重要保障，能够加速科研成果的转化和应用，催生更多新技术、新产品和新服务。这一目标的设定，不仅需要政府加大财政投入，还需要引导企业增加研发投入，激发社会各界的创新活力。

以科技创新引领产业创新是培育新质生产力的关键策略。科技创新能够为产业发展提供新的理论、方法和技术，推动产业结构优化升级，提高产业的附加值和竞争力。通过科技创新，能够开发出更具市场竞争力的产品和服务，开拓新的市场需求，引领产业发展的新方向。

推动产业科技互促双强，意味着要打破产业和科技之间的壁垒，形成良性互动的发展格局。产业的发展需求为科技创新提供方向和动力，科技创新的成果又能够反哺产业，提升产业的发展质量和效益。两者相互促进，共同

推动新质生产力的培育和发展，实现经济的高质量增长和可持续发展。

三、推动产业数字化发展，加快推进制造业智能转型

全方位推进数字新基建，2024年全年推动200个智能化改造项目，技改投资超200亿元，加快传统制造向研发制造、智能制造、服务制造转型。推广应用工业机器人、增材制造等智能装备，广泛应用工业互联网促进智能化技术改造，推动制造业与人工智能、大数据、物联网等新一代信息技术的深度融合，加快发展智能车间、示范数字化车间、示范智能工厂。支持传统制造型企业紧扣关键工序智能化、关键岗位机器人替代、生产过程智能优化控制、供应链优化，重点推进工业互联网、人工智能、机器代人等路径的产业升级改造，推动"机器换人""无人工厂""无人车间"示范项目落地。积极争取国家、省级重大智能制造产业试点示范项目落地，强化合作园区内智能装备制造产业标准化建设和引领作用。引导鼓励企业积极嫁接互联网社区、流量平台等渠道，大力发展新营销模式，扩展全渠道服务能力。

支持5G与制造业企业深度融合，鼓励通信运营商、系统解决方案供应商和制造业企业共同探索研究在5G技术条件下的协同制造与应用，开展"5G+"先进制造业定制化网络建设。推动制造业企业"上云用数赋智"，推进工业互联网、工业物联网、人工智能、大数据等技术在研发设计、生产制造、智能运维、供应链管理、售后服务等领域的应用。发挥数字创新中心龙头项目带动作用，鼓励企业整合数字技术研究、大数据、数字化供应链等方面的创新实践，引导更多企业"上数上云"，加速以数字技术创新为基础的商业模式转型升级。大力引进优质团队，在工业设计、智能家居、绿色能源等细分领域共建工业互联网平台。依托工业互联网平台，连接园区生产制造企业和下游具有需求的企业用户，促进制造商和终端用户供需精准对接。

四、加强绿色低碳技术攻关，构建绿色制造体系

全力打造千亿级绿色能源产业，展现了对清洁能源领域的高度重视和大力投入。这不仅意味着要在风能、太阳能、水能等传统绿色能源的开发和利用上加大力度，还包括对新兴绿色能源如氢能、生物能等的探索和创新。通过规模化的产业发展，提高绿色能源的供应能力和市场竞争力，为经济的可

持续发展提供稳定而清洁的动力支持。

依托黄埔材料院等创新平台加强绿色低碳技术攻关，体现了科技创新在绿色制造体系中的核心作用。这些创新平台汇聚了优秀的科研人才和先进的实验设备，能够聚焦于绿色材料研发、节能减排技术改进、资源回收利用等关键领域，突破技术瓶颈，推动绿色低碳技术的不断进步和广泛应用。

计划在3年内建成不少于15个千亩产业集聚区、30个百亩特色产业园、2000万平方米的新质生产力制造空间，这是对绿色制造体系的空间布局和产业承载能力的精心规划。千亩产业集聚区将吸引大型绿色制造企业和产业链核心环节的入驻，形成产业集聚效应；百亩特色产业园则专注于特定领域的绿色创新企业，促进细分领域的发展；而大量的新质生产力制造空间将为中小企业提供成长的土壤，共同推动绿色制造产业的蓬勃发展。

通过这样全方位、多层次的布局和努力，将构建起一个高效、创新、可持续的绿色制造体系，促进经济发展与环境保护的协同共进，为地区乃至国家的绿色发展树立典范。

第四节 科技创新是资源整合的动力

科技创新不仅是推动社会进步的核心动力，也是资源整合的关键驱动力。通过科技创新，可以有效整合各种资源，包括人才、技术、资金等，从而提升整体创新能力和效率。在知识经济时代，科技创新的作用愈发凸显。科技创新为人才提供了更广阔的发展空间和施展才华的舞台，吸引着各类优秀人才汇聚。他们凭借着专业知识和创新思维，在科技前沿不断探索和突破，为技术的革新和应用注入源源不断的活力。技术作为科技创新的重要基石，在创新的浪潮中不断演进和融合。新的技术理念和方法得以涌现，不同领域的技术相互交叉、相互借鉴，促使技术资源得以优化配置。例如，信息技术与生物技术的结合，为医疗领域带来了前所未有的变革；新能源技术与材料科学的协同发展，推动了能源产业的转型升级。资金在科技创新中同样扮演着不可或缺的角色。科技创新需要大量的资金投入用于研发、实验、设备购置等环节。随着科技创新的推进,资金的流向更加精准,投入最具潜力和价值的创新项目中,提高了资金的使用效率和回报率。同时,创新成果的商业化应用又能带来丰厚的经济回报,进一步吸引更多的资金投入科技创新领域,形成良性循环。科技创新还能够促进产业链上下游的协同合作,实现资源的高效整合。企业、高校、科研机构等各方力量在创新的引领下紧密合作,共同攻克技术难题,推动产业的创新发展。这种跨领域、跨部门的合作模式打破了传统的资源分割局面,使各类资源在更广泛的范围内流动和共享,最大程度地发挥其价值。

科技创新作为强大的引擎,不仅激发了社会的创造力和发展活力,更通过对人才、技术、资金等资源的整合与优化配置,推动社会向着更高层次的创新与进步迈进,为实现可持续发展和人类福祉的提升奠定坚实基础。

一、提升科技创新服务功能,建设新型科技创新载体

发挥国家级开发区在创新方面的优势,加强科技创新和技术攻关,着力攻克关键核心技术,把科技发展主动权牢牢掌握在自己手中。开发区必须在新型举国体制的全国"一盘棋"中下好"先手棋",努力在危机中育新机、于变局中开新局,率先在关键核心技术攻关上做出贡献。要锚定开发区科技优势、产业优势、市场优势、改革优势,坚定发展信心、保持战略耐心,紧跟国际科技创新发展趋势,加强顶层设计、系统谋划,确保"卡脖子"关键核心技术的进位赶超按下"快进键"、跑出"加速度"。应强化源头创新支撑攻关,加强基础研究和应用基础研究,建立多元融资与退出机制;加强重大科技基础设施建设,全力打造知识城、科学城、科学园等重大创新平台、重要研发基地、重点实验室。

加强专业化高水平的创新创业综合载体建设,引导园区内孵化器向专业型、投资型转型,鼓励科研院所、机构和大湾区重点企业在合作园区规划建设生物医药、新一代信息技术、集成电路等领域的专业科技孵化器加速器,探索云平台孵化、共享工厂孵化等新型孵化模式,优先引入成长性强和成活率高的科技型企业,自主孵化一批科技型企业,依据《广州市黄埔区 广州开发区聚集"黄埔人才"实施办法实施细则》相关规定,对在园区创办企业的

创业英才给予50万元创业资助及对获得股权投资机构投资1000万元以上的优质项目给予100万元创业资助，支持社会力量建设众创、众包、众扶、众筹空间。依托粤港澳大湾区高端装备智造创新中心等重点项目，积极引入一批知名孵化机构，为在合作园区内成功孵化的优质项目提供专业的产业培育、高端培训、市场引导和资金支持。

二、共建产业创新联合体，扎实推进区域协同创新

坚持创新在发展全局中的核心地位，把科技自立自强作为发展的战略支撑，鼓励企业建立研发准备金制度，引导园区内企业与科学城、知识城乃至大湾区高等院校、科研机构共建产业创新联合体。依托园区制造业基础和企业技术需求，积极参与科技攻关项目，鼓励采用产学研项目、校企共建实验室及委托研发等形式，加大满足市场需求的应用研发、定向研发及跟踪研发力度，共同推进关键共性技术创新。强化与广州大学城在人力资源、技术创新等方面的合作，鼓励园区企业与高校开展研发合作，探索共建园中园、合办跨界实验室，协同开展科技研发与成果转化，联合开展青年人才培养，吸引更多优秀毕业生在园区就业创业，争取建立更加紧密的科研产业化共同体，助推园区产业创新发展。

三、建设科技成果孵化基地，加快推动科技成果转化

建设科技成果孵化基地、中试、转化平台或产学研中心，开展科技成果研究开发、生产制造和市场开发；加强与香港生产力促进局、澳门生产力暨技术转移中心以及香港科技园、香港应用科技研究院、澳门大学的合作，组织实施一批科技创新项目，强化技术交流和积极承接港澳重点支持发展的生物科技、人工智能、机器人等领域创新成果在园区落地应用。鼓励广州大学城高校科技人员带项目、带成果到合作园区转化。探索联合香港成立创投基金，推动企业投融资与孵化项目对接，增强对种子期和初创期科技企业的股权投资供给，对投资园区种子期、初创期科技创新企业且符合条件的风险投资机构给予资金奖励，培育一批根植本地的创新型明星企业。鼓励港澳私募基金向西区科技创新项目提供融资服务，建立符合科技成果转化需求的信贷、保险机制。

四、创立科技创新创业投资母基金，用好用活引导基金

设立科创母基金有利于财政资金统一管理、提高运行效率，集中力量打响广州开发区在创业投资、股权投资领域的引导基金品牌，提高区域的知名度和影响力，吸引更多头部机构、撬动社会资本，更好发挥财政资金"四两拨千斤"的杠杆作用。

为切实发挥支持科技成果转化的作用，科创母基金明确重点投向广州开发区战略性新兴产业领域的种子期、初创期、成长期的创新创业科技企业，将对天使类、创投类子基金的出资比例提升至不超过40%，引导社会资本"投早""投小""投科技"。

科创母基金从为产业做增量的实质出发，将返投范围由区高层次人才和港澳青年人才项目扩大到全区优秀科技企业，并允许子基金管理人通过管理其他基金投资的区外企业迁入广州开发区内落户或在广州开发区新设法人企业等多种方式完成返投任务，有助于调动风险投资机构的合作积极性，用好用活引导基金，最大化发挥其效用。

围绕广州开发区重点产业高质量发展需求，一方面提高子基金招引项目的返投系数到投资金额的1.5倍，调动子基金管理人为广州开发区招引优秀项目的积极性；另一方面，科创母基金增加直投板块，投资广州开发区优秀创新创业科技企业及招引项目，实现以基金撬动资本、以资本导入产业，以更高效、更精准的长期股权资金支持企业落地、发展的需求。

第五节 政策创新是资源整合的方向

政策创新是资源整合的重要方向。在当今复杂多变的社会经济环境中，传统的政策模式可能无法有效应对新的挑战和机遇，这就需要进行政策创新来优化资源整合。政策创新能够为资源整合提供明确的指导和规范。通过制定新的政策法规，明确资源整合的目标、范围和方式，引导各方朝着共同的方向努力，避免资源的浪费和无序竞争。还可以创造有利的制度环境。例如，

出台激励性政策，鼓励企业间进行合作，促进技术、人才等资源的交流与共享；或者通过税收优惠、财政补贴等手段，引导资金流向重点发展领域和项目，实现资源的优化配置。政策创新能够打破部门之间的壁垒和地域限制，促进不同地区、不同部门之间的资源流动和协同合作，形成跨区域、跨部门的资源整合网络，提高资源的利用效率和效益。此外，政策创新还能够及时适应市场变化和技术进步。根据新的经济形势和科技发展趋势，调整资源整合的策略和重点，确保资源能够投向最具潜力和创新性的领域，推动产业升级和经济发展。

总之，政策创新在资源整合中发挥着引领、规范和促进的关键作用，是实现资源高效整合和优化配置的重要途径。

一、加强与粤港澳大湾区、国家级重点科技创新园区产业协同合作

以制度化、平台化方式争取与大湾区区域内部的产业、要素与制度协同。一是瞄准粤港澳大湾区内部的产业创新协同，整合大湾区的产业资源和创新资源，建设产业创新中心。二是探索与深圳证券交易所创业板注册制改革进行联动，破除科技创新中小企业融资难、融资贵的难题。支持民营及中小企业申请在深交所创业板注册上市，引入券商、保荐机构为区内企业提供上市指导。三是打通粤港澳大湾区内部产业链、创业链、创新链，形成畅通的产业循环体制机制，探索区域创新联合投入和成果利益共享机制。

在匹配远程区域协作需求的基础上，进行粤港澳大湾区之外重点高新区之间的联动实践示范。一是加强与国家级重点科技创新园区的对接合作，打通科技成果转化南北通道。二是与海南自由贸易港深度对接、联动发展，建立互相补充、互相支撑、互相促进的合作关系。

二、利用对外合作平台，积极探索国际市场

政策创新的过程就是按照国家的顶层设计，根据开发区实际来创造推动自身区域发展的政策体系，包括产业、土地、招商、人才、管理，以及近几年出台的"金镶玉"政策体系，这些都是开发区引以为豪的政策创新的招数和亮点。

——李耀尧，黄埔区人大常委会副主任、原广州开发区政研室主任

充分利用现有对外合作平台，积极探索国际市场通行规则，借此引进国外科研机构和进一步探索离岸科研模式，构筑国际化创新网络。依托中新、中以、中欧等国际合作经验，借鉴与国际市场对接的通行规则和标准，探索对外开放新的全球合作机制，其中以国际要素流动尤其是制度型开放为重点，实现与国际技术、国际经贸规则、标准的对接、联通和融通，加速全球高端创新资源在广州高新区的集聚；进一步探索离岸科研模式，对于海外人才采用"不求所在，但求所用"的包容态度，在不破坏海外人才既有科研环境的前提下，推动开展科研合作。

以中国与新加坡双边项目中新知识城为主要抓手，对接新加坡优势，着力发展服务贸易行业，以借机寻求高端有效的服务标准和经验。一是依托中新知识城国家开放平台，集聚高端产业、吸引高端人才、提供高端服务，使其成为引领中国产业高端发展的新引擎、优秀人才创新创业的新高地、国际一流的生态宜居新城。二是充分发挥新加坡在服务贸易行业所积累的深厚经验，通过学习和与其加强合作，争取将中新知识城打造成为服务贸易领域的重点高地。

积极研究对接区域全面经济伙伴关系协定（RCEP）、中欧投资协定等区域自由贸易协议，把握新一轮对外开放的新机遇。一是在外贸区域结构方面，应帮助企业积极开拓亚太市场。成立专业部门，帮助企业拓展亚太市场，评估欧美价值链存在的风险，帮助企业构建亚太区域价值链。二是积极研究中欧投资协定的新要求。中欧投资协定是我国首次在包括服务业和制造业在内的所有行业以负面清单形式作出投资承诺，积极组织研判中欧投资协定对各个行业的影响及应对策略。三是构建更为公平竞争的国际化营商环境。中欧投资协定首次包括国有企业和补贴透明度等内容，广州高新区应积极加强国有企业混合所有制改革，从标准制定、行政执法、金融监管等各个方面，营造更加公平的营商环境，增强高新区对外资的吸引力。

广州开发区充分利用国家和省、市赋予的优惠政策，发挥资源禀赋优势，抓住经济全球化带来的新机遇，率先构建国际产业转移承接平台，积极主动参与国际产业分工体系，在国际竞争的大环境下，不断提升开发区产业的国际竞争力。牢牢把握跨国公司发展的新趋势，积极拓展与跨国公司、与国内企业合作的新空间，着力引进其产业价值链的高端环节，推动投资链条向产业价值链"微笑曲线"两端延伸。深入开展与国际知名大学合作，积极引进打造人才集聚的"教育枢纽"。着力链接和引进全球高端资源，完善产业配套，打造产业集群，提高对国外高端项目、技术、人才以及资金的吸引力，为经济发展提供有力支撑。实践证明，只有坚持对外开放，深化国际合作，参与全球竞争，增强外向型经济发展优势，开发区的发展才有源源不断的新内涵，才能形成强大的生命力。

三、优化环境，提升服务，打造一流国际营商环境

全面对标世界银行指标和国家评价体系，打造"零负担审批""互信审批"等营商环境品牌。借鉴上海浦东新区经验，在部分行业开展"一业一证"改革试点。对外商投资实行准入前国民待遇加负面清单管理制度，建立市场准入负面清单动态调整机制和第三方评估机制，完善外商投资投诉工作有关制度。健全以公平为原则的产权保护制度，全面依法平等保护民营经济产权。

坚持优化环境，提升服务，打造国际一流园区。建区以来，为适应国内外投资者的需要，广州开发区在抓硬件建设的同时，始终注重提升服务质量和服务效益，致力打造具有自身特色的国际一流园区。广州开发区从转变管理服务观念入手，提出了"人人都是投资环境、处处都是区域形象""一个部门管理、一支笔审批、一条龙服务""一切为了企业、一切为了投资者、一切为了人民群众"等理念，使广大投资者和全区人民感受到开发区的务实作风；率先在全市推行服务承诺制，将服务内容、服务程序、服务时限对外公开，接受广大投资者和企业的监督；率先在行政管理中导入ISO9001质量标准，推动管理服务规范化、标准化；按照项目投资程序和发展规律，锐意创新，着力构建了包括招商服务、企业筹建服务和生产经营服务等在内的全方位服务体系；努力营造公平公正的市场环境，保障了投资者的合法权益。实践证明，没有好的投资环境，就引不来"金凤凰"，广州开发区从一无所有发展到相对成熟的现代化、国际化产业园区，良好的投资环境和服务起到了决定性作用。

第六节 空间创新是资源整合的支撑

空间不仅仅是物理意义上的存在，更是一种具有丰富内涵和巨大潜力的资源。空间创新为资源整合提供了新的载体和平台。通过对广州开发区空间的重新规划和设计，打造出融合多种功能的综合性区域，使得各类资源能够在同一空间内相互交流、协同发展。空间创新还能激发人们的创造力和创新思维。富有创意和人性化的空间设计能够营造出良好的创新氛围，吸引更多的人才和资源汇聚，为资源整合提供源源不断的动力。总之，空间创新以其独特的方式为资源整合提供了坚实的支撑，为实现资源的高效利用和经济社会的高质量发展创造了有利条件。

一、创新土地利用管理模式，提升存量用地利用效率

广州开发区打破仅仅依靠区位优势的传统路径依赖，把握新发展阶段、贯彻新发展理念、构建新发展格局，把握机遇顺势而为造就新的区位空间优势，形成区域新的"中心"发展格局，在以国内大循环为主体、国内国际双循环相互促进的新发展格局中不断发挥国家级开发区的使命担当。在这个过程中，广州开发区是既有经济增长辐射带动作用的增长极发展模式，同时也具备示范引领的空间创新范式。按照创新功能和城市功能要求，实现了两种功能互动型空间，进一步优化提升了广州开发区的定位和功能，对广州开发区空间布局发展进行统筹协调，以点带面有序发展，提升开发区创新空间显示度。对广州开发区的产业布局、产城一体发展、进口替代型产业、满足内需型产业，进行高起点、高标准、高规格的规划，增强了广州开发区发展的兼容性，并以创新城区建设加速广州开发区高品质配套设施规划布局，加快促进广州开发区的产城功能提升，不断优化吸引人才的创新创业环境，让优美的科技型城区布局形成创新空间。

广州开发区严守工业产业区块，加快推进片区低效闲置用地清理，鼓励通过加建、改建、扩建、技术改造等方式提升存量用地利用效率，探索旧厂

自行改造与公开出让收益相当的激励机制，争取上级允许开展对具备土地独立分宗条件的工业物业产权进行分割的改革试点。通过强化集约用地导向，对符合规划的低效厂房，土地使用权人在按政策要求补缴出让金的情况下，将地块调整为新型产业用地。通过试点部分工业用地垂直兼容，建立容积率调节机制，建设一批"摩天工坊"，引导工业"上楼"。通过建设用地和非建设用地规模指标腾挪转换创新模式，创建国家建设用地、补充耕地指标跨区域交易试点。持续探索旧改产业空间、返还集体物业的批量授权，打造短期让利、长期红利持续分享的盈利模式组合和政策保障体系，形成区域性产业空间成本洼地。

二、开展制造业高质量发展研究，大力实施制造业高质量评价试点

广州开发区持续探索在合作园区开展制造业企业高质量发展综合评价试点，以亩均税收、亩均增加值、研发经费支出占主营业务收入比重、全员劳动生产率等指标为评价标准，争取试点实行差别化政策，依法依规实施税收、用地、供水、供电、供气、资金等资源要素供给价格，引导企业进一步提高综合效益，探索通过提高容积率、资金扶持等方式支持企业增资扩产。建立园区综合信息平台，全面掌握经营、用地、用能、排污等基本情况，实时更新企业数据信息，有序、高效整治和淘汰"三高一低"工业企业。提高引资质量，重点引进优质企业研发、财务、采购、销售、结算等功能性机构。

三、推动用能结构优化，创建现代绿色工厂

引导企业应用绿色低碳技术建设改造厂房，合理布局厂区能量流、物质流路径，建立资源回收循环利用机制，推动用能结构优化，创建现代绿色工厂和引导绿色生产。以食品饮料、日化用品等行业重点企业为依托，探索建立集采购、生产、营销、回收及物流体系于一体的绿色供应链体系。加快贯彻推进"碳达峰"，不断加强广州开发区与香港在节能、环保、清洁生产、资源综合利用等方面的交流合作，强化节能降耗和资源循环利用。强化绿色监管，加强企业清洁生产审核，加大节能环保监察力度。大力推动码头、港口综合整治提升，淘汰落后、低端、对环境影响较大的散货码头和煤码头；积极推进黄埔电厂气代煤项目，加快对恒运电厂、配套西基煤厂、油库等污染

企业的搬迁或改造,大力推进管桩厂、污水处理厂的原址改造;持续改善水环境,对墩头涌、鹤子坦涌、南湾涌和横滘河沿线开展滨水地区整体改造和环境整治。

四、实施"三旧"改造,加快产城融合

随着城市化、工业化快速发展,城市人口大量增加,广州常住人口增加已达到临界点,发展伴随着城市规模的扩大,在市区留下大量"三旧"地区,即旧厂、旧城和旧村("城中村")。"城中村"地区存在城市规划滞后、安全隐患突出、环境脏乱差等社会问题,威胁居民生命财产安全,影响社会稳定,这就需要通过旧村改造来提升城市品质、改善居民生活、促进社会和谐。

2009年广东省政府与原国土资源部合作建设节约集约用地试点示范省,广州在全国率先探索实施"三旧"改造,十年来广州大力推进城镇低效用地再开发,通过城市更新释放存量资源潜力,满足城市转型发展对新空间、新经济、新功能的高质量发展要求。

通过城市更新工作盘活存量土地,释放存量资源潜力,积极探索城市转型高质量发展。一方面,城中村建设密度大,基础设施薄弱,环境脏乱差,无法满足城市转型对新空间、新功能的高质量发展要求;另一方面,城中村现有产业单一,平均土地产出低效,村集体经济增长缓慢,同时无法满足城市转型对新经济的高质量发展要求。双沙旧村改造项目通过优化城市空间布局,完善基础设施和公共服务设施,促进产业结构调整,推动城市转型发展更高质量、更有效率、更加公平、更可持续。

第七节 人才创新是资源整合的保障

人才创新是资源整合的保障。在当今竞争激烈的时代,人才作为最具活力和创造力的资源,其创新能力对于资源整合起着至关重要的作用。创新人才能够提供先进的理念和思路。具有创新思维的人才能够打破传统的资源整合模式,开拓全新的视角和方法。他们能够敏锐地洞察市场需求和趋势,准确把握资源整合的方向，为实现资源的最优配置提供有力的智力支持。他们具备卓越的技术和专业能力。在资源整合的过程中，往往需要解决各种复杂的技术和业务问题。创新型人才凭借其深厚的专业知识和丰富的实践经验，能够研发新的技术、优化业务流程，提高资源整合的效率和质量。人才创新还能够推动组织和管理模式的变革。创新型人才善于打破常规，构建灵活高效的组织架构和管理机制，促进不同部门和团队之间的协作与沟通，消除资源整合过程中的障碍和内耗，确保资源整合工作的顺利进行。此外，具有创新精神的人才具有强大的学习能力和适应能力。在快速变化的市场环境中，他们能够及时调整资源整合策略，应对各种不确定性和风险，保障资源整合的稳定性和可持续性。

总之，人才创新以其独特的智慧和能力，为资源整合提供了可靠的保障，为实现资源的最大化利用和价值创造奠定了坚实基础。

一、加强政策支持，激励人才创新创业

从招商1.0到招商4.0，每个阶段的招商引资的情况是不一样的，开始是靠政策、土地等要素来推动，后来发展到了以商引商的办法，到招商4.0阶段是以人才为中心的招商引资阶段，用人才来推动和引导开发区产业的发展。

——李耀尧，黄埔区人大常委会副主任、原广州开发区政研室主任

广州开发区出台了一系列优惠政策，如人才补贴、住房优惠、税收减免等，以吸引高层次人才和创新团队。这些政策旨在提供更好的发展机会和生活条件，激励人才在该区域创新创业。

二、积极搭建平台，促进人才与企业交流与合作

强化信息平台建设，打造一个高效的人才创新资源信息共享平台，及时发布需求和成果信息，促进精准对接。为了促进人才与企业之间的交流与合作，广州开发区积极搭建各类平台，如人才交流活动、创新创业大赛等。这些平台为人才提供了展示才华和与企业对接的机会，加速了创新资源的整合和转化。

三、注重优化人才办事效率，提供一站式服务

广州开发区注重优化人才服务，提供一站式的服务窗口，为人才提供便

捷的办事流程和高效的服务。此外，还提供人才公寓、子女教育、医疗保健等配套服务，解决人才的后顾之忧。

四、加强企业与高校、科研机构开展产学研合作

广州开发区鼓励企业与高校、科研机构开展产学研合作，促进科技成果的转化和应用。举办高频次的交流活动，如主题沙龙、研讨会等，让不同领域的人才有更多机会互动交流，碰撞出创新火花。通过合作，企业可以获得高校和科研机构的技术支持和人才资源，高校和科研机构也可以更好地了解市场需求，推动科研成果的产业化。

五、加强与外部区域合作，建立人才合作联盟共享资源

广州开发区加强与外部区域的合作，与其他先进地区建立人才合作联盟，共享资源，扩大人才和创新资源的来源渠道。积极开展国际合作，吸引海外人才和创新资源。通过与国际知名高校、科研机构和企业的合作，引进先进技术和管理经验，提升区域的创新能力和竞争力。

第八节 典型实践案例

一、锚定目标踔厉行，潮头登高再击桨——广州开发区奋力打造世界级生物医药产业集群

（一）案例背景

《国务院办公厅关于全面加强药品监管能力建设的实施意见》提出"推动我国从制药大国向制药强国跨越"。广东省人民政府将生物医药定位为十大战略性支柱产业集群之一，力争到2025年将全省生物医药打造成万亿级产业集群。广州市人民政府提出要建成我国重要的生物医药创新强市和具有全球影响力的生物医疗健康产业重镇。《黄埔区、广州开发区国民经济和社会发展第十四个五年规划和2035年远景目标纲要》指出要"建设世界顶尖的生物医药研发中心"。近年来，从中央到地方各级政府为促进生物医药产业的发展先后

出台了大量指导性政策，推出了一系列具体的支持措施，对生物医药产业的发展起到了极大的推动作用。

当前，我国生物医药产业处于高速发展时期，各领域实现突破性进展，区域产业集群效应显现。然而随着人民群众对健康需求的日益增长、生物医药产业由高速发展转向高质量发展，新药上市研发难、转化难、注册难的问题日益突出，广州开发区生物医药产业的技术服务能力和产业成果转化能力存在的短板问题日益凸显。

一是药品监管服务资源不足。国家药品监督管理局（简称"国家药监局"）自成立以来，持续深化药品医疗器械审评审批制度改革，加快创新药品、医疗器械审评审批，各级药品监督管理部门也在不断优化监管流程、提高监管效率，不断提升药品监管的服务能力和服务水平。但与此同时，新一轮机构改革后，药品监管体制机制发生了重大变化，药品监管实行分级分段管理，由国家药监局承担研制环节的监管，省药监局承担生产环节的监管，市、县（区）市场监管局承担经营使用环节的监管。药品监督管理局只设到省一级，市级、县级药品监管职能由市、县（区）市场监管局内设药品监管部门承担，药品监管力量较改革前有所削弱。反观生物医药产业，近年来随着各级政府的政策引导和扶持，产业快速发展，市场主体迅速增加伴随而来的是企业监管需求的不断增长。从广东省全省范围来看，全省药品、医疗器械生产企业从 2019 年的 4281 家增长到 2022 年的 6636 家，3 年之间增加了 55.01%，而面对日益增长的产业规模，相对稳定的监管队伍显得捉襟见肘。药品监管部门的监管服务资源的有限性和生物医药企业监管需求的无限性之间的矛盾日益突出。

二是药品成果转化能力不强。近年来，国家药监局持续深化药品医疗器械的审评审批制度改革，鼓励创新相关的政策红利不断释放，一大批创新药、创新医疗器械获批上市。目前，广州开发区内省级高水平创新研究院约占全省的半壁江山，广州市的大部分创新产品虽然都出于广州开发区（一类创新药 1 个，创新医疗器械 3 个），但对标其他产业聚集区差距明显，主要表现在科研课题与临床需求结合不够紧密，基础研究和临床研究长期分割。2018—2020 年，国家药监局共批准一类创新药 39 个、中药创新药全国共 7 个；截至

2020年底，共批准创新医疗器械99个。从分布上来看，这些创新产品主要分布在北京（一类创新药5个、创新医疗器械25个）、上海（一类创新药9个、创新医疗器械19个）、苏州（一类创新药3个、创新医疗器械9个）、深圳（创新医疗器械10个）等产业聚集区，可见，与其他产业聚集区对比广州开发区药品成果转化能力还不够强。

三是公共服务平台配备不齐。为增强区域生物医药产业的创新能力与可持续发展能力，我国生物医药产业集聚区相继建立了公共服务平台，为产业发展提供相应的研发试验、检验检测、临床研究等各类专业技术服务，目前，广州开发区内已引进省药品检验所、省医疗器械质量监督检验所，为区内企业提供省一级的检验检测服务，同时通过政府主导培育华南新药创制中心等委托研究机构（CRO机构）作为生物医药领域专业化公共服务平台。但是从规模上看，广州开发区生物医药的公共技术服务平台缺乏国内知名的CRO机构，大部分民营的CRO机构服务内容单一，整体实力仍偏弱，研究的广度和深度难以适应科技创新的发展；从分布上看，区内的生物医药的公共技术服务平台较为分散，各自经营，未能形成合力，在推动生物医药产业发展、提升生物医药企业创新能力上发挥的作用有限。

(二) 主要做法

科学把握高质量发展时代内涵，顺利转型转轨，步入高质量发展道路，是我国生物医药产业必须破解的时代命题。广州市黄埔区市场监督管理机构(广州开发区市场监督管理局，简称"区市场监管局") 主动思考、积极探索、高位推动、系统推进，向上对接争支持，资源整合创成效。

1. 主动求变，推进省区共建落地生效

按照现行的法律法规，药品注册和第三类医疗器械注册由国家药监局负责，药品、医疗器械的生产许可及第二类医疗器械的注册由省一级药品监督管理部门负责。由于现有的审评审批资源与产业的增长速度不匹配，加上区内企业与审评审批部门的物理距离遥远，沟通协调困难，企业获得新药批件平均需要3—4年时间，这对企业产品上市前的资金投入和时间成本是一个巨大的考验。为进一步加速广州开发区企业注册、许可进程，区市场监管局主动对接广东省药品监督管理局（简称"省药监局"），为产业加速的同时，争取更多政策、资源向黄埔倾斜。

（1）省区合作共同推进生物医药先行先试改革创新

2020年8月24日，广东省药监局与广州开发区签署《共同推进生物医药先行先试改革创新合作框架协议》，在全国范围内首创省区深度合作共同推进生物医药先行先试改革创新的发展模式。一是由区市场监管局承接省药监局药品注册检验抽样、药品生产许可证换证和变更现场核查等工作，提升企业许可事项审批速度；二是推动省区共建广东药物安评中心，区内企业"足不出区"就能享受到省级法定药品检验机构的服务；三是省药监局为区市场监管局相关人员提供跟班学习、业务培训等机会，培育出一支理论扎实、技术过硬，能为区内产业提供专业的监管技术服务的人才队伍。

（2）省区共建协同推进生物医药产业加速提档升级

2023年7月13日，省药监局与广州开发区总结前期合作经验，进一步签署《共同推进生物医药先行先试改革创新合作共建协议》，同时制定加速产品上市、加强队伍能力建设、打造服务平台等13项"优监管、优服务"举措。一是推动省药监局审评认证中心落户广州开发区，与区市场监管局共建广州开发区生物医药创新服务站，作为省级审评、检查力量的重要补充，进一步加速区内企业产品上市；二是广州开发区将协调推进广东省医疗器械质量监督检验所三期建设及广东省药物安全评价中心建设，支持广东省药品检验所生物制品批签发能力建设，省药品检验所和省器械检验所为符合条件的重点、创新产品给予检验技术服务；三是省药监局支持广东省药品监管综合改革各项举措在广州开发区试点，协调省级检验检测机构、审评检查机构提供"组团式"服务，协助争取医疗机构自行研制使用体外诊断试剂（LDT）和药品研发用物品进口白名单制度等各项试点工作在广州开发区试行；四是省药监局及其直属事业单位聚焦区内企业需求，定期在广州开发区举办线下培训。

2. 主动对接，增强与湾区中心合作黏度

2020年12月，国家药品监督管理局药品审评检查大湾区分中心（简称"药品大湾区分中心"）和医疗器械技术审评检查大湾区分中心（简称"医疗器械大湾区分中心"）在深圳挂牌成立。大湾区药品医疗器械技术审评检查分中心挂牌启动，为粤港澳大湾区药品、医疗器械产业创新发展提供国家级的技术指导。为进一步加快广州开发区生物医药企业或机构药品及医疗器械的注册进程，区市场监管局主动对接两个分中心，加强业务交流，强化互动联动，逐步探索建立一套服务产业发展的工作机制。一是分两轮遴选7名业务骨干（药品4名，医疗器械3名）赴两个分中心进行跟班学习，提升区市场监管局业务骨干的技术服务能力；二是积极协调两个分中心的技术专家在广州开发区举办4场技术审评现场座谈会，2场线下培训班，近距离倾听企业"急难愁盼"的问题，并给出技术指导意见。三是在省药监局的协调下，药品大湾区分中心在广州开发区开展常态化服务工作，每月由区市场监管局进行问题收集、整理确认，分中心根据企业咨询问题组织技术骨干赴广州开发区开展"面对面"咨询。

3. 主动作为，成立新药申报服务中心

为提高区内企业药品注册申报效率及成功率，区市场监管局积极探索，充分论证，对标国内先进产业聚集区，协调相关部门推动广州市黄埔区新药申报服务中心（简称"新药中心"）于2021年成立，并通过引进具有生物医药专业背景的高端技术人才，迅速组建起一支理论扎实、技术过硬，服务广州开发区生物医药产业发展的"黄埔铁军"。两年多以来，新药中心边组建、边运行、边探索、边完善，机构运行初见成效。一是分级分类提供服务，对小微型初创企业给予政策法规指导，对中等规模企业的流程升级、体系优化进行专题辅导，对规上企业进行监管服务资源对接；二是充分发挥招商部门、科技部门、产业园区等单位的"哨点"作用，挖掘一批"潜力大""后劲足"的在研创新产品，创新靠前服务机制，指派专业技术服务团队在产品研发环节早期介入，对产品研发及注册申报中可能遇到的问题提出风险预判并给出解决建议，提前理顺；三是加强队伍建设，一方面推荐技术骨干参加国家、省药监局检查员培训，培养国家级检查员3名，省级药品检查员17名，另一方面遴选技术骨干派驻省药监局及其直属技术机构，作为省级监管技术力量的重要补充。

4. 主动创新，构建监管技术服务平台

区市场监管局以省药监局药品监管综合改革为契机，以"政府引导、整合资源、服务产业"为理念，以信息化为手段，在全国率先打造以监管技术服务为核心的生物医药聚集区监管技术服务平台，面向社会遴选技术专家526名和第三方技术服务机构27家入驻服务平台，将原本分散的、产业发展所需的检验检测、检查核查、注册咨询等第三方技术力量通过平台进行有机整合，一方面通过资源整合，平台年均对接并提供专业技术服务167家次，区内生物医药产业发展聚力增效、提档升级，另一方面也激活了第三方技术服务机构的市场活力，形成互助共享共赢的生物医药产业新生态。

（三）主要成效

近年来，区市场监管局在做好产业服务、优化产业生态上积极作为，区内药品、医疗器械研发转化上市速度显著加快，产业产值不断刷新，在实践中不断探索总结出一项项"黄埔经验"。

一是创新药械上市持续加速。区市场监管局在服务创新药品上积极作为，向上对接国家、省药监局及其直属事业单位，对外协调专家、第三方技术机构帮助企业顺利通过审评，产品注册审评效率也明显提高，缩短产品上市周期。一大批产业试点政策赋能新药研发，区内药品研发转化率提升5%，产品审评、审批时限较之法定时限提速20%，近三年广州开发区共获批创新药4个，占广东省的比例为55%，第三类医疗器械284个，占广东省的比例为20%；全球首创卡度尼利单抗注射液填补了中国晚期宫颈癌免疫药物治疗的空白，替雷利珠单抗、赛帕利单抗注射液在恶性肿瘤治疗上发挥积极作用，领扣型人工角膜让角膜病患者重见光明，一大批具有显著临床价值以及重大经济效益的新药加速获批上市。

二是医药产业生态持续优化。在区市场监管局的努力下，生物医药全区域布局、全链条发展、多片联动、错位发展的产业生态不断优化完善，截至2023年底，广州开发区集聚生物医药企业超4000家，营收规模超2100亿元，其中高新技术企业443家，上市企业18家，占广州市的比例为75%，生物医药研发机构达到390家，其中国家级13家、省级222家，良好的产业生态吸引全球制药50强的中国生物制药、A股上市企业何氏眼科相继落户广州开发区。2023年，38家药品规上企业全年产值高达232万亿元，同比增长

34.6%。广州开发区生物医药"热带雨林式"的产业生态持续焕发新活力。

三是品牌示范效应持续提升。区市场监管局服务生物医药产业高质量发展成效显著,广州开发区获评中国生物医药最佳园区奖,生物医药产业园区综合竞争力从2019年的全国第11跃升到第6,跻身国内生物医药产业园区第一梯队。而今,"湾区生物医药看广州,广州生物医药看黄埔","黄埔经验"被《中国日报》《南方日报》《医药经济报》、南方Plus、《羊城晚报》、金羊网等媒体报道合计超过114次。区市场监管局获"全国药品监管系统先进集体"称号,"生物医药聚集区监管技术服务新模式"获全省推广,入选全省"药品监管综合改革优秀项目"。"黄埔经验"吸引上海、江苏、深圳、中山等省市前来调研,生物医药"黄埔制造"品牌强势"出圈",为生物医药产业高质量发展提供"黄埔样本"。

二、建设国家进口贸易促进创新示范区,以高水平开放促进高质量发展

(一)案例背景

广州开发区是首批国家级开发区之一,作为全国实体经济主战场、科技创新策源地,广州开发区构建了"3+3+5"的现代产业体系,是名副其实的工业强区。2017年之前,广州开发区外贸存在以下两个主要特点。一是以制造业为支撑,加工贸易占全区进出口额的比例为52%,外贸产品以机电产品及高新技术产品为主,分别占全区进出口的比例为71%、44%(有重叠)。二是以外商投资企业为基本盘,128家世界500强企业在广州开发区设立企业和项目,外资企业进出口占全区的比例为76%。加工贸易两头在外,同时外资企业缺乏技术和市场自主权,因此当发达国家高端制造回流与中低收入国家争夺中低端制造转移同时发生,制造业和外贸便受到"双向挤压"的严峻挑战。2020年后,广州开发区加工贸易占全区进出口贸易的比例下跌至37%,下降15个百分点;捷普电子、乐金集团等外贸龙头企业接连损失欧美订单。为突破受限于人的局面,广州开发区外贸亟须转型升级。

2021年广东省开展省级进口贸易促进创新示范区培育工作,广州开发区积极响应,组织申报,于2022年获批为省级进口贸易促进创新示范区。随

后,广州开发区主动与广州市商务局、广东省商务厅提出申请国家级示范区,在上级单位的支持下,提前做好申报准备。经过反复研究,广州开发区凭借实体经济尤其是高科技产业发展优势、经济外向度优势,于2022年下半年成功获批为国家进口贸易促进创新示范区,这是广州开发区在贸易领域获得的第一个国家级示范区牌子,国家229个经开区中仅有11个获得进口示范区称号。

2022—2023年广州开发区商务局积极推进进口贸易促进创新示范区建设工作,根据广州开发区高科技产业定位,推出创新性工作举措,通过政策创新、服务创新、模式创新,推动贸易与产业相互促进,为解决"卡脖子"问题创造新机会,带动产业升级,打造本土品牌,推动国产出口,以高水平开放促进高质量发展,取得一批新成效、新突破。截至2023年底,广州开发区进口贸易占广州市进口贸易的比重近三成,进出口总额在全国经开区中排名第五,引领示范作用获得中央各部门认可。

(二) 主要做法

一是出台《黄埔区培育国家进口贸易促进创新示范区工作方案》,建立省区市上下联动、部门间有效协作的工作机制,强化部门沟通与协同,明确培育目标及重点任务,合力推动示范区培育工作稳步前进。黄埔进口贸易促进创新示范区改革创新设想是深化科技创新、推动消费升级、实现产业增效,培育一批具备区域影响力的进口平台、国际合作平台,助力国际消费中心城市建设,实现与粤港澳大湾区、共建"一带一路"国家和RCEP成员国的产业链、供应链高效对接,构建国内国际双循环相互促进的新发展格局。

二是支持加工贸易企业品牌升级。申请提质增效资金,支持C39电子信息产业高质量发展,推动加工贸易企业建立自主品牌;支持成立商务部指导下的创新企业联合会,利用海外资源和渠道,赋能品牌出海。利用广交会平台,搭建黄埔国家进口贸易促进创新示范区展厅,提升广州开发区企业的知名度。

三是创新监管机制。联合黄埔海关在东区车检场成功运营全球供应链中心业务,强化"区港联动"效应,发挥综保区集散枢纽作用,在推动优化

"仓储货物按状态分类监管"模式方面，实现保税和非保税货物同仓共管、库内直转等；在全球供应链中心模式基础上，推动捷普电子获得海关总署特批成为全国第二家跨境快速通关企业，帮助企业提速降本。在海关特殊监管区域设置跨境电商零售进口退货专用存储地点，推广跨境电商零售进口退货中转仓模式。

四是创新商业模式。联合海关创新打造红酒街"前店后仓、线下体验、线上下单"商业模式；推进跨境电商OTC药品零售、宠物食品等新业态；研究开展香水、喷雾等化妆品跨境电商保税进口业务；研究生物医药研发用物品进口"白名单"制度试点。

五是搭建新贸易平台。推动广州开发区与广州化工交易中心、中国电子商会、黄埔化工公司在进博会上签约建设大湾区贸易数字化赋能中心，将数字平台与传统商贸相融合，打造"粤港澳大湾区全球贸易数字化领航区"实践典范。建设海丝工贸园，务实扩大对俄贸易，拓展东南亚及非洲市场。商洽云食界项目，打造"中国食品进出口展览交易中心"，为国外进口食品进入中国市场搭建全国性的线上线下融合的展示交易平台。

六是创新推动贸易便利化。联合海关创新推进"企业直通车""一港通""先入区后报关"等改革；服务大宗资源性商品进口，用好部分矿产品"先放后检"、铁矿"依申请检验"、进口粮食"两段准入"附条件提离等便利化措施；全面升级黄埔综保区信息化系统、支持中欧班列建设，提高设施联通承载能力。建设中国（广东）自由贸易试验区广州联动发展区中新知识城片区、鱼珠片区，并争取多项双边贸易便利化政策先行先试。

（三）主要成效

当前，我国经济转向高质量发展，但全球经济下行、外需减弱，传统汽车及显示屏等行业库存高企，同时地缘政治危机不断，贸易保护主义现象频发，外贸承受巨大压力。在此背景下，广州开发区通过示范区培育工作，2023年外贸进出口额达2762亿元，比2017年增长100亿元，同时民营企业快速增长，进出口占比全区从2017年的17%增长到2023年的40%，增长23个百分点，民营企业活力进一步绽放，贸易自主化水平不断提升。同时，示范区培育工作在产业转型、降本增效等多方面也初见成效。

一是培育自主品牌助力产业向高端化迈进。广州开发区争取并累计获得超2亿元中央外经贸提质增效资金，帮助捷普电子进行数字化升级，提升集聚辐射带动作用，增强产业链活力，项目成功建设实施并推广到集团中国区无锡、武汉等其他厂区，同时该公司2023年产值同比增长15%，外贸进出口实现正增长；帮助视源电子打造交互智能显控产品智能制造基地，健全了企业在显控产业链的制造端，强化产业链韧性，2023年，该项目企业教育PC、录播、希沃魔方数字基座等软硬件产品业务收入取得较快增长，希沃交互智能平板市占率进一步提升，该司液晶显示主控板卡年出货量全球占比超33%，全球销售累计出货约6.4亿片，是工信部第五批制造业单项冠军产品。"全球化创新企业联盟"成立后，不断探讨通过科技创新赋能企业实现全球化扩展的新路径，计划投资培育100个国际化的中国科技品牌，30个全球化贸易服务品牌，为企业进一步提升参与国际竞争与合作水平提供新动能，帮助广州开发区产业企业建立品牌，走向世界，扩大市场、提升外贸进出口。通过在广交会搭建黄埔进口贸易促进创新示范区展台，广州开发区大力宣传区域品牌，2023年两季广交会广州开发区意向成交额分别达1.1亿美元、2.1亿美元。

二是全球供应链中心模式创新取得实效。2023年3月，全球供应链中心正式运营，开创了替代海外仓理货，缩短物流路线的新方案，全球供应链中心部署了WMS仓储系统，与海关单一窗口对接，实现"一盘货"管理，成为区内企业打通供应链，更好参与全球竞争的典型案例。物流企业应用"按货物分类监管""前置理货后申报""仓内简单增值加工"等创新服务模式，为跨境商贸企业带来了全新的供应链服务便利，日均在仓货量4500—5000托，同比增长190%。捷普电子获得海关总署批准，自香港陆路进口货物到全球供应链中心先理货后报关，全国仅有华为及捷普电子两家企业获得该项批准。广州开发区全球供应链中心先进经验先后引来多个城市与地区政府前来交流学习，如上海黄浦区有关政府单位前来调研并给予极大肯定和认同，全球供应链中心的经验正获得更多的借鉴和复制推广。

三是新业态、新模式应用促进外贸稳中提质，扩大进口优势。红酒街"前店后仓"商业模式使通过跨境电商保税模式进口的红酒，享受跨境电商进口的增值税和消费税按七成缴纳的政策优惠；打通跨境电商宠物食品进口渠道，健合2023年进口超17亿元，同比增长超30%。广州开发区、黄埔区联合属地海关等7个部门印发《广州开发区 广州市黄埔区生物医药研发用物品进口"白名单"试点工作方案》，对纳入"白名单"的物品免于核查《进口药品通关单》，提高生物医药企业研发效率，促进生物医药核心技术及设备进口，打造具有国际影响力的生物医药产业创新高地。8个部门联合印发《黄埔区香水、喷雾等化妆品跨境电商保税进口业务试点方案》，探索跨境电商新业态发展路径。

四是新贸易平台为传统贸易增添新动力，拓展新市场。建设大湾区贸易数字化赋能中心，充分运用人工智能、区块链、大数据、云计算和网络互联等技术，集聚高端商贸资源，集展示、交易、转化、活动、共享、办公等功能为一体，树立数字经济转型新标杆。探索建设海丝工贸园，俄工贸部及企业代表团多次到广州开发区访问考察，并与广州开发区企业开展合作对接，广州开发区积极拓展对俄等共建"一带一路"国家的贸易。

五是贸易便利化水平明显提高，企业获得实惠。黄埔综保区信息化系统实现与国际贸易"单一窗口"无缝对接，企业申报时间较以往缩短30分钟，大幅提升通关效率。推动区交投集团中欧班列常态化运行，开行中欧出口班列65列，助力先进制造业货物"出海"。关地合作的改革创新极大提高了广州开发区的通关便利化及优化了营商环境，"一港通"不断拓展应用范围，广州开发区6家码头已实施"湾区一港通"模式。关地合作专项工作专班克服多重障碍，协调解决企业"急难愁盼"问题50余项，如协调解决某重点项目进口大型设备目的地查验问题、超限证办理（超宽）和港口超大件卸货问题；协调解决LG进口光刻胶、高纯铝等生产物料问题；华星光电在工作专班支持下，仅用66天完成首片产品点亮，是全球最快液晶面板点亮时程，刷新行业纪录，创造了行业新标杆。推动49项自贸试验区改革创新经验在联动发展区复制推广，提升广州开发区在投资、贸易、金融、法治、知识产权保护等方面的服务水平。

通过国家进口贸易促进创新示范区建设，广州开发区实现了外贸政策创新、服务创新、模式创新，进口制度性成本降低，国际贸易便利化水平提升；

通过扩大先进技术设备和原材料进口，与产业高效联动，更好地服务实体经济发展，为加快发展现代产业体系提供必要支撑；帮助新锐光掩模、广芯等企业实现关键核心技术自主可控，带动产业升级，打造本土品牌，推动贸易和产业高质量发展。同时发挥示范区先行先试作用，深化改革、扩大开放，以点带面发挥示范和辐射效应，为加快构建新发展格局提供可行方案。

三、创新性打造流动人员和出租屋服务管理新品牌——"埔居通"

（一）案例背景

近年来，随着国家加快发展保障性租赁住房政策出台，来穗人员服务管理机构撤销，大量城市更新改造项目推进，大量新业态公寓涌入租赁市场等诸多因素的影响，按照现有流动人员和出租屋管理模式运行，将会给黄埔区打造社会治理黄埔样板带来困境。具体包括以下三个方面。

1. 机构改革给出租屋和流动人员管理带来难题

随着广州市来穗人员管理机构和体制的调整，流动人员和出租屋管理组织机构和系统也将面临调整。黄埔区流动人员管理的基础业务系统主要依赖市来穗系统，随着机构改革的调整，系统归属和业务管理将发生变动，影响业务的开展。同时，机构改革必然带来管理人员的调整，全市流动人员管理工作将面临极大的不确定性。

2. "以屋管人"工作量大，队伍人力少，事多人少矛盾加剧

截至2024年11月，黄埔区登记在册的流动人员数量已经达到66万余人，覆盖出租屋3.7万栋，31万余套，近期随着旧改和大量公寓项目流入租赁市场，在"以屋管人"的方式下，登记和巡查工作量大增。同时黄埔区网格员不到1200人，扣除内勤人员，平均每个外勤网格员需要巡查和管理近500套出租屋。一方面网格员身兼数职，业务繁多，管理区域大；另一方面流动人员本身流动性大，自主申报意识薄弱，给纳管工作增加了巨大的难度。

3. 政府历年建设的系统以管理为主，难以满足当前形势下流动人员管理的需要

中共广州市黄埔区委政法委员会前期建设的信息化系统主要用于流动人

员和出租屋的日常监管,以管理为主,服务为辅。随着当前社会、经济形势的发展,人口红利对区域经济发展、社会稳定起着重要的作用,以管理为主的模式难以满足当前流动人员管理的需要,必须适当调整思路,以满足流动人员日益增长的美好生活需要为根本目的,以服促管才能带来更好的效用。

(二) 主要做法

通过政府搭台整合资源,提升监管服务能力;企业运营,获得长效投资回报;公众参与管理,享受便捷、高效服务。以"埔居通"为切入点,打造"埔居通"品牌,整合出租屋和流动人员服务管理资源,涵盖流动人员和出租屋服务管理业务相关的区社会保障劳动服务中心的职业招聘、区人才集团的人才安居服务、区供电局的供电服务等政府及单位数据入口资源,深耕"埔居通"品牌,以流动人员和出租屋屋主为服务对象,融合形成居住、就业、生活的综合性服务平台,调动群众参与流动人员管理的积极性,以服务促管理,增强用户黏性,从而赋能基层管理和流动人员服务,为平安、宜居黄埔的建设打下坚实基础。

1. 创新服务模式,实现政府、企业、公众三赢,打造新型长效有序的流动人员和出租屋管理服务机制

以往政府投资建设的信息化系统需要资金周期长,后续运维管理难度大,因缺乏相关的专业技术型人员,系统难以随政策持续改进发展。再加上近年来区财政资源投入难以持续,无法继续提供资金开展系统建设。为打破当前困境,中共广州市黄埔区委政法委员会积极探索,创新性引进广州开发区人才教育工作集团有限公司,以出租屋管理服务为切入点,结合人才集团的人才公寓和现有的房屋租赁、人才服务管理运营经验,以流动人员和出租屋屋主为服务对象,融合提供居住、就业、生活的综合性服务,为流动人员打造安全、便捷、宜居的生活、工作环境,推动流动人员通过感受服务,积极参与流动人员的日常管理,实现共建共治共享。从而实现政府搭台、企业运营、公众享受服务参与管理的三赢模式,有效地建立起流动人员和出租屋管理服务模式的闭环,推动相关服务的可持续发展。

2. 整合资源，共谋发展，推动房屋租赁市场、用工培训市场、用电等民生工作事务的有序发展

通过整合中共广州市黄埔区委政法委员会"埔居通"平台的房屋租赁超市、区人才集团的人才公寓、区公安管理的出租屋门禁、区劳动就业服务管理中心的用工就业、区高技能人才公共实训管理服务中心和相关职业培训机构的培训资源、区供电公司用电服务等现有资源，围绕各个职能部门和国企单位的业务痛点，打造统一开放服务平台，接入各个单位服务，结合政府监管，解决房屋租赁过程中租客与房东的矛盾纠纷问题，出租屋各类安全隐患问题，用工培训市场的无序竞争和不可信问题，企业用工和流动人员招工信息不对称问题，城中村用电难问题等一大批民生问题，为流动人员打造统一的服务平台，既解决了政府监管、国企服务、公众日常生活的难题，又充分利用现有的资源，提升了服务能力和水平。

3. 以服促管，提升流动人员和出租屋管理能力和水平

第一，打造安全、快捷、宜居环境，让流动人员住得安心。一是打造房屋租赁服务平台，以区安居服务平台和"埔居通"房屋超市为基础，实现租房、管房、收缴费等事务的一体化办理服务。既服务群众，又开展流动人员登记，助力企业营运。二是用门禁系统打造安全、便捷居住环境。引导全区3.7万栋出租屋和公寓、回迁房等地方安装门禁系统并统管数据入口，规范出租屋、流动人员登记管理，利用系统视频监控开展治安管理、电动车充电管理等，既为流动人员提供安全的居住环境，也解决了网格员上门登记难、管理难的问题。三是用"信用+"助力安全租赁，将出租屋信用情况与房屋租赁、公共服务等挂钩，进一步压实出租屋主体责任，将房东的房屋租赁、水电费缴纳和租客房租收取、水电费支付等内容纳入信用评价指标中，同时将出租屋信用评价指标纳入区信用平台，构建了出租屋安全风险共治和责任共担的链条，加固了出租屋的安全防护网，打造了一个风清气正的房屋租赁市场。四是打造用电管理服务平台，既服务民生，又解决供电公司面临的难题。与供电公司等合作，打通出租屋电表管理和电费缴纳管理通道，推进出租屋"一户一表"及老旧管网改造，挤压城中村乱收电费行为，让整个出租屋租赁市场规范有序、健康发展。同时，为供电公司提供出租屋流动人员变动情况，

为供电的资源配置和用电调度提供数据支撑服务。

第二，融合职业培训和用工管理平台，让流动人员留得安心。一是打造用工就业服务平台，打通企业、流动人员双向选择通道，拓展企业招聘渠道，流动人员可以通过平台，获得企业招聘信息，实现用工就业双向选择。另外，平台将入驻的企业和相关的流动人员的信息推送到纳管系统，提供给网格员，辅助企业和流动人员的纳管。二是打造职业技能培训平台，提升流动人员工作技能，通过与区高技能人才公共实训管理服务中心和相关职业培训机构合作，为流动人员提供职业技能提升的渠道，让流动人员有能力长期服务于黄埔区的建设工作，解决找工难和用工难的问题。同时，将参加培训的流动人员纳入区纳管系统。

第三，打造民生动态服务平台，助力流动人员掌握最新民生动态，推动流动人员参与日常管理。一是与平安黄埔对接，推动政法动态信息推送服务，将最新的政法动态、国家政策推送给流动人员和屋主，加强对政法政策、动态的宣传。二是推动出租屋和流动人员管理政策信息推送服务，将最新的出租屋管理、流动人员管理和消防管理政策推送给流动人员和屋主，加强对出租屋和流动人员管理政策宣传。三是推动预警信息推送服务，将最新的出租屋、流动人员管理相关的处罚、预警、表彰等信息推送给流动人员，以实际事件开展出租屋和流动人员管理宣传。四是推动政务信息推送服务，将最新的政务信息、相关办理制度、办理流程和相关的变动信息推送给流动人员，为流动人员提供最新的政务办理信息，更方便流动人员办事。

(三) 主要成效

1. 打造"埔居通"统一服务平台，为流动人口提供了居住管理、职业培训和用工一体化服务

以流动人员和出租屋服务为核心，整合了相关职能单位的资源，增加了用户的黏度，截至2024年6月，"埔居通"平台登记用户84.37万人。同时，平台能够解决人员登记难、租房难、城中村用电难、流动人员适龄儿童积分入学等问题，为流动人员打造一个安全、便捷、宜居的生活环境，从而留住各类人才，让他们留得下、住得好、有活干，让黄埔成为一个住得放心、生

活开心的地方,进一步释放人员活力,提升社会凝聚力,促进社会经济的高质量发展。

2. 以服促管,提升流动人员的纳管率,夯实全区社会治理的基石

通过对流动人员提供居住、生活服务,获得居住在黄埔区流动人员的实时动态,开展流动人员的管理,解决"缩短人来登记,人走注销两个时间差"的问题,真正实现"以屋管人,以业管人",进一步减轻基层管理人员的工作压力,提升流动人员的纳管率和工作人员的管理效率,为社会治理提供更为全面、实时的数据基础。

3. 促进平安黄埔建设,提升社会治理能力和水平

基层社会治理是基层社会和谐稳定的重要基石,在新形势新阶段下,人是关键,尤其是外来流动人员,牢牢把握社会治理的核心在人、重心在城中村、关键在机制体制创新。通过创新监管模式,强化流动人员服务,切实解决流动人员关心的居住、生活问题,打造良好有序的社会工作环境,构建和谐的社会生活氛围,全力实现基层社会治理工作"继续走在全市全省前列",为黄埔区更高水平跻身广州市综合实力第一方阵提供坚强保障。

第六章 贯彻执行力：广州开发区管理与机制创新

第一节 广州开发区贯彻执行力的评价结果

基于广州开发区管理服务环境评价、产业发展环境评价、招商引资环境评价，利用指标构建对广州开发区贯彻执行力进行分析。

一、广州开发区贯彻执行力评价指标构建

贯彻执行力维度上，将指标分解为管理服务环境、产业发展环境、招商引资效率3项二级指标和7项三级指标，如表6-1所示。

表6-1 贯彻执行力评价指标表

一级指标	权重	二级指标	权重	三级指标	权重	数据来源及计算说明
贯彻执行力维度	0.3	管理服务环境	0.3	开发区管理机构是否与当地政府合并（是/否）	0.5	"是"加100分，"否"不扣分
				开发区管理机构是否实行一站式服务（是/否）	0.3	"是"加100分，"否"不扣分
				开发区管理机构是否通过ISO14000和ISO9001认证（是/否）	0.4	"是"加100分，"否"不扣分

续 表

一级指标	权重	二级指标	权重	三级指标	权重	数据来源及计算说明
贯彻执行力维度	0.3	产业发展环境	0.3	服务业增加值（万元）	0.5	统计年鉴
				开发区单位面积基础设施投入（万元/平方公里）	0.5	基础设施投资额/当年开发区总规划建设用地面积
		招商引资效率	0.4	外商直接投资额（万美元）	0.5	统计年鉴
				利用外资项目（合同）数（个）	0.5	统计年鉴

二、广州开发区贯彻执行力的评价结果与分析

根据对贯彻执行力的3个二级指标和7个三级指标进行分析，从创新探索阶段、跨越发展阶段、优化提升阶段和高质量发展阶段四个阶段进行指标评价，系统分析了在贯彻执行力层面下，管理服务环境、产业发展环境和招商引资效率对执行力的影响，如表6-2所示。

表6-2 贯彻执行力指标体系表

一级指标	二级指标	三级指标	创新探索阶段		跨越发展阶段		优化提升阶段		高质量发展阶段	
			1985	1992	1993	2004	2005	2014	2015	2022
贯彻执行力维度	管理服务环境	开发区管理机构是否与当地政府合并（是/否）	否	否	否	否	是	是	是	是
		开发区管理机构是否实行一站式服务	否	否	否	否	否	否	否	是
		开发区管理机构是否通过ISO14000和ISO9001认证	否	否	否	是	是	是	是	是

续 表

一级指标	二级指标	三级指标	创新探索阶段		跨越发展阶段		优化提升阶段		高质量发展阶段	
			1985	1992	1993	2004	2005	2014	2015	2022
贯彻执行力维度	产业发展环境	服务业增加值（万元）	400	21580	40920	936925	1338152	6788686	7365514	15308000
		开发区单位面积基础设施投入（万元/平方公里）	43	382	1183	5943	5375	8137	6567	18472
	招商引资效率	外商直接投资额（万美元）	11860	37953	40249	65548	68106.492	157376	108613	294563
		利用外资项目（合同）数（个）	20	64	77	255	183	63	63	316

评价结果显示，40年来，广州开发区在贯彻执行力发展效率方面总体上呈不断提升的态势（见表6-3）。以广州开发区为代表的国家级开发区的设立、运营、服务及发展离不开贯彻执行力，通过一代一代的开发区人对开发区的顶层设计、战略规划及分期规划等的贯彻执行力，使得开发区稳居"中国工业百强区"排名前三位，工业综合实力排名全国工业百强区第二，科技创新能力位居全国开发区首位。

表6-3 贯彻执行力评价结果

发展阶段及年份		总指数	贯彻执行力维度
创新探索阶段	1985	39	0
	1992	26	3
跨越发展阶段	1993	27	5
	2004	93	38
优化提升阶段	2005	112	51
	2014	152	57
高质量发展阶段	2015	150	53
	2022	251	100

第二节　贯彻执行力是广州开发区发展效率的保障

贯彻落实开发区区风、开发区服务理念、开发区精神及营造开发区良好投资环境是广州开发区提升发展效率的重要保障，是广州开发区创立40年来的重要推动力和加速器。

黄埔区人大常委会副主任、原广州开发区政研室主任李耀尧曾提道："在贯彻执行层面，有三个字可以概括——闯、创、干，敢为天下先的精神，很多定下的东西就是真抓落实地去干，大家都是围绕自己的职责去干事。另外当时开发区的'高速路'也是激活了全员的干劲，所以贯彻执行层面的激励机制也很重要，把每个人的主动性都调动激活起来。"

一、贯彻"开拓、求实、效率、文明、廉洁"的开发区作风

"开拓、求实、效率、文明、廉洁"，这"十字"是广州开发区的区风，概括了广州开发区独特的思想财富，反映了开发区发展的价值体系与精神风貌，体现了一个区域与时俱进的时代脉络。总之，"十字"区风体现的是开发区干事创业的思想价值体系，贯彻落实"开拓、求实、效率、文明、廉洁"的"十字"区风，在今天看来仍然具有强大的生命力和精神动力。

搞开发区建设本身就是一项创新事业，开发区要办成什么样子，开发区要走什么道路，开发区今后的走向是什么，这些发展中的问题需要开发区大胆去开拓创新。每个时代有每个时代的任务。创建初期的开发区，需要开发区人敢于担当，敢于冒险，敢于试验，不断探索建设发展中的重大问题，以全新的面貌试验试探，结果使得开发区创造了若干个全国第一。发展壮大时期的开发区，也需要开发区人在政策淡化的条件下探索开发区的路径走向，加快推动开发区的繁荣昌盛，这也让我们感受到开发区建设者创造的经济辉煌。而发展成熟时期的开发区，更需要我们进一步探索新的发展路子，实际上，成熟的开发区并不"成熟"，还面临创新驱动的重大考验，这有待于开发区人的开拓创新。"十字"区风不仅没有过时，而且需要开发区人继续继承这

一宝贵的精神财富，在新一轮改革开放中不断开拓创新。

二、贯彻"三个一切"的广州开发区服务理念

贯彻"一切为了企业、一切为了投资者、一切为了人民群众"的开发区服务理念是许多国家级开发区从建区之初就秉持不变的宗旨。围绕投资顾客、企业顾客、群众顾客这三类顾客的服务理念创新，是开发区成功的密码。

广州开发区在20世纪90年代中期正式提出"一切为了企业、一切为了投资者"。成立行政区后，由于城市建设和社会发展需要，广州开发区则在原来口号的基础上增加了"一切为了人民群众"，这就是"一切为了企业、一切为了投资者、一切为了人民群众"的理念，即"三个一切"。

"一切为了企业、一切为了投资者"，这是典型的开发区发展口号，目的是要最大限度吸引企业、吸引投资者。再加上"一切为了人民群众"，就成为完整的基层政府服务理念。广州开发区在建区之初，虽然没有提出这一口号，但是在吸引外商投资者上强调投资环境建设，本质上是贯彻了这一理念。到开发区起步几年后，基于国内外形势发展的变化，最大限度地吸引外商投资成为开发区建设的关键，否则开发区舞台就没有主角"唱戏"。所以，开发区在20世纪90年代中期正式提出了"一切为了企业、一切为了投资者"，凡是有利于吸引外商投资、创办企业的，都可以大胆地试验，从招商到企业筹建各个环节，一切都要为其开路。管委会原主任黄龙云同志说，只要是好项目，哪怕是腾出我们的办公楼也要让企业进来，可见当时吸引企业投资的决心。

2004年正是国家全面开放、经济快速增长的重要时期，全国各地都在积极招商引资，广州开发区作为国家改革开放的先行区，敏锐地发现仅仅"招"商"引"资无法推动经济快速发展，关键是要在"留"上做文章，要做好企业的服务工作。坚持"一切为了企业、一切为了投资者、一切为了人民群众"的服务理念，及时解决企业在筹建、生产、销售等各个环节的困难和问题，不仅促进了企业早日投产，而且推动了全区经济快速增长。"三个一切"体现在"招商、暖商、留商、亲商、便商、富商"等发展理念之中，也体现在"亲民、便民、利民、富民、和民"等理念之中，对"商"和"民"体贴关怀、细心服务，这是开发区追求的最高境界。广州开发区为保经济、保民生，

抓项目落地，抓资金到位，抓建设开工，抓竣工验收，夜以继日、高效运作已成为全区政府机关、干部职工干事创业的普遍状态。通过主动自我加压，加快行政审批"大提速"，符合条件立即办，材料不全帮着办；外来投资优先办，重大事项联合办；多头管理协调办，上报审批协助办；群众有难上门办，跟踪服务主动办，对所有行政许可项目实行新的承诺办理时限。广州开发区高度重视企业项目筹建工作，专门成立了区企业筹建领导小组和企业筹建局，统筹项目筹建所涉及的土地招拍挂、规划设计、施工审批、基础配套、用水用电、投产验收等各环节工作，协调多部门形成合力服务项目早动工、早建成、早投产。近年来，广州开发区在推动重点项目筹建中，探索开展"专班专员"筹建服务，取得了良好的效果，并以此为基础首创了"项目筹建合伙人"工作制度，持续巩固项目筹建机制优势。通过组建政企合作的项目筹建合伙人团队，以企业需求为导向，实行方案共商、节点共议、进度共促；通过定制式审批服务推动重点项目加快筹建与投产，通过个性化、全流程服务，促进项目加快开工；提出"工业快批10条2.0"从流程优化、精简提速、保障服务三个方面提出十条措施，进一步推动该区的工业项目快批、企业快建、快投产。广州开发区率先设立政策兑现窗口，实行"一口受理、一门办结、集成服务、承诺兑现、限时办结"，实现对企业的政策扶持真落实、兑到位，全面提升了政府公信力，被企业点赞为"离成功最近的地方"。

做好"三个一切"，为投资者提供一流的管理服务，这是开发区追求的目标。在广州开发区发展的初期及快速发展阶段，广州开发区不断创新为企业和投资者服务的模式，比如提出了"一站式""一条龙式""一网式"服务模式，为开发区成长与壮大提供了强大保障，成为广州开发区的一道风景线。在日积月累的服务模式中，开发区创出了"一线工作法"，摸索出了"提升开发区制造、推动开发区创造、拓展开发区服务"的战略路径和发展思路。在高质量发展阶段，国家级知识产权运用和保护综合改革试点，赋能产业高质量发展。推出"高质量发展30条"对该区原有四个"黄金10条"进行优化整合，为投资者提供一流的管理服务。服务和效率是开发区管理者最为注重的，"暖企"服务成为促进地区经济社会发展的看家本领。

广州开发区和行政区合并后，广州开发区进一步强化了"三个一切"建设，重点提出了"一切为了人民群众"，其重要手段是建立广州开发区政务服务中心。中心设立了企业开办服务专区、企业经营管理服务专区、企业筹建综合服务区、政策兑现区、"一站式"人才服务区等特色服务专区，进驻44个部门2445个事项，实行"前台综合受理、后台分类审批、窗口统一出件"的集成服务模式。"来了就办、一次搞定""承诺制信任审批""定制式审批服务""秒批"等改革品牌被全国所熟知。成立十年以来，按照"一门受理、统筹协调、规范审批、限时办结"的要求，广州开发区全面完成了一门受理、网上办理、区—街（镇）—社区政务服务体系规范化建设等重大民生建设任务，通过简政放权、服务流程再造优化等举措，进一步创新为企业、为人民服务的理念，提升群众的满意度，努力践行"一切为了企业、一切为了投资者、一切为了人民群众"服务理念，全面提升服务品牌，建立更加规范高效的服务体系。

近年来，广州开发区瞄准重点领域和关键环节精准发力，以每年一次升级的速度，先后推出多版营商环境年度改革方案，稳步实施700余项改革举措，集中破解企业、投资者和群众反映强烈的"痛点""堵点""难点"问题。

三、贯彻"敢为人先、务实进取"的广州开发区精神

改革、开放、创新是立区之魂、发展之本。广州开发区因改革而生，伴开放而长，靠创新而强。40年来，根植于开发区建设实践，广州开发区创业者们凭借着闯的精神、创的劲头、干的作风，在奋斗过程中逐步总结出了广州开发区"敢为人先、务实进取"的精神。广州开发区始终引领改革开放风气之先，贯彻落实"敢为人先、务实进取"的开发区创业精神，创造了多个"全国第一"。站在新的历史起点，广州开发区人拿出二次创业的激情，以再次杀出一条血路的勇气，全面奏响高质量发展新篇章。

"闯"是对未知的一种探索，是在发展过程中寻找突破性。广州开发区成立时就迈出敢为人先的步伐。1984年，只有2万元开办费，开发区的前辈们没有怨天尤人、没有丝毫懈怠，而是以"一万年太久，只争朝夕"的创业激情迎难而上，开始了开发区选址、奠基、招商等系列工作。在这种环境下，

开发区人在奇迹的基础上创造了一个又一个奇迹。1987年，经广东省第六届人大第24次会议通过的《广州经济技术开发区条例》是开发区制定的第一批规章、规范，奠定了广州开发区的人才和机构基础。1988年3月，全国第一块工业用地使用权向外商出让，在当时全国思想解放程度不高的情形下，广州开发区力排众议，先行先试，率先以工业用地换取开发资金，这是广州开发区能实现滚动开发、资本累积、全面提升的关键。1993年，成为全国第一个实行党政合一的"大部制"管理体制，形成了"党政机关结合，专业管理到处，综合协调到局"的模式。2000年，广州宝洁有限公司成立全国第一个世界500强跨国公司党委。2002年，广州经济技术开发区、广州高新技术产业开发区、广州出口加工区、广州保税区实现"四区合一"管理。2000年，开发区牵头制定的环评指标体系被商务部采用，并长期用作对国家级开发区进行考核，成为全国第一个制定环评指标体系的开发区。2005年，广州开发区坚持以经济功能区带动行政区发展，在全国第一个建立起"五区合一"的管理模式，理顺了职能关系，提高了行政管理服务效率。2015年，广州开发区、萝岗区和黄埔区合并，成立新黄埔，开启了广州开发区新的发展征程。2018年，《中华人民共和国政府和新加坡共和国政府关于中新广州知识城升级合作的框架协议》正式在新加坡签订。中新广州知识城成为粤港澳大湾区唯一国家级双边合作项目。双方将积极拓展在科技创新、高端制造业、人工智能、知识产权保护、智慧城市建设、城市管理升级等领域的合作，让中新合作跃上国际舞台。2021年，广州开发区获批创建全国首个"中小企业能办大事"创新示范区。广州开发区高度重视中小企业的融资和发展，先后制定出台"民营及中小企业18条""暖企8条""稳企6条"和"专精特新10条"专项政策，三年内拿出3亿元专项资金支持中小企业做大做强，全力打造中小企业发展的良好营商环境。2022年，广州开发区成为全省的标杆，39条营商环境创新举措获全省推广。

"创"是对传统的一种超越，是在竞争过程中塑造创造性。广州开发区大力建设创新载体和人才高地。1988年，广州开发区创新土地开发和招商引资模式，率先在全国推行土地有偿出让制度。广州开发区将工业用地使用权向外商出让，成为全国开发区第一块工业用地使用权有偿出让的案例，开创了开发区土地滚动式发展的先河，此后形成了开发区模式。在国家政策执行中，广州开发区坚决贯彻国家宏观调控的决策，自觉地把土地管理与产业政策结合起来，从项目的选择到项目进入后的用地，都进行严密的量化控制，坚持集约用地，强化产业集聚，土地产出率位居全国前列。1988年，广州开发区率先开展招商体制改革创新，实施市场化、专业化招商，将政府主导型招商模式向市场主导型转变，有力推动了招商市场化进程，创造了"1个工作日引进1个项目，2个工作日开工1家企业，3个工作日试投产1家企业"的纪录。2003年，率先推行"无费区"，取消大部分行政事业性收费。2005年，率先成立企业筹建局，推行"一站式"办公、"一条龙"服务，对企业从落地到投产提供全方位服务。2016年，设立了全省第一家政策兑现窗口，实现"一门式"办理、限时34个工作日办结，成为"信用政府"闪亮名片。广州开发区实行"一口受理、一门办结、集成服务、承诺兑现、限时办结"，实现对企业的政策扶持真落实、兑到位，全面提升了政府公信力，被企业称赞为"离成功最近的地方"。2017年，国家知识产权局专利局专利审查协作广东中心落成，实现广州知识城范围专利、商标、版权行政管理职权"三合一"，成为全国唯一国家级知识产权运用和保护综合改革试点。2017年，广州开发区第一个推出以人才为核心的引智引技引资招商4.0模式，产生了强大的虹吸效应。仅2018年，便引进诺诚健华、卡尔蔡司、瑞士龙沙等重大项目138个，总投资超2000亿元。2021年7月，知识城建成国际人才自由港，这促进了知识创造，2022年实现每万人发明专利拥有量为234.5件，为全市平均水平的3.7倍。2022年，广州开发区获批国家级知识产权强国建设示范园区建设试点。2024年，广州开发区发布了《广州开发区、广州市黄埔区加强数字经济知识产权保护行动方案》，成为全国首个从行政角度保护数字经济知识产权的行动方案。

"干"是对创新的一种落实，是在实践过程中验证可行性。开发区人不断迎接新挑战，提出新方案，开展新实践，创造新辉煌。2017年以来，先后出台四个"黄金10条"、两个"美玉10条"等"金镶玉"系列政策，在全国引起巨大反响，吸引了大批优质项目落地扎根。此后，又相继出台"风投10条""IAB实施意见""民营及中小企业18条""金融10条""港澳青创10

条""海外尖端人才8条""区块链10条2.0版"等40多项政策，形成了行业全覆盖、企业生命周期全覆盖、企业经营活动全覆盖等完整的政策集成体系。广州开发区率先在全省设立首个行政审批局，集中承接8个部门审批职能，只进一扇门，只盖一个章，只走一个流程，一次就搞定。2018年，广州开发区在全省率先启动涉企证照"四十四证合一"改革、全市率先推出"企业开办一站式服务"。2023年，广州开发区发布"高质量发展30条"，持续擦亮惠企政策"金字招牌"。

对这种实践的回顾，应该是全景式的、纵横交错的、点面结合的扫描式回顾和提炼。"敢为人先、务实进取"的创业精神，不管是在过去、现在还是未来，它将贯穿整个开发区发展的历史，它将始终如一地成为开发区发展的法宝。它是一条发展的轴线，珍珠离开了串起来的绳头，那么再美的珍珠也将以个体零碎散落，无法成为一件艺术珍品；它是侠士的武器，再厉害的侠士离开了武器，那么侠士的武功则难以彰显和施展。庆幸的是，开发区人在创业之路上虽然有过无数次的选择和取舍，但始终没有丢下看家的法宝，而是手持利器，意气风发、斗志昂扬地不断实践着"敢为人先、务实进取"这一创业精神。

从荒滩蕉林到科创热土，广州开发区这四十年来的奋斗故事，无疑是改革开放伟大征程中的一段辉煌篇章。从两万元的开办经费起步，到如今多项主要经济指标位居全国经济开发区前列，广州开发区的崛起不仅是一个经济发展的奇迹，更是奋斗精神的生动体现。在这四十年里，广州开发区不断吸引着国内外优秀的企业和人才，形成了高新技术产业聚集的科创热土。如今，广州开发区已经站在了新的历史起点上。面对新时代的发展要求，开发区需要继续发扬"敢闯敢试、敢为人先、务实进取"的创业精神，不断创新发展模式，提升发展质量，继续发挥示范引领作用，为中国的现代化建设贡献更多的力量。

四、贯彻"三个一"的良好投资环境

广州开发区的建设者认识到，搞开发区建设就要打造良好的投资环境，除了高起点、高标准建设硬环境外，开发区的软环境也非常重要。软环境的重要支撑就是良好的管理与服务环境，即对外商投资者进行管理服务、投资审批极为关键，工作成果要反映在对国际投资者的一流服务上，以最大的力度来降低企业和投资者的商务运行成本。这种思想理念集中体现在管理服务的"三个一"。

所谓"三个一"，就是指"一个部门管理、一支笔审批、一条龙服务"，即对于所有外商投资者，开发区由同一个部门进行归口管理，由同一部门领导审批投资项目，有一整套对口服务窗口。具体而言，是对外商投资者从项目立项、合同章程的审批、企业筹建到投试产，实行全方位、"一条龙"式服务。这是开发区投资管理与服务的普遍做法。

对于开发区的软环境建设，许多开发区都进行了大量探索，可谓各有各的招数、路数，形成各种各样的投资服务体系。广州开发区的管理服务模式一开始并不完善，大家都是摸着石头过河，都是在不断地探索总结。

管委会原主任缪恩禄同志回忆："起初外商有反映，是挖苦我们的，说中国搞经济像搞阶级斗争一样，让人觉得到你那里投资，不知道该怎么办：第一个要找谁？有什么事情要找什么部门？外商都不清楚"。

这要求广州开发区尽快明确对外商服务的一整套制度、规程和办事方法，由此需要开发区设置相应的管理服务机构、办事制度，以最大限度地降低外商的生产经营成本。经过多年的实践探索，广州开发区建立起了一套管理服务机制，这就是"三个一"管理服务机制。

开发区不同于传统体制下的政府管理，首先是在政府管理与服务方式上进行大胆创新，特别是对投资者的服务模式创新。坚持系统论观点，在改善"硬件"投资环境的同时，在"软件"投资环境上下功夫，致力于建立一种全面、周到、高效的投资服务系统，实行了"三个一"的管理体制，以全面提高办事效率，给外商投资者提供较高水平的服务。

（一）精简机构，减少政出多门

广州开发区之所以能发展到今天这样的规模和水平，原因是多方面的，其中管委会从开发区的实际出发，适时转变政府职能，强化投资服务是一个十分重要的原因。从开发区40年发展的实践观察，广州开发区是广州市人民政府的派出机构，但对开发区这样一个以外商投资为主要经济成分，以国外市场为基础调节机制的特殊经济区，其经济管理模式又应区别于一级政府。这种区别，一方面表现为在机构设置上要精简机构，力求实现"小政府、大社会"格局；另一方面也是更重要的方面，就是表现为职能转变上要减少行政干预，强化投资服务，营造良好的投资贸易便利化环境。在开发区的整个建设过程中，管委会既是管理者，又是服务者，作为全区的行政管理和决策机构，管委会主要职能有两个方面：一方面是担负政府职能，代表市委、市政府对开发区实行行政管理；另一方面是作为投资者，参与非经营性或市政工程以及某些引进项目的投资。开发区除了具有政府性质的行政管理职能外，还必须具有对宏观经济进行调控的职能。基于这样的考虑，开发区决策者认为，必须充分发挥其政策引导、投资服务、宏观控制、综合协调以及咨询、审计、财税等职能作用。管委会设置的职能部门要在进一步明确部门的责、权、利的基础上，确立分层次管理和分层次负责的原则，建立严格、科学的决策程序和工作制度，使管委会成为效能高、协调能力强、服务好的办事机构。

在体制机制的实践上，广州开发区进行了大胆的探索，力求以精简的部门、高效的机构，为投资客商提供良好的服务。早在1987年，广州开发区就成立投资服务中心，旨在加强内部协调工作，一个口子对外，通过它的工作为投资者排难解忧，更好地服务。1993年5月至7月，经广州市委、市政府批准，广州开发区机关进行了建区以来的第一次机构改革。广州开发区党委、管委会机关"三定"方案共设置8个职能部门，8个职能部门内设31个处室，部门设置数与原来的20个部门相比，减少了60%。这次机构改革最为彻底，基本上奠定了开发区"大部门制"基础，形成了较为成熟的体制模式。这一体制基本理顺了党政部门之间、行政部门之间、机关与企事业单位之间的关系，形成了"党政职能有机结合""专业管理到处、综合协调到局"的体制格局。机关各部门的行政规划强化了综合管理功能，减少了办事环节，提高了工作效能。同时，机关行政管理职能按照社会主义市场经济的要求，属于宏观管理方面的职能进一步得到强化；属于微观管理或直接管理企业的职能被彻底排除或逐步淡化；属于社会性服务的职能尽可能地转移出去；属于企业的权限坚决还给企业。不干涉企业的生产经营和内部管理事务；与此同时，还参照国际惯例，设立了一批中介机构，把机关部门专业职能和服务性职能委托或者交给这些中介机构去管理，进一步转变了机关职能，减少了政出多门的弊端，规范了政务服务管理。

(二) 缩短审批流程，方便企业办事

过去，人们称计划经济为"审批经济"，意思是说在计划经济体制下凡事需要批准才行。然而，搞开发区建设，重要的是如何方便外商投资，按今天的术语就是投资和贸易便利化。在这方面，广州开发区建设者大胆探索，用"一支笔"审批投资事项，缩短办事流程，减少了客商商务成本，提高了经济发展效率。

2016年，广州开发区成立全省首个行政审批局，行政审批再提速。38个行政审批事项集中在该局办理。企业从取得土地到动工建设的审批时限由110个工作日缩减为60个工作日，个别项目甚至只需要40个工作日。2019年，广州开发区企业筹建服务局成立。一直以来，广州开发区高度重视企业项目筹建工作，专门成立了区企业筹建领导小组和企业筹建局，统筹项目筹建所涉及的土地招拍挂、规划设计、施工审批、基础配套、用水用电、投产验收等各环节工作，协调多部门形成合力服务项目早动工、早建成、早投产。近年来，广州开发区在推动重点项目筹建中，探索开展"专班专员"筹建服务，取得了良好的效果，并以此为基础首创了"项目筹建合伙人"工作制度，持续巩固项目筹建机制优势。通过组建政企合作的项目筹建合伙人团队，以企业需求为导向，实行方案共商、节点共议、进度共促。

近年来，广州开发区相继出台了"工业快批10条2.0""三联动审批"等若干措施，从流程优化入手，突出"快"，从精简提速入手，聚焦"减"，从保障服务入手，狠抓"质"，推进区内实体经济高质量发展。

(三) 一条龙服务，提高服务效率

一条龙服务不仅体现在机构联动办公服务上，而且还体现在为企业的筹建服务之中，这对于开发区而言更是一个成功的创举。比如，强化筹建服务，促进企业早日投试产；搞好生产性经营服务，积极为企业排忧解难；完善投资服务要素市场建设、吸引人才来穗等。

如在吸引人才方面，长期以来，人才服务往往依靠机关、事业单位执行，但"人"的服务链条繁多、业务分散，涉及衣、食、住、行、产、教、学、研等多元范畴。2017年，黄埔区、广州开发区成立了全国第一家区级人才教育工作集团，破解碎片化管理模式导致人才服务保障不及时、不全面等难点，为各层次人才提供引进、创业、居住、生活、教育一条龙服务。

如支持港澳青年融入国家、参与国家建设中，广州开发区发布《广州市黄埔区 广州开发区进一步支持港澳青年创新创业实施办法》，提出"要打造港澳青年之家，建立港澳青少年事务社工队伍，搭建专业运营管理和服务团队，为港澳青年创新创业基地场地、运营、项目引进、孵化等提供"一条龙"全周期服务，为入驻基地的港澳青创企业提供专业税收、政策解读、法律咨询等全方位政企服务，为来广州开发区研学、实习、就业、创业的港澳青年提供全流程'一对一'全链条服务""为港澳青年创新创业提供更多机遇和更好条件，让港澳青年在广州市黄埔区、广州开发区更加安心创业、深耕事业、安居乐业，促进粤港澳青年广泛交往、全面交流、深度交融，增强对国家的向心力"。

广州开发区开创了"一个窗口"对外、"一站式"办公、"一条龙"服务等多种投资服务模式，建立起新型政企关系，按国际规则营造投资环境，重商、亲商、安商。"一个部门管理、一支笔审批、一条龙服务"为开发区创造了良好的投资环境，使得开发区成为"离成功最近的地方"。

第三节 管理创新是贯彻执行的动力源

管理创新是任何组织必须面临的问题，管理的成败决定组织目标的实现。寓管理于服务之中，在服务之中体现管理，用服务方式去实现管理目标，这是科学管理理念的升华，是开发区人不断实践探索出来的精髓，更是开发区不断超越自我的思想法宝与服务创新精神。

"高起点规划、高标准建设、高效能管理"，开发区规划建设与管理同步推进，管理一开始就被开发区决策者列为重要的主题。在广州开发区第一次两委工作报告中就提出了科学管理的要求，此后在第二次、第三次工作报告中就科学管理问题做了深刻阐述。如何理解"寓管理于服务之中"？从传统的管理观念来看，管理突出了"管"和"理"两个方面。"管"字要求按照组织目标和意志行事，不容有丝毫偏差，不得有制度以外的言行发生；"理"字则要求按照组织目标厘清头绪，遵章执行，有条不紊，理性行事。传统的管理观念总体上是将组织目标和意图进行到底，没有任何回旋余地。即便是现代意义上的科学管理，也是强调管理者的主观行为，较少地考虑被管理对象的情况。但是科学的管理理念是一个发展的过程，管理概念本身就有质的变化，现代科学管理更加重视"理"的分量，要求一切事物的发展按照理性、内在逻辑进行，强调的是一种秩序、一种理性、一种科学常态。

一、创新"五区合一"管理体制，协调区域发展新格局

为整合经济开发区与高新区资源，1998年8月经科技部批准，中共广州市委、广州市政府决定广州高新技术产业开发区与广州经济技术开发区合署办公。2000年4月，广州出口加工区经国家批准在广州经济技术开发区设立。2002年6月，经国家有关部门批准，中共广州市委、广州市政府决定广州保税区与广州经济技术开发区合署办公，至此，广州经济技术开发区实现"四区合一"的管理体制，一套管理机构，四块牌子，管理覆盖四个国家级经济功能区，规划总面积78.92平方千米。2005年，为进一步发挥开发区的辐射带动作用，加快开发区周边农村城市化进程，加速广州城市"东进"战略的实施，经国务院批准，中共广州市委、广州市政府决定依托广州开发区成立萝岗区，形成五块牌子、一套人马的管理体制。行政区设立后，广州开发区按照精简高效、亲商务实的原则，致力于构建开发区与行政区"统一领导、各有侧重、优势互补、协调发展"的体制，着重强化开发区管委会的招商引资、规划建设、产业发展、科技创新、企业服务、经济调控等经济发展职能；着重强化萝岗区的社会事业、公共安全、社会保障、城市管理、农村建设、市场监管等社会发展职能。开发区有良好的投资环境，有比较雄厚的财力，有大批企业聚集，可以对行政区进行辐射带动，促进行政区的经济发展和基

础设施建设。而行政区有明确的执法主体资格，有社会管理资源和广阔的发展空间，可以为开发区提供良好的产业配套服务、公共服务、行政执法保障。经过八年多的实践，开发区与行政区二者形成优势互补、协调发展的格局，在更高的起点上实现更大发展。2015年广州开发区、萝岗区和黄埔区合并，新黄埔区正式挂牌成立。2017年9月黄埔区、广州开发区深度融合发展。合并后的黄埔区、广州开发区的经济发展呈现出具有韧性的特点，并交出了亮眼的答卷。

二、构建"大部制"管理机制，开启部门管理新篇章

1993年，开发区按照责权一致、职能统一原则，把职能相同或相近的部门进行整合，实行一个部门、多块牌子、一套管理人马，所有部门一人多岗，区党委管委会21个工作部门整合为8个，编制由368名调整为241名。最多的部门挂11块牌子，最少的部门也有2块牌子，行政协调成本明显下降，行政服务效率有效提高。后来的十多年时间里，广州开发区始终坚持精简高效的原则，尽管开发建设以及经济发展任务不断增加，但工作部门数量，特别是人员编制数量也只是做适当的微调。即使在2005年依托开发区成立萝岗区，社会管理职能陡增的情况下，仍然高效地推行"一套人马、两块牌子"合署办公，实行经济功能区与行政区合一管理。区域管辖面积从原来不到80平方千米扩大到393平方千米，机构只是从原来的15个增加到20个，人员从250名增加到383名，而这些新增的机构和人员，都是用于社会事业发展方面的建设与管理。①

三、探索国际标准规范行政管理服务，推进政务新标准

广州开发区自成立后致力于建立与国际接轨的高效率管理体制，从满足服务对象需求出发，以提高服务对象满意程度为落脚点，在全体干部职工中不断强化服务意识，全面树立"顾客至上""服务第一""管理就是服务"的观念，提高服务水平。2002年，萝岗区率先借鉴现代企业管理的方法，导入ISO9001、ISO14000管理体系，推动行政流程和环境管理规范化。2003年底，

---

① 广州市黄埔区地方志编纂委员会．广州市萝岗区志［J］.广州：广东人民出版社，2020.

区管委会分别通过国际权威认证机构——英国标准协会和德国莱茵技术监督协会的 ISO9001 认证,政府管理与服务水平全面与国际标准接轨,成为全国首家获得 ISO9001 标准双重国际认证的国家级开发区。2014 年,建立"纵向到底、横向到边"覆盖各项政务工作的质量管理体系,将各项行政服务纳入程序化、规范化、标准化轨道。据调查,区内筹建企业和居民对管委会、区政府行政管理服务工作的综合满意率分别为 98%和 88%。设立一站式服务中心,推进政务公开和电子政务,区属部门事项网上办理率 100%,行政许可事项和非行政许可事项已全部纳入网上办事大厅一站式建设。实行公文限时办结、服务首问负责制,加快流程优化和再造,行政审批效率持续提升,全区限时办理的行政审批事项平均办理时间从 14 天压缩为 7 天。实施行政事业性收费综合改革,在广州开发区全域实现审批管理"零收费"。

四、强化政企沟通,构建新型亲清政商关系

《优化营商环境条例》要求"建立畅通有效的政企沟通机制,采取多种方式及时听取市场主体的反映和诉求,了解市场主体生产经营中遇到的困难和问题,并依法帮助其解决"。广州开发区持续拓宽政企沟通渠道,强化"建制度、搭平台、深调查"的特色政企沟通模式,推动构建新型亲清政商关系,营造营商环境全社会共建、共治、共享的良好氛围,持续擦亮广州开发区营商环境金字招牌。

(一)健全政企沟通机制

出台《鼓励市场主体参与营商环境建设办法》,在构建亲清政商关系、优化营商环境意见建议、涉企政策制定、营商环境监督和评价激励等方面,用制度保障市场主体的知情权、参与权、表达权、监督权,鼓励市场主体参与营商环境建设。建立观察员和企业意见建议反馈办理工作流程,区全面优化营商环境领导小组办公室汇总意见建议并制作工作台账,转至相关职能部门限期办理并全程督办,推动同类问题一并解决,深层次问题用制度政策解决,将观察员及企业代表对办理结果的评价纳入相关部门年度营商环境绩效考核。

(二)创新政企沟通平台

广东省首创营商环境观察员制度,从人大代表、政协委员、企业高管、

专家学者等人群中先后选聘三届共计 80 名营商环境观察员,通过观察员广泛收集社会各界对营商环境改革创新工作的意见和建议,支持观察员联合行业协会商会等第三方机构对优化营商环境问题开展调研,提出专业性报告和政策性建议,系统梳理企业发展面临的"共性问题",推动解决企业、行业发展难题。设立"营商环境观测点",首批选定禾信仪器、安凯微电子、康臣药业等 8 家企业,作为营商环境优化措施进街道、进园区、进企业的新阵地,定期开展走访调研,及时掌握市场主体对全区营商环境建设的直接感受。举办"政务服务、应急管理开放日""税务开放日"等政府开放日活动,组织政府部门零距离向观察员展示工作成效,以开放姿态接受监督,畅通观察员与政府部门直联渠道。拓宽市场主体诉求发声渠道,定期组织不同产业、园区或街道专题交流共 16 期,邀请职能部门与不同领域的企业代表、观察员面对面交流,听取观察员及企业意见建议并当面回应,共商纾解思路。

(三)深入开展企业满意度调查

联合第三方专业调查机构,通过一对一走访企业、线上问卷、电话访谈等方式,平均每年深度走访企业 150 家、问卷及访谈调研企业 5500 家,全面动态掌握部门服务企业情况,及时了解市场主体对政府服务的感知,形成企业满意度成绩单,及时将调研过程中收集到的诉求及建议反馈至相关部门,推动部门与镇街协同解决,不断提升企业满意度和获得感。

(四)工作主要成效

1. "清"上加亲

通过开展"部门开放日""园区企业集中观察"等多种开放活动,以及不同产业、园区或街道间的主题交流活动,拉近市场主体与政府的距离,以"真听、真看、真感受"的方式了解政府部门的工作情况和服务举措,加深对政府工作的理解和支持,推动市场主体积极建言献策,与政府部门同频共振、同向发力,共享政策红利,为优化营商环境贡献力量。

2."清"上有为

问题反馈办理机制共收集企业意见建议230余项,推动解决园区和企业排水渠隐患、营业执照更新、融资等具体诉求100余项,实现企业诉求建议"有呼必应、有呼必办、有呼必回"。其中,观察员提出的"出台集成电路等专项政策""制定政策时兼顾新旧企业""建立数据共享机制""完善交通配套设施"等20余项建议为优化细化产业政策、强化数据共享等工作提供重要参考,推动各项政策更符合企业需求。

五、推动绩效考核机制创新,完善新型政绩考核办法

"吃改革饭、走开放路、打创新牌",作为首批国家级经济技术开发区之一,广州开发区、黄埔区拥有与生俱来的改革创新基因。

2019年,广州开发区先行先试,率先探索绩效管理体系改革,出台了《广州市黄埔区 广州开发区 广州高新区关于创新绩效管理的若干措施》(简称"绩效8条")及配套细则,探索推进考评精细化、全面化。

"绩效8条"以督考一体化、专项突出考、评价全方位、创新导向化、激励差异化等创新举措,将制度优势逐步转化为治理效能,全方位推动重点工作按时按质推进落实,有效地激发了干事创业的热情,推动了全区各项事业的落实,为高质量发展提供了有力保障。

经过6年发展,绩效考评改革创新项目现场答辩评审会已然成为展现"黄埔经验""黄埔样本"最闪亮的窗口。创建全国首个"中小企业能办大事"创新示范区;全国首创省区协同监管共同推进生物医药先行先试改革创新;全国首个创新"获得电力"政企协同机制工作;首开全国低效工业用地到期不予续期先河;全国率先打造"半月谈"新闻发布品牌……2021年15个"首创"改革创新项目,走在全国、全省、全市前列。

创新推出"国际人才自由港10条";创新打造政务服务"智速达";打造国家级绿色发展创新样板,力争"率先达峰"等79个改革创新项目名称中,"创新"二字共出现了23次,多领域展现广州市黄埔区、广州开发区贯彻新发展理念,不断促进创新成为第一动力的生动实践。

六、深化知识产权保护创新，护航新质生产力发展

知识产权是科技成果向现实生产力转化的桥梁和纽带，与科技创新之间具有相互促进、融合共生的紧密关系，在激励创新、打造品牌、规范市场秩序、扩大对外开放等方面发挥着重要作用。

广州开发区是全国唯一一个国家级知识产权运用和保护综合改革试点。广州开发区开展国家级知识产权运用和保护综合改革试点，专门设立区级知识产权行政主管部门，实现广州知识城范围专利、商标、版权行政管理职权"三合一"。

2016年7月13日，中新广州知识城获国务院批准为全国唯一知识产权运用和保护综合改革试验区域。多年来，黄埔区、广州开发区深耕国家知识产权运用和保护综合改革试验田，先行先试、大胆实践，形成了一批可复制、可推广的经验做法，用生动的"黄埔实践"探索和丰富中国特色知识产权发展之路。2017年，国家知识产权专利局专利审查协作广东中心落成。

2019年2月，中共中央、国务院印发《粤港澳大湾区发展规划纲要》，明确提出"开展知识产权资产证券化"的任务要求。作为全国唯一经国务院批准的知识产权运用和保护综合改革"试验田"，广州开发区紧紧抓住粤港澳大湾区建设发展机遇，主动担起探索重任，率先开展知识产权资产证券化试点工作。2019年9月，"兴业圆融——广州开发区专利许可资产支持计划"在深圳证券交易所成功发行，成为全国首支纯专利权知识产权证券化产品，打造了专利运营的"广州模式"，为民营中小企业发展强势赋能。

自2021年广州开发区发行我国首支纯专利知识产权证券化产品以来，在全国率先建立专利远程会晤机制，成为全省唯一经国家知识产权局批准同意开展专利代理领域对外开放试点区域。2022年，广州开发区入选首批国家级知识产权强国建设示范园区，获批首批国家知识产权服务出口基地，中国（广州）知识产权保护中心和广州开发区获批国家级"专利导航服务基地"认证，广州开发区成为全省唯一获此荣誉的经济开发区。

2023年，广州开发区促成粤港澳大湾区知识产权交易博览会永久落户中新广州知识城。同时，广州首家国家级知识产权保护中心——广州知识产权

保护中心（国家级）落地广州开发区，为知识产权保护助力护航。据统计，广州开发区在2023年上半年新获评中国专利奖数量位居全国前列，"开展专利代理对外开放试点"入选国务院服务贸易发展部际联席会议办公室印发的全面深化服务贸易创新发展试点第三批"最佳实践案例"。

2024年6月，广州开发区发布《广州开发区、广州市黄埔区加强数字经济知识产权保护行动方案》，成为全国首个从行政角度保护数字经济知识产权的行动方案。该方案重点围绕强化数字经济产业知识产权挖掘和布局、提升数字经济领域知识产权运用转化效率、构建数字经济领域知识产权服务业集聚生态、探索数字经济领域知识产权确权用权制度创新、强化数字经济领域全链条知识产权法治保障等5个方面，共提出20项具体任务，以针对性、系统性的举措推动数字经济领域知识产权保护工作，加快推动数字产业化和产业数字化转型。

自知识产权保护开展八年来，广州开发区年专利申请量相对稳定。截至2023年底，广州开发区全年专利授权量19985件（见图6-1），占全市的比重为16.9%；发明专利授权量7873件，同比增长24.5%；PCT国际专利申请量927件，占全市的比重为49.9%。每万人口发明专利拥有量达297.4件，位居全国前列；中国专利奖获奖项目62项，创历史新高；质押融资金额首次突破100亿元；10家企业获评"国家知识产权示范企业"，占全市的55.6%。

同时，广州开发区出台的一系列"新举措"和"新试点"正逐步形成知识产权运用和保护综合改革试验创新新局面。

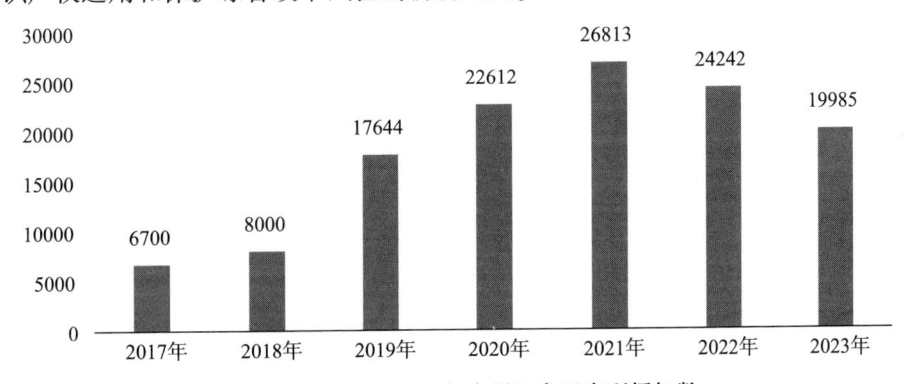

图6-1 2017—2023年广州开发区专利授权数

第四节　机制创新是贯彻执行的加速器

在21世纪的第24个年头，广州开发区迎来不惑之年，同时也面临诸多新的发展挑战与机遇。开发区面临的挑战是全球经济面临下行压力和国际形势动荡变革的挑战，很多发展的约束条件使得开发区难以沿用过去行之有效的办法；但发展的机遇也是难得的，要赋予开发区深入推进改革创新，坚定不移扩大开放，着力破解深层次体制机制障碍的决心，关键是开发区能否抓住机遇、谋求新的发展路子。未来开发区的选择，就是要以二次创业、勇立潮头的奋进姿态，扛起走在前列、挑起大梁的责任担当，积极培育和壮大新质生产力，加快塑造发展新动能新优势。全面深化改革，促进广州开发区高质量发展。

近年来，广州开发区出台了超600项改革举措，给足企业"真金白银"。2023年，广州开发区推出"高质量30条""促经济8条"等政策，兑现各类政策资金127亿元。2024年，广州开发区将进一步优化高质量发展"1+N"政策体系，优化整合"金融10条""风投10条"等金融政策，扩宽融资渠道，撬动更多社会化专业资本，持续厚植企业和项目发展壮大的"土壤"。

2014年是开发区成立30周年，商务部座谈会选典型，在外向带动上天津做得好，在科技创新上广州做得好，在中外合作上苏州做得好。广州开发区体制创新成就了自主创新。

——政研室原主任陈永品

一、推进政策体系创新

广州开发区建立40年来能取得辉煌的发展成就，得益于相对宽松的政策环境。进入新发展阶段虽然不能依赖政策发展，但是在一定条件下仍然需要政策引导。要把开发区发展事业继续向前推进，必须不断总结开发区的历史经验，进一步创新完善政策体系，为开发区发展提供支撑条件。

研究争取和利用先行先试政策。进一步研究细化投资便利化、贸易便利化、金融创新等政策，按部门业务职能分工负责落实。借鉴上海自贸试验区金融创新等政策条款，争取人民币资本项目可兑换、金融利率市场化、人民币跨境使用、离岸金融结算等金融创新政策，设立各类创新型金融机构，实施促进科技和金融创新的财税政策，大力培育增强市场功能的要素市场平台。积极复制自贸园区保税延展业务、跨境电商业务等12项监管创新政策，整合优化广州保税区、保税物流园区、出口加工区等海关特殊监管区域，实现广州保税物流园区与广州保税区功能合并、优势叠加。用好国际贸易"单一窗口"试点政策措施，促进口岸管理部门信息互换、监管互认、执法互动，推进大通关体系建设。

进一步简化审批流程。抓住深化"创新政府管理方式，加强事中事后监管"省级改革试点的机遇，落实总体实施方案和18个配套方案，围绕推进政府职能转变，着力在"规权、简政、监管、保障"上下功夫，减少审批、提高效率、强化监管，达到"依法行政、便民便企、放管结合、共享共治"的效果。进一步明确监管类别，推动事事有监管；制定监管标准，推动处处有规范；完善大数据中心，推动监管数据综合利用；实行协同监管，推动监管主体多元，建立起新型的"事前事中事后"监管体系。

擦亮知识产权保护服务品牌。开展知识产权保护各项体制创新的试点工作。围绕专利、商标、版权行政管理"三合一"，建立统一的知识产权行政管理机构；围绕强化司法和行政执法的衔接，建立"两衔接"的信息平台；探索建立跨区域知识产权执法的综合协调和快速反应"两机制"，率先走出一条知识产权产业化、商品化、资本化的知识经济发展之路。

二、优化营商环境改革创新

广州开发区始终将营商环境改革作为全面深化改革的"头号工程"。开发区营商环境便利度已连续5年位居全国经开区第一，形成了工程建设审批、一门式政策兑现、全链条人才服务、知识产权运用和保护、智能秒批等改革品牌，政策兑现便利化、"中小企业能办大事"等改革经验分别获国务院办公厅、国家发改委复制推广，"信任筹建"等39条创新举措在全省推广。整合"照、章、银、税、金、保"六个环节，实现最快0.5天开办企业，打造全省首个"企业开办无费区",首创环保融合审批,全国首创定制式审批服务体系,"承诺制信任审批制度"荣获"中国法治政府奖提名奖"。建立"一业一单"监管机制,深化新业态准营"一类一策""一品一策"改革。南沙经开区积极争创广东省营商环境综合改革示范点,深入实施对标 RCEP 和 CPTPP 进一步深化改革扩大开放试点措施,在投资贸易自由化便利化、跨境要素流动等领域试点先行。完善内地与港澳律师事务所合伙联营机制,健全涉外、涉港澳法律服务体系,高标准建设广州湾区中央法务区南沙国际片区。强化"数字政府"建设,深化"无证明自贸区"改革,推进政府部门核发的证明事项材料免于提交,逐步实现"无证明办理"全覆盖;不断拓宽政务服务"一件事"应用场景,探索让更多工程建设领域事项纳入"一件事"管理清单,实现办事一次申请、一次办结。增城经开区围绕"服务企业就是服务发展"的理念,推出产业项目"全生命周期筹建服务"及"妈妈式服务"等特色工作机制,建设工程建设项目联合审批系统,为各审批阶段实现"一份办事指南、一张申请表单、一套申报材料"提供信息技术支撑;为筹建项目提供"妈妈式服务",确保"引进即筹建、拿地即开工、竣工即投产";开发建设政策兑现线上服务平台,首创"三证合办、三测合办"等政务服务,推行"互联网+电子政务",推动政务服务事项实现"最多跑一次"、涉企服务事项在线申办。

2022 年 1 月,广东省发展和改革委员会发布《广州开发区营商环境改革创新经验做法清单》,提出 39 项广州开发区营商环境改革创新经验做法,如表 6-4 所示。

表 6-4 广州开发区营商环境改革创新经验做法清单

序号	名称
1	建立信任筹建工作机制
2	率先实行工业项目"一个部门、一枚印章管审批"
3	开展"定制式审批服务"
4	实行行政审批与技术审查相分离制度
5	优化简易低风险项目审批服务

续　表

序号	名称
6	打造企业开办"无费区"
7	探索新型食品生产许可"一品一策"
8	打造"一门式"政策兑现服务
9	深化信用建设服务实体经济
10	探索智能"秒批（核）"
11	构建"政务雷达"指尖政务生态
12	推出"政邮专窗就近办"和"政邮专员上门办"服务新模式
13	打造"税链"区块链电子发票平台
14	构建良好创新创业生态
15	创新科技管理体制
16	首创纯专利、纯商标知识产权证券化产品
17	发行全国首单知识产权海外侵权责任保险
18	构建知识产权高质量服务体系
19	创新土地管理方式
20	创新生物医药审批监管服务机制
21	构建"黄埔人才发展指数"
22	构建"上管老、下管小"全链条人才服务体系
23	设立黄埔人才引导基金发挥政府投资杠杆作用
24	推进"图书馆之城"建设
25	探索实施以绿色低碳、集约节约为导向的城市有机更新行动
26	构筑线上线下产融对接新平台
27	实施企业上市苗圃培育工程
28	政企协同优化电力营商环境
29	推行电水气热网联办改革
30	海运口岸24小时智能通关
31	探索在重点领域率先衔接港澳规则
32	实行招商4.0模式

序号	名称
33	开展粤港澳大湾区劳动争议调解创新研究
34	推出商事登记"跨境通"服务
35	构建"金镶玉"政策体系
36	率先探索"令行禁止、有呼必应"推动基层治理现代化
37	打造多元化园区公共法律服务平台
38	构建知识产权大保护大协同机制
39	创新推出营商环境观察员制度

2024年5月31日，广州开发区召开营商环境改革新闻发布会，正式发布《广州开发区 广州市黄埔区建设省营商环境改革试点行动方案》。本次改革方案共推出30个重点任务、120项改革举措，将全力打造"产业友好型、企业友好型、人才友好型"营商环境。这是黄埔区、广州开发区继2018年获批广东省营商环境改革创新实验区后，再次被广东省赋予改革先行先试的使命任务。详见表6-5。

表6-5 广州开发区营商环境改革试点任务责任清单

主要任务	具体举措
一、产业能级强链提升行动	（一）推动战略性新兴产业发展
	（二）促进科技成果转化运用
	（三）优化产业政策环境
	（四）提升产业链服务实效
	（五）打造特色产业园区
二、产业要素优化配置行动	（六）强化空间保障
	（七）强化金融赋能
	（八）强化人才支撑
	（九）强化公共服务
三、数字营商强基赋能行动	（十）夯实数字基础设施
	（十一）推动数产融合发展
	（十二）加快数字政府建设

续　表

主要任务	具体举措
四、民营经济发展壮大行动	（十三）支持参与政府采购和招投标
	（十四）推动降低经营成本
	（十五）梯度培育优质中小企业
五、法治建设保驾护航行动	（十六）维护公平竞争市场秩序
	（十七）推进企业合规和风险防控
	（十八）提升监管执法效能
	（十九）加强知识产权运用和保护
	（二十）完善多元化纠纷解决机制
六、开放合作深化拓展行动	（二十一）促进贸易投资便利化
	（二十二）深化与港澳规则衔接
	（二十三）纵深推进中新合作
七、政务服务增值增效行动	（二十四）打造政府集成服务
	（二十五）加快投资项目落地
	（二十六）便利准入准营退出
八、营商环境协同共建行动	（二十七）优化跨部门协同
	（二十八）深化多方合作共建
	（二十九）强化改革监督考核
	（三十）营造浓厚改革氛围

三、深化投融资体制创新

广州开发区遵循"增优势、强特色、补短板"发展思路，以资本市场为牵引，吸引创新资本集聚，引导金融资源向科技创新领域倾斜，推动金融产品和服务模式创新，进而促进产业和企业可持续发展，实现服务实体经济与培育壮大金融业相结合。力争到2025年，基本建成金融"三中心一高地"。

优化金融业空间布局，促进金融要素集聚发展。大力建设科学城金融核心功能区和科创金融集聚区，助力科学城建设具有国际影响力的中国智造中心；加快推进知识城中心城区金融板块规划建设、推动广州第二中央商务区（黄埔片区）建设金融科技集聚区和贸易金融服务区、推动西区建设航运和物流金融服务区，加快形成三大各具特色的金融集聚区。

壮大金融组织体系，增加金融资源有效供给。扎实做好"金融10条"等金融产业政策兑现工作，加大招商力度，积极引进银行、证券、保险、资产管理等持牌法人金融机构总部，推动设立民营银行、保险公司、财务公司等金融机构。做大做强广州农村商业银行、广发证券、粤开证券等持牌法人金融机构。支持区属企业围绕主业，做精做优金融业务。规范发展地方金融机构。

大力发展资本市场，加速创新资本形成和有效循环。拓宽风投机构空间载体，引进专注投资战略性新兴产业的风投机构，鼓励设立天使投资基金、私募股权二级市场基金。实施中小企业上市苗圃培育工程，针对性加强培育和辅导，推动企业在境内外资本市场上市融资。用好再融资奖励政策，支持上市企业通过再融资做大做强。支持企业开展并购重组，做强做优。打造全国一流的区域性股权交易市场，积极发展环境权益、金融资产、知识产权等各类新型要素交易市场。

大力发展科创金融，服务大湾区国际科技创新中心建设。共建粤港澳大湾区科技金融创新中心，综合运用风险补偿、奖励补贴、投资引导等政策工具，撬动更多社会资金支持科技创新。围绕粤港澳大湾区国家技术创新中心等战略布局，健全科创金融组织体系。创新发展知识产权金融。打造覆盖早期、初创期、成长期、并购投资等投资业务全链条的体系，推动战略性新兴产业固链、补链、强链。加大科技创新普惠金融支持力度，积极探索"科创金融+产业链金融"等科创金融服务新模式。

积极发展可持续金融，推动经济社会绿色低碳高质量发展。鼓励设立绿色支行、绿色金融创新中心等专营机构，优化提升粤港澳大湾区可持续金融中心，积极引进绿色金融服务机构。完善"开绿融"绿色金融产融对接系统，提高产融对接效率。积极创新绿色贷款、绿色保险、绿色基金、碳金融等金融产品和服务。积极拓宽绿色企业直接融资渠道。推进绿色金融与责任投资、影响力投资、蓝色金融的融合创新和发展，为广州绿色金融改革创新试验区建设提供支撑。

加快发展跨境金融，推动形成高水平对外开放新格局。积极对接境外优质金融资源，支持各类符合条件的港澳等境外金融机构通过新设法人机构、分支机构、专营机构等方式在广州开发区拓展业务；积极参与本外币合一的跨境资金池、本外币合一的账户、跨境理财通等政策试点，全面推进跨境投融资创新。与香港、澳门探索建立长期、稳定的对接机制，大力推进粤港澳大湾区金融合作。全面拓展与新加坡金融合作，支持区内企业赴新加坡上市、发行债券，探索深化与新加坡在科创金融、绿色金融和金融科技等领域合作。

加快发展金融科技，推动金融发展提质增效。规划建设粤港澳大湾区金融科技创新中心，打造湾区绿色化工数字交易园区。做好"金融科技10条"等金融政策兑现工作，支持持牌金融机构的重大金融科技项目、金融科技企业落户广州开发区，加快培育发展金融科技产业。加快发展数字金融，支持金融机构加强金融科技研发与应用，优化盈利模式、业务形态，实现金融服务向主动化、个性化、智慧化转型发展。探索区块链、大数据等技术在深化银税合作、融资对接、知识产权交易会等领域的应用。支持金融机构、金融科技企业与制造业、跨境电商等供应链核心企业合作，共建供应链金融服务平台，依法依规开展供应链金融服务。促进金融科技领域供需对接，帮助金融科技企业拓展市场。

优化金融营商环境，为创新创业提供优质金融服务。综合运用风险补偿、贴息、融资对接等工具，营造优质便利融资环境，化解中小微和民营企业融资难、融资贵、融资慢问题。优化完善金融服务超市，搭建民营及中小企业信用信息及融资对接平台，发挥首贷、续贷服务中心作用，提升融资对接效率和精准性。及时解决高层次金融人才落户、医疗、社保、子女教育、证照办理、职业培训等方面的实际困难，营造优质的金融人才发展环境。完善区公共信用信息系统暨企业信用信息系统，有效衔接省、市社会信用信息平台，培植良好的金融信用环境。加强金融知识产权保护，营造良好的金融法治环境。

防范化解金融风险，推动经济金融良性互动发展。做好"7+4"地方金融机构的风险监测和妥善风险处置。鼓励金融机构、地方金融机构与金融科技企业合作，争取纳入金融科技创新监管试点，在依法合规、风险可控的前提下，探索产品、服务创新。稳步推进P2P网贷机构风险处置，严厉打击各类以伪创新、不当创新为名从事非法集资违法犯罪活动。运用各种新闻信息媒介开展金融风险宣传教育，提高社会公众对非法集资、非法放贷等非法金融活动的风险防范意识和识别能力。

四、建设制度型开放体制创新

"吃改革饭、走开放路、打创新牌",作为首批国家级经济技术开发区之一,广州开发区有着与生俱来的开放基因,不断推动更深层次改革、更高水平开放。

发挥区位优势,"湾顶明珠"走好开放路。广州开发区、黄埔区形成了知识城、科学城、海丝城、生物岛——"三城一岛"战略平台,强化联动发展。5年来,广州开发区充分发挥粤港澳大湾区"湾顶明珠"的区位优势和"万亿制造"强区的产业优势,全力做好"开放"文章,在开放大潮中不断扩展朋友圈。

深化港澳合作,着力推进粤港澳大湾区建设。穗港科技合作园是广州开发区、黄埔区与香港在广州开发区云埔工业园片区共同规划的科技创新园区。2021年,穗港科技合作园管委会推动弘亚数控集团在园区投资设立穗港合资企业玛斯特智能装备有限公司,注册资本1亿美元,引导园区港资企业蓝月亮在现有基础上增资1.97亿美元。截至2024年6月,园区有港澳资企业63家,其中规模以上港澳资企业共计18家,总注册资本达27.7亿元。

2023年以来,该园管委会赴港澳开展招商活动,围绕香港人工智能及自动化、发明成果转化落地、网络技术、可持续发展、创意食品等进行了探讨;与澳门大学、澳门科技大学就在区内共建中药质量研究国家重点实验室分中心达成初步意向;2023年上半年引进百亿级项目——粤港澳大湾区(黄埔)医疗科技创新基地在穗港科技合作园落户。

整合特殊区域资源,打造高水平开放高地。2020年4月,穗港智造合作区管委会协调海关同意广汽本田开发区工厂以"视同区外企业监管"的形式实现内销生产;2022年,该企业实现产值94.52亿元,同比增长20.78%,2024年1—5月产值35.3亿元,同比增长22.6%。2021年2月1日,广州黄埔综合保税区正式通过联合验收,成为黄埔区首个获国务院批复的综合保税区,聚集了京东、卓志、昊链、粤境通等龙头企业;2021年度全国综合保税区发展绩效评估中,黄埔综保区排名上升21位,位列全国第34位,综合管理水平居于广东省前列。

推进国际合作,搭建高精尖产业对接桥梁。自2017年7月广州国际生物岛召开第一届官洲国际生物论坛开始,官洲国际生物论坛至今依然是生物医药产业的"达沃斯论坛",每年吸引全世界的行业精英共同探讨全球生物产业发展脉络。除此之外,为促进国际合作平台的落户,生物岛园区采取"政府+公司"模式,合作共进,挖掘了许多国际一流项目线索。

2019年11月,全球制药及高性能材料巨头德国默克公司在生物岛设立的默克广东创新中心正式投入使用。截至2024年11月,广州国际生物岛和美国、加拿大、瑞士、古巴等国家的科研机构、产业联盟与协会、企业建立战略合作,进行交流和技术转移。

扩大对外合作,建成对外投资高地。2019年至今,广州开发区、黄埔区新增境外投资项目239个,位居全市首位,包括生物医药、物流供应链、信息技术、批发零售等多个领域企业,覆盖38个国家、地区,对外投资中方协议投资额达38.59亿美元。其中包括新加坡、越南、泰国、沙特、阿联酋等,对外投资中方协议投资额达19.21亿美元。从2019年到2022年,广州开发区货物进出口总额增加了252亿元,成为广州市首个外贸突破3000亿元的区域,总量蝉联全国经开区前五名,与日韩、欧美、东盟等219个国家和地区开展经贸往来。

2022年,中新广州知识城片区和鱼珠片区成功纳入中国(广东)自由贸易试验区广州联动发展区,全区从积极复制推广自贸区改革创新经验等16个方面提升国际贸易便利化水平。截至2024年6月,区级联动发展区58项自贸区改革创新事项已落实47项,为区内企业在办证、办事、商事登记、审批、税收和港澳投资者注册商事服务方面提供了便利高效的金融服务。

2022年11月,广州开发区成功获批为国家级进口贸易促进创新示范区,是国家、省、市对广州开发区、黄埔区在促进进口、服务产业、提升消费、示范引领方面取得突出成效的重大认可,将进一步推动全区自主创新政策的落地,为对外经贸发展提供更包容开放的营商环境。

五、健全行政监督制度创新

行政监督的质量直接关系到行政管理的成败。为了提高决策的质量,广州开发区不断推进行政决策制度化建设,积极探索科学民主决策的新机制;建立了用地集体审批制度、规划建设集体审批制度及设计专家论证制度和引进项目专家论证制度等,凡是关系国计民生的重大决策,凡是涉及人民群众切身利益的重要事项,都认真听取社会各界和专家学者的意见,从而不断提高行政决策的科学化、民主化程度。通过论证,提高了开发区决策的质量,减少了决策的失误。

开发区很重要的一条就是各级领导各级政府官员都是依法办事,他是在法律之下来为企业服务。法治是投资最大的确定性因素,投资者最担心的就是对未来预期的不确定性,而不确定性就来自不依法办事。有了法治,有了官在法下,就有了最大的确定性,而且有了法,关键是执行,否则是一纸空文。

——广州市原政协主席、党组书记刘悦伦

广州开发区区党工委、区委印发了《关于进一步改进机关作风提高行政效能的若干意见》,区监察局提出了《关于进一步加强开发区行政效能建设工作的意见》,制定了行政效能监察工作意见,并将常用的行政效能监察法律、法规、规章编印成册,发放给全区各部门领导、内设科室和各事业单位。区行政效能投诉中心制定了《行政效能投诉中心内部工作规范》《行政效能监察通知书制发基本程序》,规范效能投诉工作流程。全区已经初步形成了指导行政效能建设工作的制度体系。

电子监察系统是创新行政效能监察手段、提高监察有效性的重要途径。开发区行政效能电子监察系统自 2007 年 8 月投入运行以来,已建成包括行政许可审批监察模块、重点工作监察模块、办事大厅视频监控模块等。系统建设初期,开发区就将梳理保留的 21 个部门 167 个行政许可审批事项纳入监控范围。2013 年,开发区根据第五轮行政审批备案事项梳理结果①,将 35 个部门的 294 项行政许可审批事项、100 项非行政许可审批事项、179 项社会服务事项全部纳入电子监察系统。按照"界面人性化、操作简易化"的建设理念,在全省通用版本基础上实现多项改进创新,保证了系统运行有效稳定。特别

---

① 曾伟玉. 转型与跨越:广州改革开放 40 年 [M].广州:广州出版社,2018.

是自系统建设初始,开发区就坚持将承诺时间而非更宽裕的法定时间作为时限监察的依据,承诺时间压缩后会在第一时间更新监察时限,对超过承诺时间的,同样给予红黄牌警告,提升了监察的质量。制定《电子监察系统日常管理规范》,建立红黄牌预警核查制度、系统运行情况通报制度,对系统发出的所有红黄牌预警进行核查,根据核查结果发出是否予以认定的函。加强对审批及数据填报情况的检查,安排专人负责日常监控,保证数据报送全面、真实、准确。对发现的个别单位漏报瞒报数据、不一次告知、超时审批等问题,向责任单位发黄牌警告、红牌警告,严重者将予以行政过错责任追究。区监察局与其他综合监督部门协同配合,将电子监察结果与行政效能绩效综合评估、行政执法评议、机关目标责任制考核等结果互为运用,规定凡受到红、黄牌警告的,其他考评或考核也相应地扣分,形成工作合力。

第五节　典型实践案例

一、广州开发区关于创新绩效管理的若干措施

2019年,黄埔区、广州开发区、广州高新区先行先试,率先探索绩效管理体系改革,出台了《广州市黄埔区 广州开发区 广州高新区关于创新绩效管理的若干措施》(简称"绩效8条")及配套细则,探索推进考评精细化、全面化。

"绩效8条"以督考一体化、专项突出考、评价全方位、创新导向化、激励差异化等创新举措,将制度优势逐步转化为治理效能,全方位推动重点工作按时按质推进落实,有效地激发了干事创业的热情,推动了全区各项事业的落实,为高质量发展提供了有力保障。

(一)设立专项考评机制

提出深化体制机制改革新思路。新的绩效体系构建了督考联动机制,强化了重点工作过程管理。

2019年以来,黄埔区、广州开发区、广州高新区绩效办会同督查督办部

门相继对全区200余项重点工作和重点建设项目开展察访核验，对教育惠民、乡村振兴等民生工作进行绩效跟进。由此萌发一套立足区域发展要求，强化考评战略导向，以构建督考联动机制促进重点工作的绩效考评新思路。

相较于过去的绩效体系，这一体系最突出的亮点是通过列清单、明责任、细分时间节点、定期开展实地察访核验，重实绩、看实效，打破了年底考评"一锤定音"的传统做法，改为以区委、党工委提出的战略目标作为重点绩效考评指标，以战略目标的实现程度、关键节点的推进度作为衡量工作效率的标杆。

"绩效8条"的考评体系对区域发展、经济建设等重大项目设置了专项考评体系，有助于区委、党工委实现精准发力，单点突破。在2019年设置的招商引资专项考评中，着力推动全区打好产业基础高级化、产业链现代化攻坚战。通过精准靶向招商，加速引进高精尖项目和国际高端资源，将GE生物科技园项目的成功经验不断复制，持续形成"引进一个，带来一批"集聚效应，同心合力打造改革开放新高地。除了设置招商引资专项考评，黄埔区"绩效8条"考评体系还针对"征地拆迁"等重点工作设置了专项考评。

近年来，省、市重点建设项目不断增加，土地收储任务愈来愈重。2019年，全区计划征地收储1万亩，拆迁55万平方米，工作量比以往显著增加。统筹开展征地拆迁专项考评，建立健全征拆行政效能建设的长效机制，实现精准征拆目标，为重大基础设施建设、重点项目筹建用地需要提供保障，真正让"大沙经验""姬堂模式"不断涌现，实现了从"项目等地"到"地等项目"转变，下好土地先手棋。截至2019年10月31日，全区各街镇已完成征地面积10 134亩，拆迁面积118.9万平方米，收地面积13 591亩。

另外，黄埔区绩效办还将"令行禁止，有呼必应"纳入绩效考评体系，积极打造基层评价新模式，把考核的"指挥棒"递到基层手里，确保街镇"敢呼、能呼、呼了有用"，部门"快应、必应、应了有效"，推动工作协同高效。不断提供好服务，对企业和群众多下及时雨，多雪中送炭。

科学城企业汇专科技集团（以下简称"汇专科技"）是因此受惠的众多企业中的一个。

汇专科技是一家拥有超过200人的研发团队、超过300项的核心技术专利,建有省级工程技术中心以及高水平实验室的绿色智能制造解决方案提供商。近年由于受到国际市场影响,订单下降,2018年产值同比下降20%。联和街道办在走访企业得知该情况后,通过"令行禁止、有呼必应"系统呼叫区贸促会与企业对接,帮助其拓宽销售渠道。第二天区贸促会就主动上门为企业送服务,邀请企业参加"禾雀花"工程对接会并介绍其产品,有效提高了产品的知名度。2019年1—10月,该企业累计产值3.144亿元,同比增长了33.40%。

(二) 实现绩效考核全覆盖

激励干事创业闯出新办法。如何真正体现"干与不干,干多干少,干好干坏不一样"是"绩效8条"出台的核心。为此,黄埔区、广州开发区、广州高新区大胆进行体制机制创新,通过完善绩效奖惩标准,实现对考评优秀单位、干部奖励激励,同时鞭策落后,促进整改,形成机关内部良性竞争机制,闯出了一系列新办法。

一个重要的突破是本次绩效奖励政策实现人员全覆盖。对绩效考评优秀单位实现绩效奖励金的倾斜,公务员和编外工作人员年度考核优秀比例还可分别提高至20%、30%。通过绩效强化正向激励导向,鼓励创先争优。

在此基础上,"绩效8条"明确激励向街镇一线倾斜——街镇工作人员绩效奖励高于区属机关同职级干部15%,引导更多优秀干部扎根基层,服务群众。

此外,"绩效8条"为进一步激活干部勇于任事、靠前一步的热情,全方位考虑干部的绩效激励、选拔任用和职业技能提升等全要素。不仅明确了单位绩效考评结果将作为干部选拔任用的重要依据,还对个人能力提高给予倾斜和支持。

政府工作做得好不好,群众最有发言权。黄埔区的绩效考评长期坚持以群众关注的热点难点问题作为各单位的重点绩效评价事项,将"让人民评判,让人民满意"作为考评的核心价值观,并不断创新。

2018年,区绩效办收集了区内企业、群众的6562份有效调查样本。广泛征求企业、群众、"两代表一委员"对机关职能部门的评价,扩大了参评代表覆盖面，畅通了社会公众的参与渠道。2019年，还进一步强化服务导向，围绕各单位工作亮点和成效，制定了个性化调查问卷，深入街镇社区、科技园区、产业园区开展入户、入企调查，将调查结果纳入绩效考评成绩，将反馈意见作为各单位绩效提升指标和改进方向，实现找差距、补短板、强服务。

（三）激发创新活力

催生社会管理干出新变化。一系列的绩效改革创新传达了黄埔区、广州开发区、广州高新区鼓励干部勇于任事、大胆创新的导向，引导和支持了各单位对标先进，积极投入行政管理的创新突破，开展原创性、差异化改革。

在这种氛围下，各单位围绕区域中心工作和难点问题，在理念思路、体制机制、方法手段上不断探索，形成了1+1>2的创新效应。涌现出包括"企业筹建无费区""承诺制信任审批""秒批"等在内的一大批政府工作创新品牌，向社会完整展现出"一个月审批、三个月交地、六个月动工"的"黄埔速度"，打造营商环境改革新高地。过去不少"难管""管不好"的事情如今都通过绩效管理得到了改善。

二、广州开发区促进经济高质量发展政策措施

2023年5月22日，广州开发区发布《广州开发区（黄埔区）促进经济高质量发展政策措施》，即"高质量发展30条"。"高质量发展30条"对黄埔区、广州开发区原有四个"黄金10条"进行优化整合，形成30条共63款"核心条款"。其中，70%的条款将增速、贡献作为参考指标，增设了"产业链招商奖""工业上楼奖""动工投产奖"等原创条款，单个企业最高扶持1亿元。

从四个"黄金10条"的"1.0版"到"2.0版"，再到"高质量发展30条"，黄埔区、广州开发区持续擦亮惠企政策"金字招牌"，三次迭代，形成高质量发展的强有力支撑。"高质量发展30条"是未来黄埔区、广州开发区构建"1+N"高质量发展政策体系的大骨架。

（一）"看增量"：增量越大、奖励越多、上不封顶

"高质量30条"以"企业贡献越大奖励越多、增量越大奖励越多、增速

越快奖励越多"为政策导向,引导企业优存量扩增量,推动企业发展与政策供给良性互动,支持企业做强做优做大。

具体而言,保留了广受企业好评的经营贡献奖,继续沿用"既奖存量、又奖增量"模式,特别是对批发、零售业增量部分,以增量指标代替增速指标,拓宽了政策覆盖面。以零售业企业为例,按其年营业收入对比前两年年度最高值,每新增5000万元给予5万元扶持,该条款可与广州市"促消费38条"中"对零售业企业年零售额较上一年每增加1亿元给予10万元奖励"叠加领取,即企业每新增1亿元合计可获取约20万元扶持资金。

(二)"重研发":研发扶持高达1200万元

近年来,黄埔区、广州开发区依托"2+3+N"战略科技创新平台集群,汇聚了1000余家新型研发机构,集聚了超2500家高新技术企业,突破了一系列"卡脖子"技术,创新能级持续提升。

"高质量发展30条"围绕企业不同发展阶段的创新需求,提供全方位政策扶持。在扶持初创企业方面,成立50亿元科技创新创业投资母基金,对投资广州开发区种子期、初创期科技创新企业2年以上的,按照实际投资额的10%给予扶持,每投资1家企业最高扶持100万元,每家风险投资企业每年最高扶持500万元。

在支持科技攻关方面,为鼓励企业加大研发投入,设立研发资助、首台(套)突破奖、"揭榜挂帅"奖等条款。以"揭榜挂帅"奖为例,对成功攻克的项目,按项目总投入的30%给予最高1000万元补助。支持协同创新方面,为鼓励区内重点实验室、分析测试中心等公共技术服务平台向中小企业开放仪器设备、试验场地等创新资源,特别设立仪器开放共享扶持资金,每年遴选不超过10家仪器共享示范机构,分梯度给予最高100万元资助。

同时,为进一步激发和释放人才发展活力,帮助企业人才"留下来、用得好",黄埔区、广州开发区继续沿用"企业人才奖",为每家优质企业每年提供10个名额,每个名额可获最高300万元的人才扶持,并对区内持续经营15年以上企业再额外给予5个名额。

(三)"解难题":"全生命周期"护航企业发展

企业需求是政策创新的出发点和着力点。据介绍,"高质量发展30条"

对企业落户、项目筹建、转型升级等阶段实现精准覆盖，全生命周期护航企业发展。

为吸引优质企业落户，设立项目落户奖，最高给予1000万元扶持。为充分利用好外资，大力发展外向型经济，专门设置引进外资奖，对优质外资企业按照其当年实际引进外资金额不超过1.5%的比例予以扶持，单个企业最高扶持1亿元。

为打通项目落地"最后一公里"，鼓励企业"拿地即动工""竣工即投产"，加快产生效益、形成贡献，全国首创动工投产奖，对"带规划方案出让"方式取得建设用地的，给予企业20万元一次性扶持；对提前收地进场施工或地块达到交付条件后三个月内进场施工并取得施工许可手续的，给予企业最高80万元扶持；对提前竣工且竣工后3个月内投产的，再给予企业最高80万元扶持，另负责团队最高可获30万元扶持。

为支持企业技术改造或增资扩产，推动传统产业转型升级，加快新旧动能转换，设立转型升级奖，单个企业每年最高可获3000万元扶持。全国首创支持老工业企业开展基础设施更新，对在广州开发区持续经营15年以上的企业，每年给予最高1000万元扶持。为破解企业用地和工人住房难题，每年储备1000亩工业用地，全力保障企业扩大生产需要，每年筹建9000套保障性租赁住房、人才住房，为各类人才提供优质居住服务。

（四）"集群化"："上下楼"就是"上下游"

产业集群化发展是提升产业竞争力的关键所在。为进一步释放产业集聚效应，"高质量发展30条"重点从产业集聚、企业集聚、载体集聚、品牌集聚等方面发力，推动主导产业组链成群，加快打造具有竞争力和影响力的现代产业高地。

为发挥链主企业的引领作用，创新推出产业链招商奖，对引进广州开发区鼓励发展的战略性新兴产业项目且政策有效期内产值首次达到2000万元以上的企业或机构，给予10万元扶持。对首次上榜世界500强、中国企业500强、中国民营企业500强、中国制造业企业500强、中国服务业500强、中国零售业100强的企业，给予最高2000万元扶持。

此外，政策鼓励园区集聚，建设"智慧商店""智慧街区""智慧商圈"，对电子商务示范园区、软件名园等特色园区予以重点关注，最高给予300万元扶持，推动园区集约化专业化发展。

三、保税业务管理局全力推动广州黄埔综合保税区高水平开放高质量发展

（一）基本情况

为落实国务院、海关总署的工作部署和要求，统筹推进海关特殊监管区域转型升级工作，广州开发区保税业务管理局推动成立广州开发区海关特殊监管区域整合升级工作领导小组，办公室设在该局。作为开发区3个海关特殊监管区域的业务主管部门，该局承担了广州开发区海关特殊监管区域整合升级的大部分工作，全面推动整合升级工作取得新突破。2020年5月17日，国务院批复同意广州保税物流园区整合优化为广州黄埔综合保税区（简称"黄埔综保区"），广州开发区新增添一块国家级特定功能区牌子，实现了综合保税区零的突破。在综保区获批后，该局通过完善基础及监管设施、提升信息化管理水平、加大环境整治力度等措施，全方位提升黄埔综保区营商环境，加快推动完成建设验收工作。

（二）创新立意

广州保税物流园区原址原面积升级为广州黄埔综合保税区的转型方案属于全国首例。在广州开发区范围内是第一个获国务院批复的综合保税区，广州开发区再增添一块国家级特定功能区牌子。

推动政策创新。11月23日，广州开发区、黄埔海关签署了《共同促进广州黄埔综合保税区高水平开放高质量发展合作备忘录》（简称《合作备忘录》），这是全国首个以区级政府名义与海关共同签署促进综保区发展的合作文件。《合作备忘录》内容对标海南自贸港、自贸试验区、洋山港特殊综保区创新政策，打造广州黄埔全球中心仓、保税全球维修中心、保税研发中心、文化艺术品保税展示交易中心等。

服务粤港澳大湾区建设。黄埔综保区的前身广州保税物流园区，是2008

年从已经封关运作15年的广州保税区分割出来的园中园。广州保税区现有占地范围是穗港智能制造合作园区的重要组成部分，未来广州保税区将退出不再保留，为穗港智能制造合作园区释放约1.4平方公里土地。而黄埔综保区则可以承接广州保税区内需要继续利用保税政策的企业，抵消了不保留广州保税区对广州开发区的影响，服务粤港澳大湾区建设。

构建经济双循环的新平台。广州保税物流园区的功能设定是以国际物流分拨为主，业态范围较窄，升级为黄埔综保区后，可以充分利用国务院3号文赋予综保区的21条优惠政策，并且可以率先复制自贸区政策，业态范围大幅扩大，包括物流、加工、贸易、研发、检测维修、展览展示、销售、服务等。同时，通过在黄埔综保区实行增值税一般纳税人资格试点，帮助区内企业充分利用国内国外两个市场，有助于构建以国内大循环为主体、国内国际双循环相互促进的新发展格局。

(三) 主要做法

一是深入研究广州开发区海关特殊监管区域发展现状，结合实际情况，走访摸查区内企业意愿，征求区内相关部门意见，共同决策确定了广州保税物流园区原址原面积升级为广州黄埔综合保税区的方案；二是动员多方力量，群策群力，主动作为，积极推动申报方案获得认可，先后赴海关总署自贸司、省商务厅、省自然资源厅、海关总署广东分署、黄埔海关等部门，进行充分沟通解释，确保申报方案获得上级部门支持。例如，针对广州保税物流园区存在500多平方米的农业用地的问题，迅速启动土地利用性质调整工作，多次赴自然资源部和海关总署沟通协调，并于2020年2月顺利完成调整，确保了黄埔综保区顺利获批；三是积极跟进申报方案报送，及时发现问题，积极应对各类突发问题，按时补充各类申报资料，积极寻求各级部门的帮助，跟进时间节点，确保我区海关特殊监管区域整合升级工作取得成效。2020年5月17日，国务院批复同意广州保税物流园区整合优化为广州黄埔综合保税区。

(四) 主要成效

1. 工作成效

2021年2月1日，广州黄埔综合保税区顺利通过八部门联合验收。广州黄埔综合保税区自封关运作以来，开放平台作用日益凸显，对外向型经济的拉动作用明显，有效起到产业链供应链"稳定器"作用。区域内业态从原来单一的保税物流扩大到加工制造、物流分拨、检测维修、销售服务等，"保税+"产业形态更多元。2021年至2023年外贸进出口值695.5亿元，年均增长37.3%，疫情3年期间为广州开发区稳外贸发挥了重要作用。在2022年度全国绩效评估中，黄埔综保区质量效益类指标全国综合排名第10，全省第2，其中单位面积海关税收全国综合排名第2。

一是壮大新兴产业。出台广东省首个支持企业"二次创业"政策措施，支持企业依托黄埔综保区和红酒文化街打造前店后仓、线下体验、线上下单的"保税展示+跨境电商"保税直购店消费新模式。鼓励企业建设全球B2B供应链综合服务平台，发展消费类产品、大宗商品国际分拨集拼业务，打造全球资源配置中心和开放门户枢纽。2024年1月20日，全国首家"10分钟速达"保税直购店在西区红酒文化街正式开业。实施精准招商，拓展保税汽车、维修、服务等多元新兴业态，辐射带动电子、汽车、化工三大千亿级产业集群，实现省内进口汽车保税存储零的突破，品牌汽车进出口累计124.4亿元，年均增长230%。开展LG等品牌液晶显示屏全球维修业务，带动发展上下游企业130余家。服务华南区域新能源汽车等实体产业，支持有色金属头部企业设立有色金属期货交割仓库。探索拓展汽车平行进口保税存储、跨境电商进口OTC药品试点等业务。

二是搭建开放平台。依托综保区政策红利，复制推广自贸区8项改革试点经验，实现特殊监管区、经济开发区、穗港智造合作区"三区叠加"，赋能湾区发展。与黄埔港、新沙港联动，依托珠江黄金内湾的对外连接，打造"海陆空铁"四位一体交通体系，形成复合型国际物流枢纽，打造广州黄埔全球中心仓。对接香港中联办广东联络部、香港贸发局、广东香港商会、香港建筑师协会、香港知名人士团队等，搭建穗港产学研合作平台，推动全国首家港澳居民（广州）健康服务中心揭牌启用，完善国际化生活配套。

三是深化贸易畅通。与海关签订合作备忘录，建立联席会议制度，成立工作专班，高效联动促发展。全面升级园区基础设施及监管设施，与国际贸易"单一窗口"无缝对接，避免重复申报。推广"两步申报""分送集报"

"一单多车"等便利政策,实施 24 小时通关,提升通关效能及跨境贸易便利度,支持 11 家企业获评广州市国际分拨集拼重点企业。推动增值税一般纳税人资格试点落地,助力企业充分利用国内外"两个市场、两种资源"。大力探索黄埔综保区跨境电商、"一日游"、船上取样等业务适用低空经济场景,对园区内企业"一日游"业务适用低空经济场景开展深入调研。

2. 影响范围

黄埔综保区是国家级特定功能区,作为我国开放层次最高、优惠政策最多、功能最齐全的海关特殊监管区域,是构建以国内大循环为主体、国内国际双循环相互促进的新发展格局的重要平台。通过紧密结合穗港智造合作区的规划,探索以黄埔综合保税区为核心,区内区外联动及与香港、澳门互通的政策创新,为服务粤港澳大湾区建设提供创新平台。

四、围绕广州开发区西区振兴发展大局,创新出台企业服务专员制度

(一)基本情况

为深入贯彻党的二十大精神,落实省、市高质量发展工作部署,以体制机制创新推动西区全面振兴,2023 年 5 月,广州开发区政府、管委会印发《广州开发区西区企业服务专员制度》,率先在园区探索"有呼必应、无事不扰"工作机制制度化、规范化。《制度》出台后,穗港智造合作区管委会、夏港街道高度重视、狠抓落实,在培训宣传、挂牌亮诺、协调困难等方面下真功、求实效、见真章,并在部门协同联动实行无差别服务、企业交流互动促进推广合作等方面取得了一系列成效,将贴心服务贯穿企业发展全过程,确保《制度》落地落实、见行见效,为西区企业高质量发展保驾护航。

(二)创新立意

《广州开发区西区企业服务专员制度》(简称《西区企业服务专员制度》)是全国经开区首个在园区推行"有呼必应、无事不扰"工作机制制度化、规范化的政策制度创新举措。

出台《西区企业服务专员制度》是对园区原有企业服务工作机制体系的

主动创新，成功畅通政企沟通渠道，减少非必要沟通对接频次，扎实推动经济高质量发展，打造一流营商环境；也是对全力打造中国式现代化"黄埔样本"、全面推进西区振兴发展的生动实践，充分体现了广州开发区"两提""三到""四心"的服务精神。

推动《西区企业服务专员制度》落地落实过程中，穗港智造合作区管委会先后突破了全国相似政策多、规范不一和涉企"无事不扰"行为难以界定评估两大痛点问题，通过研究国内大量相关制度实践，多次内部会议"头脑风暴"集思广益、务求实效。在政策落地执行过程中加强主动对接，规范"无事不扰"事项范畴，向各职能部门公布专员名单，成功突破"墙上制度"瓶颈，将政策做透做深。

（三）主要做法

一是制度创新。企业服务专员在制定《西区企业服务专员制度》前期，根据区领导指示，穗港智造合作区管委会联合夏港街道班子成员，对海南、山东、湖南及广州市增城、南沙等区的《企业服务专员制度》进行了认真研读和讨论，明确了"有呼必应""挂牌上门"的专员服务标准，台账管理的工作机制，"一个专员+一名企业联络员"的结对联络模式，三个"无事不扰"具体事项，力求出台的政策全面创新的同时兼具针对性，符合西区企业实际需求，能真正用好用实、惠及企业。

二是组织创新。《西区企业服务专员制度》构建了"领导挂点联系+专班联动协调+专员挂牌亮诺"的三级服务保障体系，区领导亲自挂帅负责恒运、宝洁、金博三家龙头企业的专员服务，其他干部及职工组成首批75名服务专员在西区461家企业挂工作职责牌，接受社会监督。穗港委、夏港街成立专班，不定期召开会议，快速响应企业需求、强化部门协同；对专员制度回头检视，大大增强协调能力和响应速度。

三是服务模式创新。较传统稳增长服务模式而言，专员模式下服务人员数量增加，人均服务的企业数变少，能够更专注服务企业，整体服务的企业数增加，深化无差别服务和接诉即办，协调困难和跟进解决效率高。

（四）主要成效

一是提升服务效能，打造一流营商环境。跟进企业需求，全力当好"服务员"，协调企业困难事项，实现接诉即办，与城管、水务等部门及驻区海关沟通，为企业跟进通关便利、供水供电等实际需求，协调场所经营证件、停车棚整改、进口货物申报、临时通行证件等问题，累计协调企业难题385宗，认真对待企业事，让企业聚焦生产达效。落实入学入户服务，穗港智造合作区管委会联合夏港街道，依托《西区企业服务专员制度》，靠前服务，主动了解辖区60余家企业员工子女入校需求，为益海、百特、露乐等32家企业45名员工提供区内学位资源，协助新瑞丰、科莱瑞迪、丰华3家企业员工成功入户。

二是畅通政企交流，增强企业获得感、幸福感。开展政策宣贯，全力当好"宣传员"，企业服务专班协同区政研室、工信局、商务局等政策制定部门，先后举办西区企业政策宣讲会（工业专场）、重点商贸企业交流座谈会等专项政策宣讲活动超30场，切实帮助企业理解政策、用好政策。专员一对一向企业宣传政策要点，2023年共协助安利、益海、广合等近20家企业申报广州市总部企业，推动20家企业顺利通过省级专精特新企业审批，推动3家企业申报成功国家级专精特新企业。

三是聚焦重点项目，助推产业转型升级。持续发力，全力当好"指导员"，企业服务专员制度创新"一人对接、一口协调、一跟到底"的服务模式，企业服务专员扑下身子沉到一线，多次前往百事、科莱瑞迪、费森、卡尔蔡司等重点项目施工现场调研，指导企业完成工程申报等事宜，与企业深入交流细化项目节点，协调跟进项目配套设施建设，压茬推动项目早日投产、发挥效益。2023年，企业服务专员已成功推动安利公司广州生产基地增资扩产提质增效项目、益海粮油华南生产销售基地项目等31个西区技改及筹建项目开工建设，推动广微精酿啤酒和益生菌产线、富盛马口铁、载诚基地一期、美豆生物新增产线等4个项目投产。

四是搭建合作平台，实现产销有效衔接。整合优质资源，全力当好"业务员"，举办食品饮料、新一代信息技术等6场行业企业产品推介会，帮助益海、美赞臣等46家企业实现产销"面对面"，协助广合与区内视源电子、小鹏汽车等企业对接合作，助力科莱瑞迪与社区医院实现优质医疗资源对接，高效推动辖区企业产销联动、品牌拓展。盘活国企物业，积极推介摩天工坊、高新智造产业园、东园邻里中心等物业。

第七章 "三力模型"的综合运用研究

第一节 "三力"的整合

在区域经济发展中要考虑发展战略、战略目标定位及其资源运用、贯彻落实等系列关键性问题,使得区域发展有明晰思路与抓手,最终实现国家和人民希望看到的成果。这就涉及区域发展的战略谋划力、资源整合力、贯彻执行力及其综合运用。对于国家级开发区来说,必须有效提升这三种"力"并持续改进,才能实现开发区发展的最佳意图。战略谋划力、资源整合力和贯彻执行力是企业或组织发展中至关重要的三种能力,它们的整合能够产生强大的协同效应,推动事业取得成功。

战略谋划力是指明方向的灯塔,它能够帮助组织洞察市场趋势、把握机遇,并制定出长远且可行的发展规划。资源整合力则如同桥梁,将各种分散的资源,包括人力、物力、财力和信息等,有效地汇聚起来,实现资源的优化配置。贯彻执行力是将战略规划转化为实际行动的关键力量。一个好的战略和资源整合方案,如果没有强大的贯彻执行能力,也只是纸上谈兵。

当这三种能力整合起来时,战略谋划力为资源整合和贯彻执行提供了清晰的目标和方向;资源整合力为战略的实施和执行提供了充足的保障;贯彻执行力则确保战略规划和资源整合的成果能够真正落地。

总之,战略谋划力、资源整合力和贯彻执行力的整合是组织实现可持续发展和竞争优势的关键所在。

从开发区治理的功能出发,明确开发区的核心目的是提升开发区的综合发展效率，不仅体现在开发区组织管理上的体制效率，而且体现在开发区产业经济上的发展效率，更体现在开发区资源运用上的整合效率。国家级开发区综合发展效率评价指标体系，核心考察应在于开发区战略谋划力、资源整合力、政策执行力，涵盖开发区综合发展效率、产业经济效率、区域带动效率、创新资源整合效率、空间资源整合效率、资金资源整合效率、管理服务环境、产业发展环境和招商引资效率等。

广州开发区要综合运用战略谋划力、资源整合力和贯彻执行力，可以从以下几个方面入手。

战略谋划力方面，一是深入研究国内外经济形势和产业发展趋势，结合自身的优势和短板，制定具有前瞻性和适应性的发展战略。例如，关注新一代信息技术、生物医药、新能源等战略性新兴产业的前沿动态，明确在这些领域的重点发展方向和目标。二是建立专业的战略研究团队或机构，与国内外知名的智库、研究机构合作，获取最新的信息和专业的建议。三是广泛征求区内企业、专家学者、政府部门等各方的意见和建议，形成集思广益的战略规划制定机制。

资源整合力方面，一是整合区内的土地、资金、人才等要素资源，优化资源配置，提高资源利用效率。比如，对于闲置的土地进行合理规划和开发，为重大项目提供用地保障。二是加强与高校、科研机构的合作，促进产学研深度融合，将科研成果转化为实际生产力。例如，与中山大学、华南理工大学等高校共建研发平台，推动科技创新。三是积极吸引外部投资和优质项目，通过招商引资、招才引智等方式，引入先进的技术、管理经验和人才。比如，举办大型招商推介会，展示开发区的优势和投资环境。

贯彻执行力方面，一是建立健全工作推进机制，明确责任分工和时间节点，加强对重点项目和工作的跟踪和监督。例如，对于重大项目设立专门的工作小组，定期汇报进展情况。二是加强干部队伍建设，提高干部的业务能力和综合素质，培养一支执行力强的工作队伍。通过培训、考核等方式，激励干部积极作为。三是营造良好的营商环境，简化行政审批流程，提高服务效率和质量，为企业和项目的落地和发展提供便利。

以发展生物医药产业为例，广州开发区可以先通过战略谋划确定重点发展方向，如抗体药物、细胞治疗等细分领域。然后整合区内的研发资源、资金支持以及相关政策，吸引国内外顶尖的生物医药企业和人才入驻。在实施过程中，通过强有力的贯彻执行，确保各项政策落实到位，项目顺利推进，从而形成产业集聚效应，推动生物医药产业的快速发展。

第二节 "三力"的融合和联动

战略谋划力、资源整合力和贯彻执行力的融合与联动，犹如一部精密机器中相互协作的关键部件，共同驱动着组织的高效运转和持续发展。

战略谋划力为整个行动提供了蓝图和指引。它需要具备敏锐的市场洞察力和前瞻性思维，就像微软在云计算领域的战略布局，提前看到了行业的发展趋势，从而为后续的资源整合和执行奠定了基础。

资源整合力则是将各种分散的、潜在的资源进行有机结合和优化配置。如可口可乐公司，能够整合全球的供应链资源、品牌推广资源以及销售渠道资源，实现效益的最大化。

贯彻执行力则是将战略规划和资源整合的成果转化为实际行动和具体成果的保障。以特斯拉为例，其在新能源汽车领域的快速发展，不仅依赖于创新的战略和强大的资源整合，更得益于高效的贯彻执行，能够迅速建厂、提高产能、优化产品。

这三者的融合与联动形成了一个良性循环。良好的战略谋划能够为资源整合指明方向，有效的资源整合又为贯彻执行提供了有力支持，而强大的贯彻执行能力反过来能够检验和完善战略谋划，进一步促进资源的更优整合。

一家制造企业想要开拓新的国际市场。首先，通过战略谋划力分析目标市场的需求、竞争态势以及自身的优势和劣势，制定出详细的市场进入策略。其次，加强资源整合力，调动内部的研发、生产、营销资源，同时整合外部的合作伙伴、渠道资源等。最后，依靠贯彻执行力，确保市场推广、产品交付等各项具体工作按时、高质量地完成。

在实际工作中，要实现这三者的融合与联动，需要建立有效的沟通机制、协调机制和监督机制。比如定期召开跨部门的战略研讨会，确保各部门对战略目标的理解一致；设立专门的项目管理团队，协调资源的调配和工作的推进；建立严格的绩效考核制度，监督执行的效果和进度。

广州开发区要实现战略谋划力、资源整合力、贯彻执行力的融合和联动，需构建一一个有机协同的体系（见图7-1）。

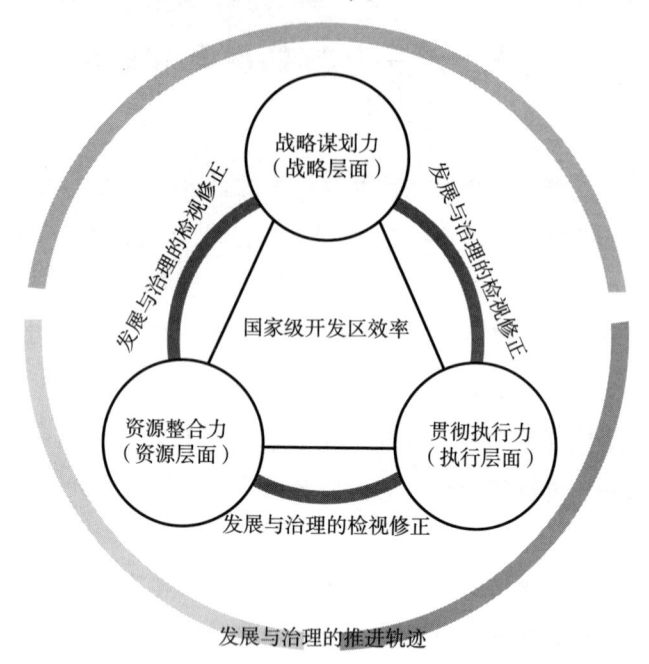

图7-1 区域发展与治理三力结构模型示意图

在战略谋划力方面，一是立足开发区的产业基础和区域特点，制定长远且具针对性的发展战略。比如，明确以智能制造、新材料、高端装备制造等为主导产业，打造具有国际竞争力的产业集群。二是定期开展战略评估和调整，以适应不断变化的市场环境和政策导向。例如，当国际贸易形势发生变化时，及时调整产业发展的侧重点和进出口策略。

资源整合力方面，一是充分挖掘区内企业的资源优势，促进企业间的合作与协同发展。比如，推动上下游企业建立稳定的供应链合作关系，降低成本，提高效率。二是整合政府、企业和社会的资金资源，设立产业发展基金，支持重点项目和创新企业。比如，通过政府引导资金，吸引社会资本参与，共同投资具有潜力的初创企业。三是加强与周边区域的合作，实现资源共享和互补。例如，与周边的高新区、产业园区建立合作机制，共同开展招商引资和项目建设。

贯彻执行力方面，一是建立高效的决策和执行机制，确保战略决策能够迅速转化为实际行动。比如，对于重点项目成立专门的工作领导小组，快速解决项目推进中的问题。二是加强对执行过程的监督和考核，建立明确的奖惩制度，激励工作人员积极履行职责。三是注重执行过程中的细节和质量，确保各项工作达到预期目标。

从国家级开发区发展效率观察，开发区从无到有、从小到大，通过创新发展战略与思维，综合运用和整合发展资源，持续发力区域科技创新，不断形成了各个阶段的战略谋划力、资源整合力、贯彻执行力，以此反复推进开发区实践及其综合发展效率提升。

以开发区的智能制造产业发展为例，首先通过战略谋划确定发展目标和路径，如打造智能制造示范园区，吸引国内外知名企业入驻。其次整合土地、资金、技术等资源，为项目落地提供保障。在执行过程中，严格按照规划推进园区建设、企业引进、配套服务完善等工作，同时加强监督和考核，及时调整执行策略，确保战略目标的实现。

这种融合和联动能够形成强大的发展合力，推动广州开发区不断创新发展，提升区域竞争力。

第三节　发展绩效的评价

"三力"结构发展机制，关键是适应国内外经济阶段性变化，围绕国家创新驱动发展战略布局，根据各自实际不断创新发展战略、推进资源整合、持续执行落实，由战略谋划力、资源整合力、贯彻执行力及其机制变革，持续提升高新区独特的发展效率。

综合不同发展阶段节点年份的发展效率总指数评分来看，广州开发区发展效率除了2015年出现轻微下降之外，总体呈不断增长之势，同时，战略谋划力维度、资源整合力维度和贯彻执行力维度亦表现出类似的总体增长的特征。开发区不同时间节点发展效率分值总体呈稳步增长的特征表明开发区发展40年来，其发展效率一直在稳步提升中，尤其是2015年之后的近10年中，广州开发区发展效率提升尤为明显。

从战略谋划力总体上看，广州开发区各历史发展阶段节点年份战略谋划力评分除开发区创办之初数据畸高以致前7年发展效率评分下降之外，总体呈不断改善向好之势。同时，在综合发展效率、产业经济效率、区域带动效率等二级细分指标得分方面也呈现出相似的发展特征。

从资源整合力总体上看，广州开发区各历史发展阶段节点年份战略谋划力评分总体呈不断上升之势。同时，在创新资源整合效率、空间资源整合效率、资金资源整合效率等二级细分指标得分方面也呈现出相似的发展特征。

从贯彻执行力总体上看，广州开发区各历史发展阶段节点年份贯彻执行力评分总体呈不断改善向好之势。同时，在管理服务环境、产业发展环境、招商引资效率等二级细分指标得分方面也呈现出相似的发展特征。

广州开发区、嘉兴经济技术开发区和苏州工业园区的发展模式分别具有以下借鉴意义。

1. 广州开发区

创新驱动：广州开发区注重科技创新和产业升级，推动传统产业向高端化、智能化、绿色化发展。这表明科技创新是推动经济发展的重要动力，其他地区可以借鉴其经验，加大对科技研发的投入，培育高新技术产业，提升产业竞争力。

开放合作：作为首批国家级经济技术开发区之一，广州开发区有着与生俱来的开放基因，不断推动更深层次改革、更高水平开放，实际利用外资额连续4年排名全国经开区首位。其充分发挥粤港澳大湾区"湾顶明珠"的区位优势和"万亿制造"强区的产业优势，全力做好"开放"文章，在开放大潮中不断扩大朋友圈。这意味着坚持对外开放和合作是实现经济发展的重要途径，各地区可以加强与国内外的经济合作，吸引外资和技术，提升自身的经济实力。

2. 嘉兴经济技术开发区

绿色发展：嘉兴经开区通过创新建立上下游产业链，实现了资源的循环利用，在经济效益和生态环境效益上取得了显著成效。这为其他地区提供了一种可持续发展的模式，即在追求经济增长的同时，注重资源节约和环境保护。

产业升级：嘉兴经开区通过腾退淘汰落后产能，培育高新技术产业，推动了产业的生态化和经济的生态化发展。这表明产业升级是提高经济发展质量和效益的关键，其他地区可以借鉴其经验，加快产业结构调整和转型升级的步伐。

3. 苏州工业园区

规划先行：苏州工业园区在建设初期就进行了科学的规划，注重城市功能的完善和产业的协同发展。这为其他地区提供了城市规划和建设的思路，即在城市发展过程中，要注重规划的科学性和前瞻性，实现城市的可持续发展。

创新引领：苏州工业园区注重创新驱动和产业升级，通过建设科技载体、公共技术服务平台等，吸引了大量的创新企业和人才。这表明创新是推动经济发展的核心动力，其他地区可以借鉴其经验，加强创新能力建设，培育创新型企业和人才。

总的来说，这三个开发区的发展模式为其他地区提供了有益的借鉴，各地可以根据自身的实际情况，制定适合本地的发展策略，实现经济的可持续发展。

第八章 结论与政策建议

第一节 结 论

本书通过对中国国家级开发区总体研究、国家级开发区40年来的发展历程回顾对国家级开发区发展效率进行框架构建,并对广州开发区进行实证研究得出破解国家级开发区发展效率的战略谋划力、资源整合力和贯彻执行力"三力"结构模型,以期从战略谋划力、资源整合力和贯彻执行力三个方面来解码国家级开发区发展效率,推动国家级开发区形成新质生产力,为国家级开发区的发展指明方向,为开发区发展提供创新能力,实现国家级开发区高质量发展,圆满实现"两个一百年"奋斗目标。

一、"三力"结构模型是国家级开发区发展40年来的重要理论研究

开发区40年的发展,筚路蓝缕;40年的理论创新,玉汝于成。"三力"结构模型作为国家级开发区成立40年来总结出来的发展理论研究,在改革开放和开发区发展的每个阶段中都不断动态变化,有着不同的发展目标。战略谋划力、资源整合力、贯彻执行力"三力"结构模型引领并照亮了国家级开发区前行的道路,成为其发展过程中不可或缺的重要理论基石,不仅深刻揭示了开发区持续繁荣的内在逻辑,更在实践中展现出强大的生命力和指导力。战略谋划力是引领发展方向、优化资源配置、应对风险挑战、推动改革创新、提升国际竞争力的重要抓手;资源整合力是国家整体治理能力现代化的重要

体现；贯彻执行力是政府实现政策目标，推动社会进步和满足公众需求的重要能力。

"三力"结构模型与党的二十届三中全会通过的《中共中央关于进一步全面深化改革、推进中国式现代化的决定》（简称《决定》)提出的"全面深化改革""构建高水平社会主义市场经济体制""健全推动经济高质量发展体制机制""构建支持全面创新体制机制"等内容相互补充，相互促进。"三力"结构模型为国家级开发区提供了明确的理论指导和发展路径，而《决定》则为改革提供了宏观方向和制度保障，两者共同推动了开发区的创新发展。

通过构建"三力"结构模型，动态维护国家级开发区在综合发展效率、产业经济效率、区域带动效率、创新资源整合效率、空间资源整合效率、资金资源整合效率、管理服务环境、产业发展环境和招商引资效率等方面的评价指标，完善国家级开发区的思维变革、组织创新、制度变迁和发展修正，为国家级开发区的高质量发展提供重要理论与实践支撑。

二、战略谋划力是国家级开发区提高发展效率的基础

战略谋划力是综合发展效率、产业经济效率和区域带动效率的基础。通过改革开放，不断创造出无愧于新时代的新经验、新技术。党的二十大报告提出：改革开放和社会主义现代化建设深入推进，实现中华民族伟大复兴进入了不可逆转的历史进程。人类的历史就是在开放中发展的。时代越是向前，对外开放的重要性就越发突出。党的二十届三中全会通过的《决定》提出了进一步全面深化改革的总目标。国家级开发区大胆探索、勇于担当，在体制改革、对外开放、经济发展模式中创造了可贵的中国经验，构成了中国全面深化改革及经济发展理论与实践的重要组成部分。国家级开发区要稳步推进制度型开放，提升对外贸易质量、不断深化国际合作，扩大对外开放。通过思想创新，聚焦先行先试，不断超越，创新驱动开发区高质量发展，为国家级开发区的战略谋划提供思想源泉。国家级开发区的先行先试为全国改革发展积累经验，作为我国改革开放的"试验田"，在推动区域经济高质量发展、深化改革、扩大开放、促进创新等方面发挥了重要作用。在行政审批、税收优惠、土地供给、人才引进等方面拥有较大的自主权，能够快速响应市场变

化和产业需求，为吸引投资和促进产业发展创造有利条件。在产业集聚和升级方面，注重推动传统产业转型升级，引导企业加大研发投入，提升自主创新能力，实现高质量发展。通过制度创新，激发技术创新，实现动力变革。科学谋划制度政策创新，降低制度性交易成本，提高资源配置效率，通过培养新质生产力，激发企业创新活力，优化营商环境，弥补市场机制不足和打破行业壁垒，促进经济发展方式的转变，推动经济结构优化升级，助力国家级开发区产业高质量发展。通过要素创新，逐步完善基础设施建设，进一步优化营商环境，让国家级开发区成为投资热土。国家级开发区要聚集技术、市场、人才等要素，进一步推动产业转型升级。

三、资源整合力是国家级开发区发展效率的支撑

资源整合力是创新资源整合效率、空间资源整合效率、资金资源整合效率的发展支撑。党的二十届三中全会通过的《决定》提出"深化科技体制改革。坚持面向世界科技前沿、面向经济主战场、面向国家重大需求、面向人民生命健康，优化重大科技创新组织机制，统筹强化关键核心技术攻关，推动科技创新力量、要素配置、人才队伍体系化、建制化、协同化""推动科技创新和产业创新融合发展"。国家级开发区通过科技创新为其发展提供动力。通过产业创新为国家级开发区提供发展基础。加强专业化高水平的创新创业综合载体建设，提升科技创新服务功能，注重产业培育、高端培训、市场引导和资金支持。共建产业创新联合体，扎实推进区域协同创新。坚持创新在发展全局中的核心地位，把科技自立自强作为发展的战略支撑，助力国家级开发区产业创新发展。通过政策创新，为国家级开发区提供发展方向。政策创新包括产业、土地、招商、人才、管理等各方面的创新。不断完善的产业链供应链，创新举措积累的改革经验，让国家级开发区成为示范高地，不仅带动了腹地经济发展，增强了辐射作用，也为其他地区扩大开放奠定了坚实基础。

通过空间资源整合为国家级开发区提供产业空间支撑。创新土地利用管理模式，提高国家级开发区对低效闲置用地的利用效率，探索旧厂自行改造与公开出让收益相当的激励机制，争取上级允许开展对具备土地独立分宗条

件的工业物业产权进行分割的改革试点,提高空间资源利用率。在提高土地利用效率的同时,加快推进绿色低碳发展,实现国家级开发区产业的"碳达峰""碳中和"。

通过资金资源整合,健全投资功能和融资功能相协调的资本市场,防风险、强监管,促进资本市场健康稳定发展。构建同科技创新相适应的科技金融体制,加强对国家重大科技任务和科技型中小企业的金融支持,完善长期资本投早、投小、投长期、投硬科技的支持政策。健全重大技术攻关风险分散机制,建立科技保险政策体系。提高外资在华开展股权投资、风险投资便利性。

四、贯彻执行力是国家级开发区发展效率的保障

贯彻执行力是管理服务环境、产业发展环境、招商引资效率的重要保障。通过管理服务环境建设,为国家级开发区提供发展的动力源。通过建立健全政策执行机制、加强监督考核等措施,确保政策落实到位,发挥实效。通过优化审批流程、加强项目管理等措施,提高项目建设效率和质量,为产业发展提供有力支撑。通过提升政务服务水平、加强市场监管等措施,打造良好的营商环境,吸引更多企业和机构入驻。通过体制机制创新,为国家级开发区的发展提供加速器。推进政策体系创新,争取和利用先行先试政策,优化审批流程,擦亮服务品牌,为国家级开发区的发展提供支撑条件。优化营商环境,在工程建设审批、一门式政策兑现、全链条人才服务、知识产权运用和保护、智能秒批等方面进行改革创新,提高部门办事效率。深化投融资体制改革,优化金融业空间布局,促进金融要素集聚发展;壮大金融组织体系,增加金融资源有效供给;同时大力发展资本市场,加速资本的有效循环;加快发展跨境金融,推动形成高水平对外开放新格局。健全行政监督体制,提高国家级开发区的决策质量和工作效率。

第二节 政策建议

国家级开发区是伴随着中国式现代化的脚步诞生、发展、壮大的,是一

代代开发区人通过不断地实践摸索出的一条重要发展之路。在新的历史起点上中国式开发区必将继续大放异彩,在新的历史征程上,中国式开发区要不断自我革命,实现新的价值①。结合对战略谋划力、资源整合力和贯彻执行力"三力"结构模型研究框架的分析结论,分别从战略谋划力、资源整合力和贯彻执行力"三力"的角度提供相应的政策建议。

一、"三力"结构模型需要进一步加强党的领导

国家级开发区因改革而生,伴开放而兴,需要在发展过程中时刻坚持全面深化改革。党的领导是进一步全面深化改革、推进中国式现代化的根本保证。坚持党中央对进一步全面深化改革的集中统一领导。国家级开发区走好新时代党的群众路线,把社会期盼、群众智慧、专家意见、基层经验充分吸收到改革设计中来。围绕解决突出矛盾设置改革议题,优化重点改革方案生成机制,坚持真理、修正错误,及时发现问题、纠正偏差。完善改革激励和舆论引导机制,营造良好改革氛围。坚持守正创新,坚持中国特色社会主义不动摇,紧跟时代步伐,顺应实践发展,突出问题导向,在新的起点上推进理论创新、实践创新、制度创新、文化创新以及其他各方面创新。要以钉钉子精神抓好改革落实。对党中央进一步全面深化改革的决策部署,全党必须求真务实抓落实、敢作善为抓落实,坚持上下协同、条块结合,科学制定改革任务书、时间表、优先序,明确各项改革实施主体和责任,把重大改革落实情况纳入监督检查和巡视巡察内容,以实绩实效和人民群众满意度检验改革。

二、战略谋划力需要国家构建顶层统一的协调管理机制

党的二十届三中全会通过的《决定》提出"坚持以制度建设为主线,要加强顶层设计、总体谋划,破立并举、先立后破,筑牢根本制度,完善基本制度,创新重要制度。"当前国家级开发区类型多,归口管理部门多且分散,如经开区归口商务部门管理、高新区归口管理部门从科技部门转到工信部门、

---

① 杜玉虎,周思翾.中国式现代化需要中国式开发区——纪念首批国家级开发区成立40周年[J].中国外资,2024,(09):60-62.

海关特殊监管区归口海关管理等，但很多政策安排、产业发展、管理体制等雷同化相对明显，尤其是经开区和高新区的同质化更明显。国家级开发区之间的竞争虽然有利于促进政府转变职能和制度创新，但过度竞争会导致公共资源浪费和资源配置扭曲。因此，建议借鉴早年国务院特区办统一管理国家级开发区的经验，或纳入中央区域协调发展领导小组统筹，统筹规划各类开发区的空间布局、功能定位、产业协同等，避免不同类别开发区之间的功能定位交叉重叠、同类开发区之间过度竞争和产业同构。在区域层面，建议建立跨行政区的联席会议机制，定期沟通协调区域内开发区之间的发展改革问题，提升区域内开发区之间的产业协同互动、减少开发区与行政区的摩擦等，形成国家级开发区的顶层统一的协调管理机制。

三、资源整合力需要国家赋予开发区更大的改革自主权

党的二十届三中全会通过的《决定》提出"各级党委（党组）负责落实党中央决策部署，谋划推进本地区本部门改革，鼓励结合实际开拓创新，创造可复制、可推广的新鲜经验"。国家级开发区应加快谋划，扎实推进扩权赋能。按照"权责对等、职能匹配、能放皆放"原则，加快推进国家级开发区扩权赋能，赋予国家级开发区经济管理审批权限，除确需国家级开发区所在的省、自治区、直辖市和所在市行政机关统一协调管理的事项外，赋予依法授权或委托国家级开发区管委会实施，实施范围覆盖国家级开发区所有管辖区域。深化投资项目审批改革。依法精简投资项目准入手续，简化审批程序，实施先建后验管理新模式。创新建设运营模式。支持国家级开发区开发建设主体进行资产优化重组；支持符合条件的国家级开发区开发建设主体申请首次公开发行股票上市；支持民营资本和社会资本共同开发、建设、管理特色产业园。通过多种手段为开发区扩权赋能，提升头部开发区品牌效应，助力国家级开发区高质量发展。

国家级开发区还应健全因地制宜发展新质生产力体制机制。推动技术革命性突破、生产要素创新性配置、产业深度转型升级，推动劳动者、劳动资料、劳动对象优化组合和更新跃升，催生新产业、新模式、新动能，发展以高技术、高效能、高质量为特征的生产力。

四、贯彻执行力需要国家构建容错纠错机制和健全工作协调机制

党的二十届三中全会通过的《决定》提出"深化干部人事制度改革,鲜明树立选人用人正确导向,大力选拔政治过硬、敢于担当、锐意改革、实绩突出、清正廉洁的干部,着力解决干部乱作为、不作为、不敢为、不善为问题""健全有效防范和纠治政绩观偏差工作机制""推进领导干部能上能下常态化,加大调整不适宜担任现职干部力度""探索加强新经济组织、新社会组织、新就业群体党的建设有效途径"。国家级开发区要加强廉政风险防控,构建容错纠错机制。建立国家级开发区廉政风险防控体系,对权力运行实施全过程监督,精准问责,防止腐败现象发生。大力选拔政治过硬、敢于担当、锐意改革、实绩突出、清正廉洁的干部,着力解决干部乱作为、不作为、不敢为、不善为的问题。要维护国家级开发区良好政治生态,为高质量发展保驾护航。建立国家级开发区容错纠错机制,在符合有关规定条件下,对在改革创新、破解难题中出现的工作失误或偏差允许纠错、容错,营造支持鼓励创新、勇于担当的良好工作氛围。

国家级开发区要建立健全工作协调机制。加强国家级开发区所在省、自治区、直辖市的工业和信息化、商务、财政、发展改革、自然资源、海关等部门单位及国家级开发区所在地方人民政府协同联动,加强对国家级开发区工作的统筹指导,协调推进重大事项,促进解决困难问题,有效推动防范化解重大风险隐患。

第三节 研究展望

本书从广州开发区的经验出发,构建了国家级开发区高质量发展的指标体系和战略谋划力、资源整合力与贯彻执行力的"三力"模型,并对广州开发区的40年实践进行了实证分析,研究结果表明,有为政府是战略谋划力、资源整合力和贯彻执行力的函数,有效政府的效率=F(战略谋划力、资源整合力、贯彻执行力)。实证分析表明,凡是开发区重大决策与国家大政方针同

频共振、上下呼应的时候，都是广州开发区高质量发展上台阶的时候；凡是开发区充分发挥广大干部群众的积极性、能动性、首创性和各种社会资源的流动性、匹配性和共生性的时候，都是开发区活力迸发、能量满满的时候；凡是开发区上下同心、团结一致、部门协同、立改立行的时候，都是开发区出成效出形象出成果最好的时候。

未来的深入研究，可以基于本研究的基础，进一步深化对"三力"模型整体在全国其他国家级开发区的实证研究以及具体的每一个力在不同园区的深度研究。通过系统的验证，进一步优化理论模型，为国家级开发区下一个40年提供更加精准的对策建议。

附录
广州开发区 40 周年创新实践优秀案例

序号	案例名称	提交单位
1	创新建设法治服务集聚区打造矛盾预防化解新高地	黄埔区委政法委员会
2	面向自动驾驶与车路协同智慧交通建设	黄埔区住房和城乡建设局、广州开发区建设和交通局
3	广州开发区、黄埔区全域推进公园城市建设	
4	广州开发区推动营商环境迭代升级，为全省营商环境改革探路先行	广州开发区营商环境改革局
5	强化政企沟通，构建新型亲清政商关系	
6	岭南水乡首条幸福河的蜕变——城市绿肺的南岗河	黄埔区水务局
7	创建广州临港经济区黄埔片区	广州开发区黄埔临港经济区管理委员会
8	广州开发区创设筹建合伙人机制政企协同推动产业项目建设效率大提升	广州开发区企业筹建服务局
9	优化用电营商环境"稳中求进"	
10	首创在开放道路下全无人环卫保洁运营项目，发展新质生产力	黄埔区城市管理和综合执法局
11	建设国家进口贸易促进创新示范区 以高水平开放促进高质量发展	广州开发区商务局
12	启动开发区西区振兴战略、赋能制造业高质量发展	
13	勇于探索旧改产权注销实施路径，极力破解旧改推进难题	广州开发区规划和自然资源局
14	广州开发区地质灾害"隐患点+风险区"双管控机制落地见效	广州开发区规划和自然资源局
15	绿美黄埔生态建设	广州开发区林业局 黄埔区林业局

续 表

序号	案例名称	提交单位
16	广州开发区深化知识产权运用与保护综合改革试验	广州开发区知识产权局
17	开创"二次许可"先河，发轫产业"赛道风口"——区知识产权证券化持续创新赋能企业高质量发展	
18	4项全国首创举措搭建知识产权海外维权体系，护航"二次创业"新质生产力高质量"出海"	
19	黄埔区创新食品生产许可"一品一策"助力企业扩能增效	广州开发区市场监督管理局
20	锚定目标踔厉行，潮头登高再击桨——广州开发区奋力打造世界级生物医药产业集群	
21	质量领航，共创卓越——广州开发区质量管理活动的实践与探索	
22	广州开发区优化海关特殊监管区域布局，倾力打造新时代全面深化改革开放新高地	穗港智造合作区管委会
23	保税业务管理局科学统筹，通堵破难，提前9个月完成广州保税区退区拆网工作	
24	保税业务管理局全力推动广州黄埔综合保税区高水平开放高质量发展	
25	"前店后仓"模式再创消费新体验，红酒文化街蝶变核心商圈"新地标"	
26	保税业务管理局打通保税汽车进出口双通道为湾区经济注入新动能	
27	围绕西区振兴发展大局，创新出台企业服务专员制度	
28	助力广州开发区银发经济向"新"而行	黄埔区民政局
29	中新广州知识城道路地名规划	
30	广州市黄埔区应急管理局承接广州市应急管理局实施的部分省、市级应急管理权限	黄埔区应急管理局
31	广州市黄埔区应急管理局坚持问题导向、围绕精准监管推进安全生产领域改革	
32	推进含油金属屑资源化利用，助力"无废城市"建设	广州市生态环境局黄埔分局
33	广州市生态环境局黄埔分局机关党建助力城中村治理"书记项目"	

续　表

序号	案例名称	提交单位
34	五方合力推动世界气象中心（北京）粤港澳大湾区分中心落地建成助力黄埔高质量发展	广州市黄埔区气象局
35	广州黄埔综合观测率先进入全面自动化提升气象综合保障能力	
36	以气象助力营商环境提升为抓手　积极推进社会服务现代化	
37	"埔小未"未你而来，守护成长项目	广州市黄埔区人民检察院
38	检察公益诉讼助力绿美黄埔生态建设破解生态赔偿难题	
39	二十载城舰共建鱼水情深——黄埔区多措并举做好海军成立75周年舰艇开放暨"广州舰回家乡"活动	广州市黄埔区退役军人事务局
40	"红山红心连心"党建引领高质量发展"八心行动"	红山街道办事处
41	华坑示范社区建设项目	
42	红山街双沙旧村改造项目	
43	"银铃耆护"社区整合照护计划	红山街社区卫生服务中心、红山街道办事处
44	五年接力，翟洞破茧成蝶	永和街道办事处
45	一脉步道穿山水，"三生画卷"出长岭——长岭街道打造广东省首条国家登山健身步道	长岭街道办事处
46	创新党建品牌建设，打造"长岭好邻居"基层治理新模式	
47	云埔街道完善基层社会治理体系打造社会治理样板街	云埔街道
48	沙步传统旧村华丽转身，焕发老城市新活力	南岗街道办事处
49	萝岗街创新城市更新机制力推大塱旧村改造	萝岗街道
50	石桥村党建引领聚合力基层治理提效能	
51	畅通交通"大动脉"赋能发展"大格局"——新龙镇用8个月攻克了立项8年的广汕路扩建工程	新龙镇人民政府
52	挖掘南海神庙内涵，弘扬海丝文化，推动文旅商深度融合发展	穗东街道办事处

续 表

序号	案例名称	提交单位
53	"文心编幸福，巧手织繁华"黄埔民间艺术焕新生	黄埔区文联
54	《牢记嘱托·感恩奋进——黄埔新时光》大型摄影巡回展	
55	黄埔区举办历史文化知识竞赛	
56	恒运集团"超低排放"引领火电行业环保改造先河	广州恒运企业集团股份有限公司
57	现代能源集团·恒运集团打造"531能源先锋站"党建品牌，为广州开发区国资国企高质量发展增光添彩	广州高新区现代能源集团有限公司
58	抢占低空新赛道，发展新质生产力	广州市开发区交通投资集团有限公司
59	现代物流	
60	有轨电车1号线	
61	隆平院士港	黄埔文化（广州）发展集团有限公司